◆豐子愷先生（1898－1975）。

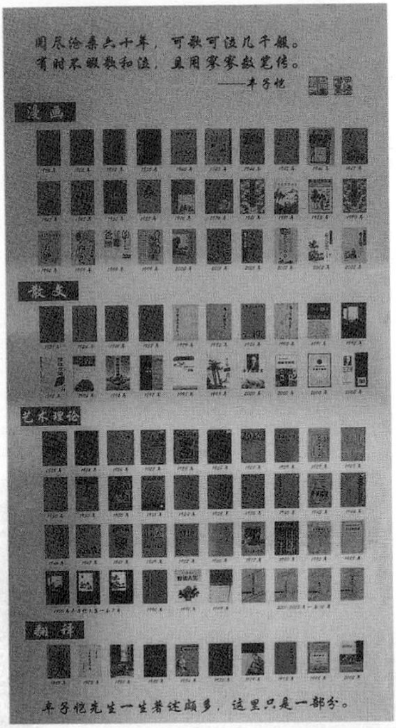

◆豐子愷先生一生勤奮，著述宏富。

◆《護生畫集》封面。

◆豐子愷為夏丏尊譯作《愛的教育》所繪封面。

◆豐子愷作品「我見青山都嫵媚」。

◆豐子愷書弘一法師舊作。

◆豐子愷作品「昨日豆花棚下過」。

◆豐子愷作品「大兒鋤豆溪東」。

◆豐子愷作品「魚游沸水中」。

◆豐子愷作品「拉黃包車」。

◆豐子愷作品中的「沙坪小屋」。

◆豐子愷作品「日月樓中日月長」。圖中所記為與一吟、新枚讀書、翻譯之情景。

◆豐子愷作品「賣花人去路還香」。

◆豐子愷紀念館中的塑像和內景。

◆桐鄉石門鎮豐子愷紀念館。

◆石門鎮豐子愷故居庭院。

◆石門鎮豐子愷故居院門。

◆緣緣堂。

◆「緣緣堂」二樓的佛堂。

◆石門豐子愷故居「緣緣堂」二樓的書房。

◆石門豐子愷故居「緣緣堂」二樓的臥室。

◆上海「豐子愷藝林」。

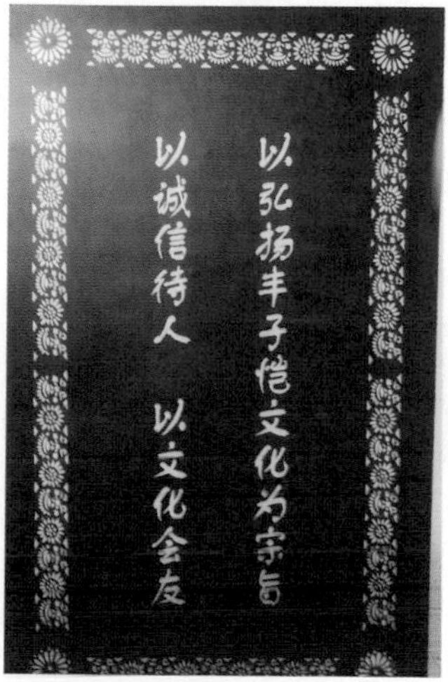

◆「豐子愷藝林」的宗旨。

◆豐一吟女士。

◆本書作者在上海「豐子愷藝林」訪問豐一吟女士。圖中作品為豐一吟女士仿豐子愷之作。

◆本書作者訪問豐子愷的族姪女豐桂女士。

◆與新加坡周穎南先生在一起（這是豐子愷唯一的彩色照片）。

◆與三姊豐滿剪髮後留影。

▲豐子愷

◆1960年6月20日中國畫院成立合影。

◆豐子愷步履蹣跚地走在回鄉的路上。

◆「文化大革命」期間《打豐戰報》之封面。

三民叢刊 279

緣在紅塵

——豐子愷的藝術世界

陳野 著

三民書局 印行

致臺灣讀者

豐一吟

我與臺灣闊別已整整五十五年了。一九四八年九月二十八日，我隨父親踏上了這片土地，在臺北、草山、日月潭、阿里山等地盤桓了將近兩個月。從此，這美麗的島嶼就在我的回憶中佔據了永不消逝的一角。

那時候，我怎麼也不會想到後來自己會改行成為豐子愷的研究者，而且今天在這裡向臺灣讀者推薦一本豐子愷傳。

臺灣的中老年讀者或許還記得我父親和他的作品。年輕的讀者則對豐子愷這名字可能生疏一點。但是，你們讀了這本《緣在紅塵——豐子愷的藝術世界》，一定也會對這位作家、畫家產生興趣。因為他所寫的、畫的，都是人們經常接觸到的事物，有社會事象，有人生哲理，有家庭兒女，有身邊瑣事。他的作品，小中能見大，絃外有餘音，讀來耐人尋味。

朱光潛先生說：「一個人須是一個藝術家才能創造出真正的藝術作品。子愷從頂至踵，渾身都是個藝術家。」

臺灣文學家楊牧說：「他的愛心和同情支配了他一生的文學和藝術，貫通他的學術和精神，無限地擴充，令人肅然起敬。」

日本漢學家吉川幸次郎說豐子愷「是現代中國最像藝術家的藝術家，這並不是因為他多才多藝，會彈鋼琴、作漫畫、寫隨筆的緣故，我所喜歡的，乃是他的像藝術家的真率，對於萬物的豐富的愛，和他的氣品、氣骨。如果在現代要想找尋陶淵明、王維那樣的人物，那麼，就是他了吧。他在龐雜詐偽的海派文人之中，有鶴立雞群之感。」

我只舉這幾段話，讀者就可以想像你們將要認識的這位作家是怎樣一個人。更不用說經過本書作者陳野的妙筆，你們更可以看到一個活靈活現的藝術家，甚至可以說，一個天真爛漫的「兒童」。

陳野女士說，她寫這本書不取專業的學術評論之法，而是在嚴謹平實的史料基礎之上，著手於可讀性的探討，因此她在寫作時很重視結構的情節性和文學的曉暢優美。她說她要努力遵奉豐子愷先生「曲好和眾」的教導。

我很贊成她的寫作法。說句老實話，那些高深的評論文，我自己寫不來，也不喜歡讀，讀了就頭痛。父親寫文章的最大特點，就是「深入淺出」，大概正因為這樣，他在漫畫、文學和藝術理論的園地裡擁有廣大的讀者。而且，說來奇怪，這些讀者在各行各業（飲食店、理髮攤、人力車業）中都有，在文藝界所佔的比例反而小呢。由此可見父親的作品是多麼通俗化！

陳野女士用生動的筆法來寫這部傳記，是十分恰當的。

我預祝《緣在紅塵——豐子愷的藝術世界》會在臺灣擁有廣大的讀者！

二〇〇三年八月二十四日於上海

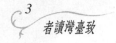

緒言

陳野

豐子愷先生（一八九八—一九七五）是中國現代文化史上一位知識廣博、勤奮多產的漫畫藝術家、文學家、藝術教育家和翻譯家。從今天文化研究的角度來看豐子愷先生，他的創作成就固然非凡，然而更有意義的價值應在以下三端：

藝術人生化，人生藝術化。此為其一。豐子愷先生一生崇尚和實踐著藝術地生活的生存方式，極其善於在普通平常的瑣碎生活中，釀造出無處不在的美的興味。除了門類眾多、作品豐富的藝術創作外，這種生存方式最有價值的內涵，體現在他對日常生活的藝術化理解、處理和浸透其中的藝術趣味。終其一生，他都不會因為孜孜以求俗世的浮華，而在一路焦灼浮躁的匆匆奔忙中，失卻對於真實生活的內心體念，遺落生活的真義。著名美學家朱光潛先生曾稱頌豐子愷先生「從頂至踵是一個藝術家，他的胸襟，他的言動笑貌，全都是藝術的」，日本漢學家吉川幸次郎則說他「是現代中國最像藝術家的藝術家」，均非虛言。因此，本書將要敘述的「豐子愷先生的藝術世界」，並非僅僅只是傳統意義上的藝術作品創作或藝術理論研究方面的內容，而在更多的篇幅裏，是對他融會在日常生活裏的藝術情懷和藝術生存方式的寫照，以此為讀者展現一個具有真正藝術心靈的藝術家的真實人生。

在大師的經典作品與普通民眾的欣賞趣味之間，架起一座溝通的橋梁，用歷代積累而成的高尚優美的人類文明、智慧和情感的結晶，滋潤大眾的心靈，提高整個社會的文明程度和審美情趣。此為其二。豐子愷先生不僅自己一生浸濡於藝術文化之中，造詣深厚，著述涉及繪畫、音樂、散文、詩詞、書法、藝術理論和譯作等眾多文藝門類；而且尤為關心社會大眾的藝術普及教育和中華民族文化素質的提高。他認為：

> 蓋藝術品猶米麥醫藥，米麥賤賣可使大眾皆得療飢，醫藥賤賣可使大眾皆得療疾，藝術品賤賣亦可使大眾皆得欣賞。

畫作之外，豐子愷先生撰寫的大量藝術評論和欣賞的著作論文，以及多篇膾炙人口的散文隨筆，貫穿其中的一個重要的創作意圖，就是「曲好和眾」這個藝術觀念的實踐。這是豐子愷先生畢生從事的事業，也是他事業獲取成功的獨特緣由之所在。

執著的生命追問、人生探究，真誠而又情深似海的紅塵之緣。此為其三。豐子愷先生是一位藝術家，同時也是一位佛教居士，他曾與弘一法師一起，以「緣緣堂」命名自己的居所，與佛法有著深深的因緣。在中國現代文化史上，皈依佛門出家為僧者一直不乏其人，而信奉佛教的居士更是大有人在。他們之中，有不少是出於世事的無奈，但也有很多僅僅只是緣於精神生活的執著追求。豐子愷先生在很大程度上，應該屬於後者。真正的藝術，其境界往往是空靈虛幻的，關乎的是人的精神與心靈的層面，因而與宗教一樣，同屬人類文化中最為精粹的部分，它們二者之間的距離是如此接近，以至於成為一對如影隨形的姐妹。

在文明社會中，藝術和宗教的密切關係是一件很平常的事。宗教和藝術都是人類深邃的情感啟示。〔英〕馬林諾夫斯基：《文化論》

藝術的愛好與需要推向極端，就很容易與佛法接軌。豐子愷先生最初依佛的出發點，在於「人生無常」之慟；他與佛法一生相連的紐帶，在於人生根本的追究；他從佛學中領悟的，是愛生護心的廣大慈悲、與人為善的安詳睿智。最可貴的是，佛門的智慧和精進，賦予了他積極進取的人生態度。伴隨著子愷先生佛教信仰的，是畢其一生之功而成的人生感悟、哲理思索、佛門智慧和人世情感，其中不乏虔誠、慈愛、寬宏、謙忍、安詳、率真等等種種人格的修持和處世的睿智。正是所有的這一切，建構起了豐子愷先生自己的紅塵和對此紅塵的無限因緣和深切眷戀，成為他藝術心靈中的獨特內涵，藝術世界中的獨特面貌。
緣在紅塵，美在人生，這便是一個真實的豐子愷，一個藝術的豐子愷。

寫在前面

二〇〇三年七月三日，一個炎夏的午後，我們來到上海。上海的繁華依舊，而這繁華卻與我們此行無關。我們的目的，是要尋訪一處叫做「豐子愷藝林」的地方。

在上海西區中山西路「玉屏軒」的三樓，「豐子愷藝林」以完全開放的姿態迎接著我們的到來。我們快步而入，卻不由自主地放輕、放慢了腳步。因為牆上案間懸掛、擺放著的件件畫幅、冊冊書本，都在無言的靜謐中，散發出縷縷的馨香和清涼。潔白的紙色，淡淡的墨線，寥寥數筆勾畫出的空靈的意境或是充滿童真的天地，藝術家豐子愷向我們展示著一個不會隨著時光的流逝而消失的美與愛的世界。聲色不動間，便消解了我們塵世間急切奔走的緊張和躁熱，讓我們心緒漸寧。

輕聲慢語之中，年事已高、平和慈祥的豐一吟女士向我們娓娓細說著她父親的往事。人生的畫卷緩緩地展開，風雨如磐的歲月歷歷而過，智者豐子愷，就這樣走進了我們的生活……

緣在紅塵

——豐子愷的藝術世界

目次

致臺灣讀者　豐一吟
緒言
寫在前面
第一章　兒時夢痕　001
在殷切的期盼中出生——父親中了舉人——獲得了「擦筆肖像畫家」的名譽——小夥伴——走出故鄉
第二章　負笈求學　025
考上了浙江第一師範學校——可怕的寄宿生活——楊家僑——恩師李叔同、夏丏尊——迷上了西洋畫——畢業時的

迷惘

第三章　西湖的佛聲塔影　051

天堂佛國——弘一法師——精神導師馬一浮——西湖邊一群獨特的知識分子——梵鐘響起

第四章　青春飛揚　081

創業的激情——我想窺見西洋畫的全豹——到日本去——遊蕩在東京的藝術空氣裏——竹久夢二

第五章　畫中情懷　113

春暉與立達——子愷漫畫：開在親密友誼中的花——盎然的詩意靈感——嚼著那人生的滋味——傳統文人本色——兒童漫畫——我的心為四事所佔據了：天上的神明和星辰、人間的藝術和兒童

第六章　慧　悟　149

時局：血雨腥風——天問——命運的追索——心境的悽惶與疑惑——佛門——智者的啟迪——清涼

第七章　可愛的家　175
緣緣堂——閒適家居——去日兒童皆長大——藝術地生活——自己的風格——作一座經典與民眾間的橋梁

第八章　藝術家的流亡　213
緣緣堂外的世界——為了「精神的空氣」而流亡——冬日負暄——路途險阻——緣緣堂被焚毀

第九章　大後方　243
抗戰愛國的熱情——藝術教育家——宗教的逃難——弘一法師圓寂——新的畫風——沙坪小屋的閒居

第十章　亂世孤雁　295
現代中國最像藝術家的藝術家——悼丏師——回家的路，是那樣漫長——蔓草荒煙裏的故鄉——又見西湖——南遊——何處是我家？

第十一章　融入火紅的新時代　323
新的社會，新的生活——跟上時代——報答知遇之恩——

上海中國畫院——佛教藝術

第十二章　暮年悲歌　351

浩劫臨頭——錯在何處？——為自由付出健康——淡然面對——溫馨的詩意——生命在厄運中逝去

結語——紅塵間的藝術人生　387

豐子愷生平大事年表　393

參考引用書目　401

後記　405

第一章　兒時夢痕

在殷切的期盼中出生——父親中了舉人——獲得了「擦筆肖像畫家」的名譽——小夥伴——走出故鄉

一

稻穗沉沉地熟在地裏，桑葉鮮活地綠在枝梢❶，梧桐漸漸地黃了，而楓卻正一樹一樹地紅。一八九八年十一月九日，江南水鄉小鎮石門，一個清清朗朗的深秋的早晨。

然而，鎮上的百年老屋惇德堂裏，卻沒有一絲絲秋高氣爽的通透。

樓上，惴惴不安的豐家媳婦鍾雲芳正第七次臨產。在連續生育了六個女兒之後，如果再生一個女孩，叫她如何面對失望的丈夫和氣惱的婆婆？

樓下，她的丈夫豐鐄更是愁緒滿懷，心境黯淡。在「不孝有三，無後為大」的焦慮之外，

❶ 十一月的桑樹枝頭的綠葉，是為保護桑樹過冬而特意留存的。

三次鄉試均告落第的沮喪，一直是他眉間心頭揮散不去的陰影。今秋的舉人已然未中，如果妻子再生一個女孩，又叫他如何面對母親辛勤的養育、日夜的操勞和那急切的期盼？

廚房裏，豐鐄的母親豐八娘娘一邊燒著嬰兒洗澡用的熱水，一邊焦急地等待著樓上的消息。豐八娘娘本是個開朗樂觀的人，丈夫早逝，她獨自將一兒一女撫養成人，其間無數的辛苦勞累自是不言而喻，在她卻並無多少怨天恨地的自悲自憐。然而每個人的命運裏，卻似乎都有他邁不過去的檻。多年來，豐八娘娘朝思暮想的無非就是兩件事：一是一定要她的獨子豐鐄在她生前考中舉人。她對豐鐄、也對鄉鄰說：「墳上不立旗杆，我是不去的。」按那時的規矩，中了舉人之後，祖墳上可以立一對旗杆。另一件事就是一定要抱上孫子。此番兒子中舉的希望又一次破滅，如果媳婦再生一個女孩，又叫她如何去見死去的丈夫和列祖列宗？

天遂人願，豐家終於得了一個男孩！接生婆的報喜聲如秋風般吹散了老屋裏沈悶壓抑的空氣，全家人心頭的不安、焦慮都隨之煙消雲散。鍾雲芳如釋重負，欣喜萬分。豐鐄則感到了久違的輕鬆和暢快，多年沈鬱難舒的愁悶都消融在這從天而降的喜悅之中。這個沉靜寡言、寒窗苦讀多年的鄉村秀才，在他三十四歲的這一年❷，生活的色彩終於豐富起來，生命也有了新的

❷ 豐鐄的出生年代，〈浙江鄉試錄〉說他生於一八六八年；而豐子愷在文章中回憶父親時都按一八六五年出生計算，兩者有三年之差。今遵從豐氏後人意見，取豐子愷之說，且以虛歲紀年。依此例，本書人物均以虛歲紀年。

活力。他給新生的嬰兒起名「慈玉」，意謂慈母的寶玉，無限的愛憐充溢於中。豐八娘娘更是喜不自禁，自是免不了一番磕頭跪拜、燒香敬佛的忙碌。

四十一年以後，這個在江南水鄉明朗的秋色和家人殷切的期盼中降生的男孩慈玉，為他的故鄉和親人寫下了如許深情的文字：

> 走了五省，經過大小百數十個碼頭，才知道我的故鄉石門灣，真是一個好地方。它位在浙江北部的大平原中，杭州和嘉興的中間，而離開滬杭鐵路三十里。……運河大轉彎的地方，分出一條支流來。距運河約二三百步，支流的岸旁，有一所染坊店，名曰豐同裕。店裏面有一所老屋，名曰惇德堂。惇德堂裏面便是緣緣堂。緣緣堂後面是市梢。市梢後面遍地桑麻，中間點綴著小橋、流水、大樹、長亭，便是我的遊釣之地了。紅羊❸之後就有這染坊店和老屋。這是我父祖三代以來歌哭生聚的地方。（《辭緣緣堂——避難五記之一》）

此時，他已是一位蜚聲海內外文壇的名人了。他的名字，叫做豐子愷。

---

❸紅羊，又寫作「洪楊」，指洪秀全領導的太平天國農民戰爭。

二

石門是浙江省嘉興市桐鄉所屬的一個歷史悠久的古鎮。據《桐鄉縣誌》記載，春秋末期，這裏是吳越兩國的分疆之地。當年越國曾在此築有兩扇石門，作為與吳國交往的隘口，石門鎮由此得名。

豐氏家族在石門小鎮，應該算得上是著姓大戶了。據浙江省金華縣湯溪鎮《黃堂豐氏宗譜》記載，若以豐鑛的始祖清敏公豐稷為第一代，則其長子豐安常的第二十二世孫中有豐功賢、豐聖文、豐望山等人，都是從金華湯溪黃堂遷居石門的❹。另據《浙江鄉試錄》❺記載，從豐子愷上溯到第八代祖豐爾成是八品官，曾迎接康熙皇帝南巡。第七代以下如豐璞、豐元勳、豐啟嵩、豐峻、豐肇慶，代代都是太學生，

豐同裕染坊。右四為豐子愷，餘為女兒和店伙們。

❹ 此據豐一吟《瀟灑風神——我的父親豐子愷》，頁四。

❺ 《浙江鄉試錄》，今藏浙江圖書館。關於豐子愷前輩的世系排列及遷居石門的祖輩，豐一吟與豐桂所述各有不同，如遷居石門的第一代祖，豐一吟記為豐功賢，豐桂記為豐仲顏。尚需考證。

豐子愷的父親豐鐄後來則中了舉人。

豐家不僅以詩書傳家，而且還有重視經商的傳統。據豐子愷的堂侄女豐桂回憶，豐家祖上曾開有店號「裕茂」的綿綢莊和店號「裕泰」的瓷器店。豐子愷的祖父豐小康開的染坊之所以叫做「同裕」，取的就是大家共同富裕的意思。

到豐鐄時，豐姓有多處祖宅散佈在石門鎮上。豐鐄名下的染坊店和他所居的惇德堂，在一所三開間三進的百年老屋內。老屋當時由三家合住：中間為豐鐄居住，左側（即南邊）住堂弟豐雲濱，右側住堂侄豐嘉麟。老屋的具體位置和佈局，大致如下：它位於石門鎮木場橋西堍南端第六七八間門面，坐西向東，面臨後河。北與王囡囡豆腐店為鄰，南與道士顧芷塘家為鄰。第一進北端一間及中間一間的三分之一為豐同裕染坊，另三分之二為進入正廳的通道，上有「文魁」二字大匾，上款「大清光緒二十八年」，下署「庚子辛丑恩正並科第八十七名豐鐄立」。南端一間是豐雲濱的醫寓。通道進去是退堂，上有「節孝」一匾。退堂後面是一個約二米寬的石鋪天井，進去就是惇德堂。樓下是正廳，正中板壁上掛有白底黑字的「惇德堂」三字匾；樓上是住房。再進去最後一進是廚房，廚房上面也是樓。左右兩家各有一個廂房，中間豐子愷家只有一條走廊，但他家廚房後面還有一個地板間，開出後門，就是一米多寬的棉紗弄。

在豐子愷的回憶中，豐同裕染坊是一家百年老店，但具體創辦時間說法不一：一說是在祖父豐小康（約一八四三年出生）手裏創辦的；一說一九〇四年豐子愷七歲時，染坊用的賬簿是

「菜字元集」。按《千字文》中「菜」字是第六十一個字，每年用一個字，則上溯到第一個字「天」時，當在一八四四年開張。又有說法稱是太平天國（一八五一—一八六四年）之後開張的，因為太平天國時，石門被戰火燒毀一空。豐桂小時候，曾看見她家後樓石灰剝落的地方，露出一塊塊焦木，她覺得很奇怪，就問父親：

「我家火燒過了嗎？」

父親說：「房子是在洪楊時候被毀的，後來重建時，看看這些木材還可用，就利用了。房子重建後，由三兄弟豐岱、豐嵛和豐峻分住。長兄、次弟住惇德堂左右，中間住三弟的兒子小康公。」

豐小康居中的原因，是因為第一進房子作為店面給他開染坊，住房自然就應比兩個哥哥的小了。中間的房子比左右房少一間（即左右兩個廂房），故此豐小康就分在了中間。這種格局一直持續到豐子愷建造「緣緣堂」後。

就在這幢老屋裏，豐子愷漸漸地長大了。到了他五歲這一年，也就是一九〇二年的十月，父親豐鐄考中「補行庚子辛丑恩正並科第八十七名舉人」，成了這小鎮上數十年裏惟一的一位舉人老爺。

消息很快就傳遍了整個小鎮，熱情的鄉民們從四面八方匯聚到惇德堂來，將老屋的裏外前後圍得個水泄不通。眾目睽睽之中，豐鐄戴了紅纓帽、穿了外套出來迎接送誥封的報事人。豐八娘娘從頭上拔下一支金耳挖，先是用它挑開了誥封，隨即就賞給了兩個報事人。家中為此開賀三天，屋裏為了騰出地方接待客人，連灶頭都拆掉了，裏裏外外粉刷一新，張燈結綵。附近各縣知事以及遠近親友都來賀喜，並致賀儀。對豐家來說，這倒是實實在在的一筆收入。屋外沿河的街上，紮了兩個綵牌，叫做「東轅門」「西轅門」。客人經過綵牌，走進新貴老爺的家門時，外面放三聲炮竹，裏面樂人即開始吹打。客人叩頭，主人還禮。禮畢，即請吃酒席。

此時的豐八娘娘，已經是重病在身了。多日前即病臥在床，請醫吃藥，難得下樓。現在兒子中了舉人，她一生的兩大心願至此均得實現，十分的歡喜從心坎裏滿到了眼中臉上。她天天扶病下樓，親自接待賀喜的客人。豐鐄作為主角，忙碌自不待言，身體更是超負荷的疲倦，全靠鴉片提神了。

經歷了這樣的一番興奮和辛勞，豐八娘娘終於支撐不住了。十二月裏的一天，她問豐鐄說：「墳上旗杆立好了嗎？」

豐鐄趕忙回答道：「立好了。」

豐八娘娘聞聽此言，含笑而逝。

鎮上來送葬的人都說這老太太真是好福氣。人生一世，做到了這個份上，也實在是很不容易、很不尋常了。只有豐鐄在這浮面的榮華裏，看得到母親一生的心高氣傲和為這心高氣傲而付出的辛苦操勞。他將這次考中舉人的文章罩在已逝的母親的眼前，聲淚俱下：

「媽，我還沒有把文章給您看過啊！」

豐八娘娘雖是文化素養不高，對事對物卻頗有自己的見解，對兒子管束甚嚴。以往豐鐄每次考完回家，都要把文章給母親看過的。母親自是心滿意足地去了，兒子的心頭卻留下了許多的悲戚。

年幼的慈玉在奶媽的懷中、在當差的褚老五的肩上，看著這一幕幕的情景歷歷而過，懵裏懵懂，莫名其妙。最為真切的感受，就是作為舉人老爺的嫡派少爺，每逢上得街去，街上的人都對他起敬，糕店送糕，果店送果，享受著別的孩子不會有的尊崇和榮華。只是這樣的榮華卻並不能夠長久。一九〇六年秋，豐鐄病肺而逝，享年四十二歲，慈玉九歲。

豐鐄雖然中了舉，成為人人欽羨的舉人老爺，然而他的人生，卻遠沒有母親的那份豐富和精彩。他為科舉的目標，在低小狹窄的百年老屋裏幾乎苦讀一生。而這目標的實現，卻沒有給他的人生帶來任何的幸運和實利。因為他中的是最後一科，隨著科舉制度的結束，一切的努力便都如煙雲般的消散了。反倒是足不出戶、懸梁刺股的攻讀，徹底地損害了他的健康，年華的早逝更凸現了命運的蒼涼。豐鐄的一生向我們昭示，外面的世界無情又無奈，個人再努力，也終究敵不過時運的不濟。

三

慈玉七八歲時，進父親的私塾啟蒙，正式起學名豐潤，照例讀的是《三字經》、《千家詩》一類的書。書讀得好不好，我們不知道。只知道就《千家詩》而言，他對上面木版畫的興趣，要遠遠地大於畫下「雲淡風輕近午天」的詩句。就從這些木版畫的描摹裏，豐潤開始了他美術創作的起步。

有一天，豐潤在父親曬書時發現了一部人物畫譜，便偷偷地取出藏在自己抽屜裏。每每趁父親不在或休息時，拿出來用習字簿上的紙蒙著描印。父親是反對他做這種不務正業的營生的，曾經為了他在《千家詩》上描畫而勃然大怒，要是沒有母親和大姐的勸阻，慈玉的手心早就挨打了。家中的女工紅英，後來又有姐姐們，倒都是他的忠實讀者和熱情的讚賞者，給了他頗多成功的喜悅。

到了十二三歲時，這種「印畫」的技術已經十分熟練了。此時父親已經去世，他進了另外一家私塾讀《幼學瓊林》、《論語》、《孟子》。往往趁先生出去喝茶時，在課上畫畫，而且還用染坊裏的顏料，自調了許多華麗的色彩，在畫上予以複雜的配比。同學們看見了，紛紛稱好，常常討了去掛在家中欣賞。到了後來，討畫的人多了，不僅要事先預約，還都競相付出自己的報酬，有的是紙匣裏的一對金鈴子，有的是一只挖空了的老菱殼，有的是一枚「雲」字順治銅錢，有的則是一個用子彈殼做的銅管子。在孩子群裏，豐潤手裏各色玩意兒的富裕程度，早就可以和美國的那位用刷油漆的機會賺取「財產」的湯姆．索亞相媲美了。

有一次，兩個同學在塾裏為了交換一張畫而打了起來，結果被先生發現了作畫的秘密。「這一回的戒尺是吃定了。」豐潤一邊心裏想著，一邊只覺得手心裏已然火辣辣起來。

先生果然朝著他的座位走過來了。

不一會兒的功夫，那些藏匿甚久的畫譜、顏料以及種種作品均已在先生的掌握之中。

搜查結束，審訊開始：

「這畫是不是你畫的？」

「是。」魂飛魄散的豐潤低著頭，吐得出的也只有這一個字了。

奇怪的是，接下來便沒了聲息。豐潤斗膽偷眼望去，發覺先生早已坐在他自己的椅子上翻看起畫譜來，神情頗為專注。豐潤實在捉摸不出先生意欲何為，提心吊膽地回了家。

第二天一早到了塾中，只見先生翻出畫譜中的孔子像對他說：

「你能看了樣畫一個大的嗎？」

這樣的局面大出豐潤的所料，驚喜交集得幾乎失去了判斷力，同時也是懾於先生的威勢，想都沒想就應下了一個「能」字。

先生又提出進一步的具體要求：

「我去買張紙來，你給我放大了畫一張，也要著色的。」

看到一向威嚴的先生為了畫畫，也求到豐潤這裏來了，同學們的臉上不免都有了驚羡之色。而慢慢冷靜下來的豐潤這才想到，自己只能「印」畫，又哪裏會「放大」呢？

憂心忡忡的畫家夾著先生給的紙，神色嚴峻地回到了家中。

好在家中高手如雲，店裏的夥計、染坊的司務、家中的女工，紛紛獻計獻策。最後真正解決難題的，還是聰明的大姐豐瀛。她教弟弟把一張畫了方格子的紙夾進線裝畫譜的書頁之間，透過薄薄的畫譜紙，孔子像就在方格的經緯之中了。又用縫紉用的尺和粉紙袋在先生的大紙上彈出大方格，再把畫眉用的柳枝燒焦了做成鉛筆、炭條一樣的畫具，然後依格子逐一放大。很快，一個巨大的孔子像的底稿便順利完成了。再經過毛筆勾邊、上色的步驟，「一個鮮明華麗而偉大的孔子像就出現在紙上。」（〈學畫回憶〉）

拿到塾中，先生自是十分滿意，作品於是就被掛在塾前的堂匾下。豐潤和同學們每天進出，都對著它頂禮膜拜。

此後，豐潤還成功地完成了體育課上所用的「龍旗」的繪製。那是用鉛粉、牛皮膠和各色顏料煮溶調製後，繪製在一塊黃布上的。當然，也是在大姐的幫助下完成的。

孔子像和「龍旗」的成功，使豐潤的「畫家」聲名大噪，以至於老媽子們紛紛提出要求：「將來哥兒給我畫個容像，死了掛在靈前，也沾些風光。」

在她們熱切的催促之下，豐潤不得不向肖像畫家的專業方向進取了。二姐豐遊的丈夫周印池會畫肖像，他家中有種種特別的畫具：玻璃九宮格、擦筆、木炭鉛筆、米尺、三角板等。豐潤從他那裏學了一些技法，又借了一些畫具和照片，回到家中便埋首於「擦筆照相畫」的練習之中。

但是，技法練熟了，新的難處又接踵而至。當時的石門沒有照相館，這些老太太們都沒有照片，玻璃九宮格因而也就發揮不了作用，「我的玻璃格子總不能罩到她的臉上去吧？」豐潤想。確實不能。

又是大姐解了他的難題。她從那包借來的照片裏選出一張老婦人的照片，說：

「把她的下巴改尖些，就活像我們的老媽子了。」

畫好以後，果然很像。又在畫上塗了粉紅、翠藍等種種漂亮鮮豔的色彩，耳朵上還加畫一副金黃色的珠耳環。鮮豔的色彩和漂亮的耳環讓老太太滿意得不得了，旁人看了也都稱好，大家便都起了求畫的興致，於是生意興隆。在故鄉的老伯伯和老太太之間，豐潤就這樣獲得了「擦筆肖像畫家」的名譽。

也不知是否天性的緣故，豐潤對身邊與藝術有關的事物都有巨大的興趣。繪畫之外，他對一些民間常見的工藝小製作同樣有著濃厚的興趣。過年用的「六神牌」、祭品盤上的紅紙蓋、姑母製作的彩傘，尤其是一種泥塑玩具，都對他有深深的吸引力。

那時經常有蘇北的船，到石門鎮上來賣種種紅沙泥燒料的陰文玩具模型。有彌勒佛、觀世音、關帝、文昌，有孫行者、豬八戒、蚌殼精、白蛇精，還有貓、狗、馬、象，寶塔、牌坊……，一個銅板可以買五種模型連同奉送的一大塊黃泥。豐潤十分迷戀於此，只要有船來，他就要向母親討錢購買。不久，船上的各類模型都被他買全了。

豐潤十分熱心地從事著模型的塑造，同時，由於不滿足於製品顏色的單調，他還到染坊討來一些顏料，給黃泥玩具模型塗上各種色彩。後來，他又不滿足於現成模型的塑造，開始用洋燭自己製作模型，憑藉豐富的想像完成了種種的創作，沉迷其中而不能自拔。結果是荒廢了私塾裏的功課《孟子》，受到塾師的警告和母親的責備，只好住手了。

豐潤與美術的緣分，除了大姐的助成之外，姑母豐紂也是我們應該提到的一位人物。豐紂，字黹紅，在母親豐八娘娘的調教下，不僅描花、刺繡、剪紙、摘珠花等女紅生活樣樣精通，而且書法、繪畫也很在行。種種手藝，遠近聞名。我們對她生活中的詳細情況並不清楚，只是從她與豐潤的一張合影中，可以看出是一位清秀文弱的女子。成年後的豐子愷在文章中，對這位姑母的心靈手巧多有提及，並時有自歎不如之語。尤其對她與父親合作的那把過元宵節燈會時用的彩傘，豔羨不已。姑母的聰慧，尤其是她在手工製作和民間繪畫方面的才能和作品，給了豐子愷十分深刻的印象。

關於幼年時的繪畫經歷，豐子愷在〈學畫回憶〉一文中有十分生動風趣的描述。童年時期對於繪畫的愛好和稚拙的塗抹，是很多人都有過的共同經歷。豐子愷把自己兒時的這些美術創作，稱為「印畫的技術」，並持基本否定的態度：「假如我早得學木炭寫生畫，早得受美術論著的指導，我的學畫不會走這條崎嶇的小徑。唉，可笑的回憶，可恥的回憶，寫在這裏，給世間學畫的人作借鏡吧。」

這些文字展示了豐子愷坦蕩的胸懷和一絲不苟的藝術態度。童年的繪畫經歷在他一生的藝術生涯中，雖然並非什麼重要的事件，也不見得就是這些經歷促使他必然地成了一個藝術家。而且現在來看，就是豐子愷以後蜚聲海內外的漫畫作品，其成就的取得，也並非主要在於藝術形式上技巧的高超，更多地還在於畫中蘊含的詩意、諧趣、真情和作者獨特的情懷。但是，愛好美術的天性、豐富的想像力、大膽的創造力以及無師自通的刻苦鑽研，卻都是他日後事業成功的必要條件。

豐子愷之前，豐家沒有出過藝術家，但在父親、姑母、大姐、姐夫身上，卻都有一些藝術的潛質和才華時時閃現。對此，豐子愷既是傳承者，更是集大成的創造者了。

四

石門所在的杭嘉湖地區，是一片富庶的平原水鄉，盛產稻米魚蝦、蠶桑絲麻，素有「漁米之鄉」、「絲綢之府」的美譽。一條條青石鋪砌、曲徑通幽的巷弄，一幢幢鱗次櫛比、黑瓦板牆的樓房，一進進雕梁畫棟、漸入漸深的庭院，一扇扇精雕細刻、錯落有致的門窗；密如漁網的江河港汊，星羅棋佈的石橋長亭，還有那朱漆欄杆玻璃窗的艘艘小船；一望無際的郊外平原，金黃碧綠的四季作物，還有那賽會踏青賞花燈的種種鄉情。所有這一切，構成了一座座的江南水鄉市鎮，南潯、西塘、石門、烏鎮、塘棲、周莊、織裏……真正的是「三里一村，五里一市，十里一鎮，廿里一縣」，人煙稠密，物產豐饒，民風淳厚，生活精緻。

豐潤在這片美麗的水鄉土地上，與他的童年夥伴們追逐打鬧、嘻笑遊釣，充分享受著自然的恩賜，揮灑著童真的快樂。

豐潤容貌俊俏，生性和善，知書達理懂禮貌，又是舉人老爺家的公子，與身邊那些調皮搗蛋的孩子比起來，自然看著就多了幾分文雅。但在心底裏，他對他們那些異想天開、有時頑劣到近乎惡毒的把戲，實在是嚮往得不得了。

豐家的隔壁，是一家豆腐店。店家的寶貝孫子王囡囡，是孩子群裏的大阿哥。因為兩家貼鄰而居，豐鏞還曾在他家一度患難時鼎力相助，因此王家特別善待豐潤。王家經濟條件好，常常送好吃的和好玩的給豐潤。兩個孩子在一起玩耍時，王囡囡自然就成了豐潤的兄長和保護神，教會了他很多遊玩的本事。

第一件是釣魚。王囡囡買了兩副釣魚竿，自己一副，送給豐潤一副，兩人一起到門前小河的木場橋頭去釣魚。他十分熱心地幫著豐潤捉魚餌、放釣線、拉釣竿、提釣桶。最後又慷慨地將釣來的魚統統給了豐潤，叫他拿回家去做菜吃。豐潤學會這個本事後，十分著迷，一方面是為了好玩，也有幾分是為了煎魚的美味，連著三四個夏季都以此為業，為母親和周圍的人省了不少的菜錢。

第二件是在墳山上打擂臺。王囡囡高高地佔據在墳山上，所有的小朋友都不是他的對手，一概被他打下山來，豐潤就更是只有在一旁看的份了。打完以後，王囡囡總要請大家吃花生米，每人一包，從不虧待任何人。

其他還有很多諸如放風箏、爬樹之類的遊戲，王囡囡都是絕對的高手。他脖頸裏戴著銀項圈，手裏一枝長槍，一天到晚都是一副興致勃勃、興高采烈的模樣。在豐潤羨慕的眼光裏，王囡囡活脫脫就是一個兒童英雄。

然而就是這樣的一個王囡囡，隨著年齡的日漸長大，而日益地興致凋零了。王囡囡是在他父親死後十四個月出生的所謂的「遺腹子」，相貌像極了他家店裏的司務鍾老七。鍾司務極其寵愛他，因此他在家裏地位尊貴。但是出得家門，就免不了的要被別人罵一聲「私生子」。年齡大了，懂事了，自尊心受到傷害，心情興致自然敗壞低落了。他為此常常打他的娘，打了以後，又必定去買一支人參來煎了湯，逼著娘喝下去。

成年後的王囡囡看見昔日的「慈弟」，恭恭敬敬地稱他做「子愷先生」。壓抑的生活中，尚是四十餘歲盛年的王囡囡，便早早地去世了。

豐子愷在晚年回憶鄉事時，把王囡囡比作是魯迅筆下的「閏土」，對他的身世遭遇倍感惋惜和同情，直稱「封建時代禮教殺人」。王囡囡的娘原本大可堂而皇之地再嫁鍾老七，事實卻是迫於禮教，苟且隱忍，以致釀成了家庭的不幸。

另外一位童年夥伴叫做樂生，是豐潤的遠房堂兄，叫做「五哥哥」，在豐家的染坊裏當學徒。下午店裏空時，就陪著豐潤玩。他是豐子愷兒時最為親密的伴侶，神情活躍、體力充沛，既有頑劣無賴到令人吃驚的把戲，也有用智力和技術發明的種種富有趣味的玩意兒。

這位五哥哥的玩法，頑劣得出格，真可謂大膽、新奇、刺激，又十分的惡毒了。他最熟能生巧的玩具，是蜈蚣，而最拿手的玩法，就是作弄人了。他先去捉來一隻大大的蜈蚣，剪去它的鉗子，然後藏在衣袖裏，就上了大街。一旦看準了目標，就迅速地將蜈蚣扔將過去，丟在那人的身上。沒等那些驚惶失措的無辜者們回過神來，樂生早已取回他的寶貝蜈蚣，若無其事地開溜了。他還用這法子來向他爸爸討零用錢，老爸不給，他如法炮製地取出蜈蚣來丟到了老爸的手臂上。老爸舉手一揮，蜈蚣反而落在了背脊上。氣憤至極的老爸操起一根門閂、背著蜈蚣就去追打這個淘氣的兒子，當然是追不上的了，樂生三拐兩轉地早就沒了影，只剩下老爸在眾人的哄笑聲中喘大氣。

豐潤是樂生所有這些頑劣勾當的熱心觀眾和真心嚮往者，五哥哥的種種作為對兒時的豐子愷具有莫大的吸引力，以至於當年十分熱心地欣賞追隨於他，成年之後仍然十分熱烈地懷念著他。因此，即使因為五哥哥的頑皮而在豐子愷的額上留下了一塊永遠的疤痕，那也是童年的美麗的印記：

現在我對這些兒時的樂事久已緣遠了。但在說起我額上的疤的來由時，還能熱烈地回憶神情活躍的五哥哥和這種興致蓬勃的玩藝兒。誰言我左額上的疤痕是缺陷？這是我的兒時歡樂的佐證，我的黃金時代的遺跡。過去的事，一切都同夢幻一般地消滅，沒有痕跡留存了。只有這個疤，好像是「脊杖二十，刺配軍州」時打在臉上的金印，永久地明顯地錄著過去的事實，一說起就可使我歷歷地回憶前塵。彷彿我是在兒童世界的本貫地方犯了罪，被刺配到這成人社會的「遠惡軍州」來的。這無期的流刑雖然使我永無還鄉之望，但憑這臉上的金印，還可回溯往昔，追尋故鄉的美麗的夢啊！（〈夢痕〉）

在豐子愷回憶故鄉的美麗夢境中，有的不惟只是兒時夥伴的歡笑和嬉鬧，還有更為熱烈、歡騰和喧鬧的鄉情。

石門鎮上沿著運河都是商店，只有男人們在活動；而後河則是女人們出場的地方了。「三個女人一臺戲」，而後河邊上四位最為出名的老太婆湊在一起，少不了的嘻笑怒罵、串門遛戶，東家長、西家短，也少不了的燒香拜佛、你幫我助，既行善、又行樂，演出的就是一臺臺的鬧劇了。有時候鬧將起來，直要打得翻落到河裏才算罷休。豐子愷與他的童年夥伴王囡囡坐在河邊的竹榻上，回回都是看得驚心動魄，興奮無比。莫五娘娘、定四娘娘、盆子三娘娘、何三娘娘，她們的作為就如她們的稱謂一樣，俗氣、率直、自在、熱情，充滿了世俗人間的真性情和煙火味。

五

鍾雲芳是石門鎮南皋橋堍人，祖輩經商，哥哥鍾春芳是太學生。嫁到豐家後，孝敬婆婆，相夫教子，有賢妻良母的品德。

豐鐄去世，鍾雲芳擔起了家中裏裏外外的一切責任。她十分能幹，雖然不識字，卻治家有方。當時的光景，豐子愷有生動的記述：

> 工人們常來坐在裏面的凳子上，同母親談家事；店夥們常來坐在外面的椅子上，同母親談店事；父親的朋友和親戚鄰人常來坐在對面的椅子上，同母親交涉或應酬。我從學堂裏放假回家，又照例走向西北角裏的椅子邊，同母親討個銅板。有時這四班人同時來到，使得母親招架不住，於是她用了眼睛的嚴肅的光輝來命令、警戒或交涉；同時又用了口角上的慈愛的笑容來勸勉、撫愛或應酬。當時的我看慣了這種光景，以為母親是天生成

坐在這只椅子上的，而且天生成有四班人向她纏繞不清的。（〈我的母親〉）

鍾雲芳把一切希望都寄託在長子豐潤的身上，擔負起嚴父與慈母的雙重職責。她尤其重視兒子的學業，豐鑛去世後，豐潤的學業沒有荒廢，轉到了另一家私塾去讀書。鍾雲芳期望兒子刻苦讀書，像他父親一樣獲取功名，將來重振家聲。

一九一〇年，為了適應不可逆轉的時代潮流，那位命令豐潤畫孔子像的塾師于雲芝，也把自己的私塾改成了新學堂。豐潤是這學堂第一班七個學生中的一個，開設的課程有修身、國文、算學、體育和音樂。

這些功課中，體育和音樂是完全的新內容，它們是時代變革的大浪在中國近現代教育進程中激起的浪花，和當時的社會現實密切相關。于雲芝買來了一架風琴，自己學了幾天後，就開始教起學生來。他又請了一位朋友擔任體育教師，教孩子們學體操。他們高舉著豐潤畫的那面「龍旗」，穿街走巷地到野外去做操。這些原本整日關在私塾裏讀著「子曰」、「詩云」的孩子們，個個一掃舊時的暮氣沉沉而變得生龍活虎、興高采烈。他們來到廣闊的田野，呼吸著新鮮的空氣，伸展著矯健的身姿，一邊做操，一邊唱著音樂課上學來的新「樂歌」：「男兒第一志氣高，年紀不妨小。哥哥弟弟手相招，來做兵隊操。……將來打仗立功勞，男兒志氣高。」

「戊戌變法」失敗後，以梁啟超為代表的改良派文人極力鼓吹音樂對思想啟蒙的重大教育作用，積極提倡在學校中設立樂歌課，發展學校音樂教育。大約於一九〇四年起，各種各樣的唱歌書在國內陸續得以刊行，許多新學堂也逐漸普遍開設「樂歌課」。至一九〇五年，學校唱歌已成為當時社會文化生活中的一種新時尚。這些新的歌曲，當時稱之為「樂歌」，後來音樂界將這時期的學校歌曲統稱為「學堂樂歌」。學堂音樂的出現，體現了時代變革的軌跡。因為正是隨著學堂樂歌的傳播，西洋音樂的基礎知識才開始在一般的中國人中得到初步系統的介紹，為我國現代音樂文化的發展提供了必要的條件。它不僅在思想啟蒙方面給予當時的青少年學生以深刻的影響，而且還使一種新的藝術形式，即群眾集體唱歌的形式，在我國得以確立和發展。同時，學堂樂歌也為我國造就了一批傳播現代音樂文化和創建、發展學校音樂教育的音樂家，如沈心工、李叔同等等。多年之後的豐子愷，就成為了這其中的一員。

同時，學堂樂歌也是當時進步知識分子有意識地用以傳播民主革命思想的一種手段。樂歌的內容，大部分反映的是當時中國的資產階級及其知識分子的要求，比如學習歐美科學文明、實現「富國強兵」以抵禦外侮等資產階級民主主義和愛國主義思想。一些比較流行、具有代表性的歌曲如〈何日醒〉、〈中國男兒〉、〈十八省地理歷史歌〉、〈黃河〉、〈揚子江〉等，都真實地反映出當時列強欺侮、國難當頭的社會現實和生活狀況。〈何日醒〉唱道：

> 一朝病國人都病，妖煙鴉片進，嗚呼吾族盡，四萬萬人厄運臨，飲吾鴆毒追以兵，還將

賠款爭，寧波上海閩粵廈門，通商五口成。香港持相贈，獅旗獵獵控南溟，誰為戎首，誰始要盟，吾黨何日醒。

豐潤學會了許多新歌，有〈體操——兵操〉、〈勵學〉、〈祖國歌〉、〈春遊〉、〈留別〉、〈揚子江〉、〈好朋友〉等等。童年的生活，因為有了這些樂歌的陪伴而增添了無數的色彩。

社會變革的風潮影響到了學堂，豐潤跟著做了兩件事：一是剪去了辮子；一是將名字改成了「豐仁」。當時地方上辦自治會，盛行選舉，人們為了可以當選，紛紛將名字「刪繁就簡」，以利識字不多的選民容易認得。學堂裡的一位老先生便因此給豐潤改了名。

一九一四年初，豐仁以第一名的成績小學畢業。同年二月，《少年雜誌》發表了他用文言文寫作的四篇寓言：〈獵人〉（戒貪心務寡欲）、〈懷挾〉（戒詐偽務正直）、〈藤與桂〉（戒依賴務自立）、〈捕雀〉（戒移禍務愛群），這是迄今為止發現的豐子愷最早的文學作品。

豐仁小學畢業回到家中，雖然成績優秀，但是畢竟年少，對自己今後的前程問題，並無主張，仍是聽由母親決定。然而，面對著風雲變幻的時代和社會變革，就連不識字、不懂時務的母親，也已經深深地感覺到了舊時熟悉的一切，正在無可奈何地「花落去」。在激烈動蕩的新時局裏，她就如同她自己所說的那樣，是「盲子摸在稻田裏」，無所適從了。因為在清朝末年和民國建立的這一段時期，時事的變化十分劇烈，發生了許多可以稱得上驚天動地的大事，例如科舉的廢除、學校的新興、服裝的改革、辮髮的剪除等等。這在獨自坐守家庭、一字不識的母親看來，每一樣都是足以使她眼花撩亂的不測風雲。加之石門又是一個遠離大城市的小鄉鎮，免不了有些保守封閉的風氣。當時鄉里的人都嫌學校不好，希望皇帝再坐龍廷而復興科舉。有些在社會上活動且有聲譽的親友，還依舊請了先生在家裏教授「四書」「五經」，或把兒女送入私塾。母親雖然將兒子送進了學校，但這於前途是否有利，終究還是一個疑慮。現在，兒子小學畢業了，母親的煩憂也更加深了。不知所措的母親心中一片茫然，何去何從，頗難籌劃。

好在豐家的鄰居裏，有一位沈蕙蓀先生。他是豐家的親戚，又是地方上有德望的長者，更是一位具有新思想的知識分子。他為母親說明了現在的學制，學生將來的出路，以及種種的忠告，並且表示願意帶著豐仁，和他自己的兒子沈元一起，去杭州投考新式中等學校。母親作出了十分明智的選擇，決定聽沈先生的話，把兒子送到杭州去投考。

於是，在一個炎熱的夏天的早晨，豐仁跟著沈家父子，坐船離開石門前往杭州。臨行前，母親讓豐仁吃了她親手製做的米糕和粽子，以此暗示「高中」之意。因為從前丈夫去杭州考鄉試的時候，婆婆就是給他吃這兩種點心的。兩代人的生活內容雖然已有截然的不同，但赴杭應考的經歷卻是十分的一致，在這相同的鄉風民俗的接續中，母親們的期盼更是不言而喻的相似。

第二章　負笈求學

考上了浙江第一師範學校——可怕的寄宿生活——楊家傷——恩師李叔同、夏丏尊——迷上了西洋畫——畢業時的迷惘

一

浙江省立第一師範學校成立於十九世紀末，時名浙江省官立兩級師範學堂。這是一所在學習西文、建設和發展新式教育的時代潮流中應運而生的新式學堂，它的校園佈局建築和教師都與舊時書院有著截然不同的格局。除建有七進嶄新的教學大樓，還有一系列的附屬建築：健身房、附屬小學、音樂與手工教室、食堂、宿舍等等，是當時浙江省規模最大的一所學府。成立之初，所聘教師絕大部分都是從日本留學歸來的學子，同時還聘有多名日籍教員。當時，許多文化名流都曾在此執教，如沈鈞儒、沈尹默、周樹人（魯迅）、馬敘倫等。一九一二年，聘請經亨頤任校長。經亨頤又以他的魄力和慧眼聘請了李叔同、夏丏尊、單不厂、堵申甫、姜丹書、

王更三、陳望道、劉大白等許多新文化運動的幹將、中國文化界的精英來校任教，為浙一師打造出濃厚的文化氛圍和強大的師資力量，成為當時江南新文化運動的中心。一九一三年，學校改名為浙江省立第一師範學校。

豐仁於一九一四年考取浙一師的第五屆預科班，這一屆共有學生八十餘人，分為甲、乙兩班，豐仁編入的是甲班。時任校長為經亨頤，任職教師有李叔同、夏丏尊、單不厂、堵申甫、王更三等。

當時的中國，正是近代教育邁開腳步迅猛發展的時期。大中城市裏，普通教育、職業教育、師範教育等各種性質、類型和形式的學校，如雨後春筍般地湧現。豐仁同時報考了甲種商校、第一中學和浙江省立第一師範學校三所學校，都被錄取。

豐仁的家境並不富裕，母親從家庭的實際情況考慮，在請教了沈先生等鄉紳之後，將師範學校作為就讀的首選。因為當時鄉里學校勃興，教師缺乏，師範畢業後即可在家鄉覓職，不必外出。再則師範收費低廉，家裏也擔負得起。

她對兒子說：「商業學校畢業後必向外頭的銀行公司等供職，我家沒有父兄，你不好外出。中學畢業後須升高等學校和大學，我家沒有本錢，你不好升學。」

1918 年留影

然而豐仁同意就讀浙江省立第一師範學校，並非完全只是遵循母命的結果。原因十分簡單，僅僅只是因為他看了各校的狀況，覺得師範學校規模最大，似乎最能滿足他的求知欲。當然，這個選擇畢竟還是契合了母親的苦心。

豐仁以單純幼稚的想法選擇了浙一師，卻幸運地投身到了一個名師薈萃、新文化氣氛濃郁的學術文化和藝術教育中心。

經亨頤（一八七七－一九三八），字子淵，號頤淵，浙江上虞人。國民黨左派元老廖仲愷、何香凝的親家。二十世紀初赴日本留學，攻讀教育學，一九〇八年回國後即任浙江省官立兩級師範學堂教務長，後任校長，兼任省教育會會長。經先生學識淵博，思想開明。在學校教育中，注重「人格教育」，力主以「勤、慎、誠、恕」為校訓，提倡「德、智、體、美、群」五育並重，與提倡職業教育的黃炎培齊名於當時。經先生好金石詩詞，又擅丹青書法，有《經頤淵金石詩書畫合集》、《爨寶子碑古詩集聯》等傳世。

單不厂（音「庵」）（一八七七－一九二九），我國早期新文化運動中的知名人士。二十五歲補博士弟子員獲得第一，曾赴日本留學。他精通國學，尤其對程朱理學有精深的研究。後任北京大學教授、圖書館主任、浙江圖書館館長、中央研究院中文科主任兼漢文圖書館主任等職。著有《宋儒年譜》、《二程學說之異同》、《宋代哲學思想史》等。豐仁進校時，第一位國文老師兼班主任就是這位單先生。單先生很喜歡這位樸實靦覥的少年，經常給予鼓勵。但他只教了一個學期即離校去家鄉的一所學校任教。臨行前，他為豐仁取了「子顗」這個字號作為紀念，並鼓勵他繼續學好國文。後來，豐仁便乾脆以此為名，再後來又把「顗」改成了「愷」，一直沿用下來，以至原來的名字豐潤、豐仁等反而被人們遺忘了。

姜丹書（一八八五—一九六二），原籍江蘇溧陽。一九一一年春畢業於南京兩江師範學堂圖畫手工科，成績名列最優等，並通過北京學部複試，獲舉人學位。同年七月應聘至浙江兩級師範學堂，接替日本教師，成為我國第一代自己培養的藝術教育師資。後任上海美術專科學校、新華藝術專科學校、華東藝術專科學校（即南京藝術學校）教授。擅丹青詩詞，著有《姜丹書藝術教育雜著》等。姜先生是當時校中兩位專任藝術教師之一，生性樂觀健談，上課時教室氣氛活躍，學生笑聲不斷。豐子愷入校時，教授他圖畫課的就是這位姜先生，他與豐子愷保持了一生的師生情誼。

夏丏尊（一八八五—一九四六）名鑄，一字勉旃。浙江上虞人。十六歲考中秀才，十七歲進上海中西書院學習。後赴日本留學。回國後，先後在浙江兩級師範學堂、湖南師範學堂、春暉中學等處任教。一九二六年任上海開明書店編輯所主任。

夏丏尊天生是個多愁善慮、古道熱腸的人。他在浙一師的十三年間，任舍監，司訓導，兼授修身、國文、日文，與陳望道、劉大白、李次九並稱浙一師教學改革的「四大金剛」。

他視學生如己子，愛護備至。在浙一師時，在學生面前毫無矜持，對學生都是率直開導，而不用敷衍、欺蒙、壓迫等等手段。學生們最初覺得忠言逆耳，看見他的頭大而圓，就給他起了個「夏木瓜」的諢名。但後來大家都知道夏先生是真心愛護他們，這綽號就變成了愛稱而沿用下去。凡學生有所請願，大家都說：「同夏木瓜講，這才成功。」他聽到請願，也許暗嗚叱吒地罵一頓；但如果願望合乎情理，他就當作自己的請願，而替你設法了。請願之外，就是日常生活瑣事，他也事事操心。偶然走過校園，看見年紀小的學生弄狗，他也要管：「為啥同狗為難！」放假的日子，學生出門，夏先生看見了便喊：「早些回來，勿可吃酒啊！」學生笑著連說：「不吃，不吃！」趕快走路。走得遠了，夏先生又想起來了什麼，便又大喊：「銅鈿少用些！」學生們一面笑他，一面實在是感激他，敬愛他。豐子愷曾十分形象地把夏先生的教育，稱為「媽媽的教育」。在豐子愷的人生道路上，夏丏尊並非只是學生時代的恩師，更是漫長生活道路上相互扶持、相互慰藉的知交。豐子愷後來從日本回國後，就與夏先生共事，二十年間，常與夏先

漫畫「某事件」中的先生即夏丏尊的形象。

生接近，受他的教誨。在豐子愷眼中，夏丏尊是他一生的導師。

二

豐子愷抱著滿心的歡喜、好奇和期望，跨進了浙一師的大門。然而不久，這樣的好心情就沒了影。

豐子愷是為了滿足求知的欲望而來，沒想到師範學校卻是以培養教員為目標，因此在課程設置上，知識性學科的安排就比較少。這樣的情形，令他十分後悔沒有選擇那些以知識性學科為主的中學就讀。

更為直接的原因是，在濃郁親情和閒適家居中長大的他，極不習慣寄宿學校的集體生活，起了極大的反感和懊喪的情緒。豐子愷後來回憶這段生活時說：

> 寄宿舍生活給我的印象，猶如把數百隻小猴子關閉在個大籠子中，而使之一齊飲食，一齊起臥。小猴子們怎不鬧出種種可笑的把戲來呢？（〈寄宿舍生活的回憶〉）

學校總是伙食相對清淡的地方，因此每日的餐桌，便成了這些食欲旺盛的毛頭小夥子們的嚮往，也是他們各逞所能、施展身手的戰場。

當時學校取共食制，七人一桌，每桌二葷二素一湯共五個菜。就餐時，七個人圍著五只淺淺的菜碗，碗中稀疏的葷腥自然成了夾攻的目標。如果十分難得地出現了諸如「蛋邊添配一朵肉醬」的珍品，那就更成了十幾隻筷子的齊聚地。豐子愷是一向不吃肉的，所以並不能深刻地體念到此類夾攻戰役中的滋味。但在餐後的盥洗處，他卻常常能聽到同學們忿忿不平的抱怨聲，有的說：「這傢伙真厲害，他拿筷子在菜面上掉一個圈子，所有的肉絲便結集在他的筷子上，被他一筷子夾去了。」有的說：「那傢伙壞透了。他把筷子從蛋黃旁邊斜插進去，向底下挖取。上面看來蛋黃不曾動彈，其實底下的半個蛋黃已被他挖空，剩下的只是蛋黃的一張殼了。」豐子愷方才知曉這裏面還有那麼多的心計和技巧。

而豐子愷是沒有這許多心計和技巧的。他原本就是一個平和謙讓的少年，當時又正聽信了一個善於充分利用腕力的同學的建議，用左手使筷而讓右手專司握筆，以顯左右手的平等待遇。因此筷技便愈顯拙劣，每次伸將出去，常常只能是蘸了一點湯回來。同時為了維護面子，還要作出啖吸得津津有味的樣子。顯然，在狼吞虎嚥的同桌裏，這樣的性情和作為是沒有任何競爭力的。就餐，也就成了一道令他頗感不適的難題。

學校又是紀律嚴明的地方。浙一師尤其要求嚴格，在時間的安排上甚至精確到了以分計算的地步。比如每日清晨盥洗、飲水和解手的時間，就分別嚴格地限定為五分、二分和五分鐘。每晚按時而眠，清晨按時即起。洗漱完畢，學生一律至樓下自修室學習，寢室即告關閉，直至晚上九時半開啟，學生方可再次進入。稍有不符，就會受到舍監的責罰，甚或被鎖閉在寢室之內。豐子愷在家時養成了要開著燈方能入睡的習慣，如果先關了燈，往往就夜難成寐了。現在到了這學校，自然不能開燈睡覺，於是便常常在那裏輾轉反側，遲遲不能入睡，而清晨也就遲遲不能起床了。這樣不是耽誤了早餐，就是遭到舍監的嚴厲訓斥。對此，豐子愷的感覺是：

照這制度的要求，學生須同畜生一樣，每天一律放牧，一律歸牢，不許一隻離群而獨步。那宿舍的模樣，就同動物園一般。（〈寄宿舍生活的回憶〉）

寢食不安的豐子愷真是痛恨這樣無理的學校生活，切身的感受除了可悲與可怕，就是深深的無法解脫的苦惱。他常常在心中自問：難道從此以後，我只有在年假和暑假的二三個月內可以在家中做人，而其餘的日子就都是做猴子的時間了嗎？求學就必須是如此的嗎？

黯然神傷的豐子愷於是便有了滿懷的鄉愁。我們從他所作的詩詞中，不難感覺到這種情緒的流露：

西江月

百尺遊絲莫繫，千行啼淚難留。豔紅姹紫無消息，贏得是新愁。　　故里音書寂寂，客中歲月悠悠。春歸人自不歸去，盡日下簾鈎。

減蘭

他鄉作客，每到春來愁如織。怕上層樓，柳暗花明處處愁。　傷心春色，獨自垂簾長寂寂。多事黃鶯，百囀高枝夢不成。

而據豐一吟的回憶，豐子愷曾對他們說過，當時因為思鄉心切而又無人可以傾訴，竟在一日獨自跑到一個僻靜的去處，放聲高歌一曲〈可愛的家〉！

不滿於學校生活的，其實並非只有豐子愷一人。在他的同班同學中，有一位來自餘姚的學生，姓楊，名家儁，字伯豪。他是一個頭腦冷靜、個性鮮明而自我意識強烈的少年，他因有志於師範教育而入此校，卻對學校嚴格的規章制度和上課紀律十分反感，因此而與豐子愷取得了共鳴。他比豐子愷年紀稍大些，在生活上對豐子愷很照應。有了這樣一個可以依賴如兄長般的朋友，豐子愷總算在那鬱悶可怕的寄宿生活中，喘出一口氣來，有了堅持下去的依靠。

楊家儁常常帶著豐子愷到西湖的山水間去遊玩。他的遊玩別具一格，總是將豐子愷領到保俶塔旁邊的山巔、雷峰塔後面的荒野中，坐在荒無人跡的地方一面看雲，一面啃麵包。他的觀點是：「遊西湖一定要到無名的地方，眾人所不到的地方。」

有一次，他又花樣翻新地取出兩個銅板來，放在一塊岩石上。過了幾個星期，他們回來察看，銅板依舊靜臥在岩石上，只是已經生發出一層濕漉漉的青苔，似乎在向他們演示著無窮的造化之功。他們是何等的歡喜和讚歎啊！楊家儁豪邁地宣稱：「這裏是我們的錢庫，我們以天地為室廬。」豐子愷完全地折服於他的這種奇特、新穎和特立獨行的舉止言行，情不自禁地追隨於他的左右了。

一天，豐子愷發瘧疾，膽小的他卻不敢聲張，更不敢提出來到宿舍裏去取衣服，只是蜷伏在自己的座位上。

楊家儁知道了，問他：「為什麼不去取衣？」

豐子愷說：「寢食總門關著。」而他又不敢去求舍監。

楊家儁不僅生起氣來：「哪有此理！這裏又不真的是牢獄！」楊家儁不滿於學校的管理制度，每次寢室總長早晚開門時，他都要大叫一聲：「放犯人了！」或者就是發著牢騷說：「我們不是人，我們是一群雞或鴨。早晨放出場，夜裏關進籠。」

於是他立即去求寢室總長開了門，拿了豐子愷的衣服和棉被，將他送到調養室去休息了。路上，他對豐子愷說：「你不要過於膽怯而只管服從，凡事只要有道理。難道我們真的是兵或犯人不成？」

楊家儁對豐子愷產生的更大的影響，是在促成了他自我意識的覺醒和對社會、人類的獨立思考。

他們常常在臨睡之前走到房門外面的走廊上，倚窗而談，有時直到熄燈之後。夜的寂靜和同學們的酣睡愈加襯托出了他們談話的獨特。每當此時，楊家儁就會發出「眾人皆睡，而我們獨醒」的感慨。

兩人閒談中，談到了當時報考學校的情形。豐子愷因為當時的好成績，心中頗有些自得。他對楊家儁說：

「我此次一共投考了三所學校，第一中學、甲種商業和這所師範學校。」

楊家儁不解地問：

「為什麼考了三所？」

豐子愷回答說：

「因為我膽小呀！如果考不取，回家不是倒霉嗎？我在小學校裏是最優等第一名畢業的；但是到這種大學校裏來考，得知取不取呢？幸而還好。我在商業取第一名，中學取第八名，此地取第三名。」

說話間，不免有一些得意的神色。

「那你為什麼進了這裏呢？」

「我的母親去同我的先生商量，先生說師範好，所以我就進了這裏。」

聞聽此言，楊家僑禁不住笑了起來。豐子愷以為他是讚許自己，也就更得意了。

豈料楊家僑竟然微微地露出了一些輕蔑的神氣，他不屑地說：

「原來你不是自己有志向於師範的。這又何必呢！你應該自己抱定宗旨！」

這番話讓豐子愷啞口無言。在豐子愷的生活中，原本有的只是對於師長的遵命與服從，而沒有絲毫的自我和自覺意識，楊家僑的話使他受到了深深的震動。

受到震動的，很快就不是豐子愷一人了，楊家僑讓整個校園都感受到了他的卓爾不群。

開學不久，楊家僑在有些課上就常常曠課缺席了，管自在藏書樓中誦讀自己喜歡的《昭明文選》、《史記》、《漢書》等書。課堂上老師點名，叫到「楊家僑」時，往往沒有應到之聲。這個短暫的停頓，在豐子愷的感受裏，每次都是一個令他擔心的休止符。因為老師的怒氣是顯而易見的，而楊家僑的不妥協、不就範也是堅定不移的。每每級長奉了師命去捉拿逃課者，卻總是無功而返，報告一聲：「他不肯來。」教室的空氣便在老師由鼻孔發出的一個「哼」字裏，緊張嚴肅起來。

豐子愷真心地為朋友擔憂，他在晚上的倚窗談話裏，懇切地勸說著楊家僑：

「你為什麼不肯上課？聽說點名冊上你的名下畫了一個大圈餅。說不定要留級、開除、追繳學費呢！」

楊家僑告訴他說：

「那先生的課，我實在不要上了。其實他們都是怕點名冊上的圈餅和學業分數、操行分數而勉強去上課的，我不會幹這種事。由他什麼都不要緊。」

豐子愷勸不動他，只能歎一聲說：「你這怪人，全校找不出第二個！」

楊家儁堅定又自信地說：「這正是我之所以為我！」

一年後，楊家儁終於在學校的訓誡和同學們的嘲笑聲中辭校歸家。豐子愷在驚訝惜別之餘，既為他終於可以擺脫學校裏的境遇而感慶幸，更為他的遭遇而有一腔的憤憤不平：

先生們少了一個贅累，同學們少了一個笑柄，學校似乎比以前安靜了些。我少了一個私淑的同學，雖然仍舊戰戰兢兢地度送我的恐懼而服從的日月，然而一種對於學校的反感，對於同學的厭惡，和對於學生生活的厭倦，在我胸中日漸堆積起來了。（〈伯豪之死〉）

心高氣傲、志向卓絕的楊家儁，不能見容於紀律嚴明的學校，同樣也不可能在污濁實利的現實社會中實現他的自我價值。離校以後的十五年間，他為了家庭的負擔而奔波於餘姚的多所小學間。有一次，豐子愷去看望他，談話間回憶起同學一年間的往事，不免感覺到了年少時種種行為的可笑。楊家儁也跟著微笑，只是笑中帶著輕歎，說：「現在何嘗不可笑呢；我總是這個我……」語氣中，已不復再有當年的堅定與自信，有的只是苦澀和悲涼了。

一九二九年三月，楊家儁染疫而與一子一女同亡。豐子愷聞聽噩耗，心緒黯然，百感交集，悲痛於他命運的不濟，惋惜於他年華的早逝，想起他在世時的不堪境遇，又十分地慶幸他終於可以從中解脫了。喧鬧的塵世既然不是楊家儁可以安身立命的樂園，那麼脫塵而去也未必就是悲哀。活著的人不一定就是幸福的，豐子愷說：

世間不復有伯豪的影蹤了。自然界少了一個贅累，人類界少了一個笑柄，世間似乎比從前安靜了些。我少了這個私淑的朋友，雖然仍舊戰戰兢兢地在度送我的恐懼與服從的日月，然而一種對於世間的反感，對於人類的嫌惡，和對於生活的厭倦，在我胸中日漸堆積起來了。（〈伯豪之死〉）

三

楊家儁走了，豐子愷失去了這個像兄長一樣關心他的朋友，學校生活是否重又黯淡起來了呢？

好在預科以後，課程設置上的知識性學科漸多，豐子愷的求知欲在很大程度上得到了滿足。

同時隨著環境的熟悉，學校日漸親切起來，而與同學交往的加深，也使身邊志趣相投的朋友多起來了。豐子愷的心態得到了調整，又成了小學時代那個努力勤奮、刻苦攻讀的好學生了。一、二年級時，他的各門功課都成績優異，在同學中名列前茅，從而博得了學校的器重，經亨頤校長在全校大會上，宣佈豐子愷為浙一師的模範生。

然而這樣的情形不久就發生了變化，豐子愷的成績一落千丈。究其原因，一方面固然是他所不願學的教育與教授法在三年級以後佔了課程的主體；另一方面更重要的原因，則與李叔同有關。因為從這時起，不僅音樂課，連圖畫課也改由李先生教授了。

李叔同（一八八〇—一九四二）是中國最初赴日學習西洋繪畫、音樂、話劇，並把這些藝術傳到國內來的先驅者之一。他生於天津一個富裕的家庭，幼名成蹊，學名文濤，字叔同，名號屢改，一般以李叔同為世所知。

在當時的中國藝術界，李叔同在眾多領域都是首開風氣、獨領風騷的人物。其中在浙一師進行的藝術教育實踐，更是令人耳目一新。

夏丏尊在浙一師時與李叔同方始相識，但很快就意氣相投，成為最為相得的至交。他對李叔同十分敬佩：

> 在這七年中我們晨夕一堂，相處得很好。他比我長六歲，當時我們已是三十左右的人了，

少年名士氣息，懺除將盡，想在教育上做些實際工夫。我擔任舍監職務，兼教修身課，時時感覺對於學生感化力不足。他教的是圖畫、音樂二科，這兩種科目，在他未來以前，是學生所忽視的。自他任教以後，就忽然被重視起來，幾乎把全校學生的注意力都牽引過去了。課餘但聞琴聲歌聲，假日常見學生出外寫生。這原因一半當然是他對於這二科實力充足，一半也由於他的感化力大。只要提起他的名字，全校師生以及工役沒有人不起敬的。他的力量，全由誠敬中發出。（〈弘一法師之出家〉）

猶憶三十餘年前，我當學生的時候，李先生教我們圖畫、音樂，夏先生教我們國文。夏先生常說，李先生教圖畫、音樂，學生對圖畫、音樂，看得比國文、數學等更重。這是有人格作背景的原故。因為他教圖畫、音樂，而他所懂得的不僅是圖畫、音樂；他的詩文比國文先生的更好，他的書法比習字先生的更好，他的英文比英文先生的更好……這好比一尊佛像，有後光，故能令人敬仰。（豐子愷：〈悼丏師〉）

在民國以前，整個中國只有南京兩江師範學堂（後改稱南京高等師範）設有圖畫科，但其中的國畫課只授臨摹，西畫課也只授臨摹與靜物寫生。由於國內沒有師資，西畫課聘的是外國傳教士。至於音樂一門，更因沒有專門機構培養而無師資來源，大多由日本教席擔任。加上圖畫、音樂不算正式課程，不是會考科目，歷來受人輕視，教員地位低下，即有幾個熱心者，也只能倡導一時而後繼之人。具有遠見卓識、重視藝術教育的經亨頤蒞校之初，就決心改變這種局面。他在初任兩級師範學堂教務長之時，即決定開設圖畫音樂專修科，並於一九一二年秋，聘請到聲名顯赫的李叔同到校主持。

李叔同要求浙一師按照他的設計，建造了兩個專用教室。一個是開有天窗的圖畫教室，兩邊高敞的玻璃窗上掛著落地長簾，室內排列著二三十個畫架，桌上擺的是從日本購進的各種石膏模型。另一個是單獨建於校內、四面裝有玻璃窗的音樂教室。裏面兩架鋼琴居中，沿牆擺著五十多架風琴。這樣先進、齊全的教學設備，在當時國內是獨一無二的。就在這兩個教室中，李叔同先後開設了素描、油畫、水彩、圖案、西洋美術史、彈琴、作曲等課，還開設了寫生課。為中國近代藝術教育，進行了一系列開創性的實踐，培養了一大批日後在音樂美術領域卓有成就的人才。

他教授的音樂、圖畫兩門功課，在課程表上的鐘點，還是按照當時的規定，並不增多。但他要求的課外學習時間，比其他功課都要多，都要勤。早餐、午餐後到上課前，下午四點以後，晚飯後到睡覺前，都是練習繪畫或彈琴的時間。除了必要的課外活動，李叔同要求學生們將一切可以利用的時間，都用在繪畫、音樂的練習上。

作為音樂家的李叔同，早在一九〇五年就以一曲〈祖國歌〉蜚聲大江南北；留日期間，又編輯出版了《國學唱歌集》，或作詞，或配曲，被公認為當時中國音樂界「詞曲雙擅第一人」。

教授音樂課，他也很注重理論與實際的結合。在上課彈琴前，他先給學生們講授了各種西洋樂器的知識。發表在由其主編的《白陽》雜誌上的論文〈西洋樂器種類概說〉，就是他的講義之一。他還身體力行，用示範的方式啟發學生。他不但給學生們講授現代作曲法，自己還創作了大批歌曲。他留給後世的六十多首歌曲，半數寫於這一時期，其中包括〈送別〉、〈春遊〉、〈憶兒時〉、〈早秋〉、〈西湖〉等久唱不衰的經典之作。豐子愷、裘夢痕編輯的《中文名歌五十曲》中，收李叔同作品十多種，全是他這一時期的創作。

李叔同是詩詞大家。他歌曲創作上的成就，主要也在歌詞方面。他的歌詞，善於借景抒情，句式基本上是中國古典律詩或長短句的結構。如〈送別〉：

長亭外，古道邊，芳草碧連天。晚風拂柳笛聲殘，夕陽山外山。天之涯，地之角，知交半零落。一壺濁酒盡餘歡，今宵別夢寒。長亭外，古道邊，芳草碧連天。晚風拂柳笛聲殘，夕陽山外山。

所有的這些作品，因了作者所有的「深大的心靈，又兼備文才與樂才」而得以廣泛流傳，有些至今仍傳唱不已。

在音樂教育上，李叔同的貢獻也是傑出的。他的音樂課以其獨特的風格深深地吸引了學生們的興趣。據豐子愷的回憶，當時他們走進音樂教室：

> 看見李先生的高高的瘦削的上半身穿著整潔的黑布馬褂，露出在講桌上，寬廣得可以走馬的前額，細長的鳳眼，隆正的鼻梁，形成威嚴的表情。扁平而闊的嘴唇兩端常有深渦，顯示和愛的表情。這副相貌，用「溫而厲」三個字來描寫，大概差不多了。講桌上放著點名簿、講義，以及他的教課筆記簿、粉筆。鋼琴衣解開著，琴蓋開著，譜表擺著，琴頭上又放著一只時錶，閃閃的金光直射到我們的眼中。黑板（是上下兩塊可以推動的）上早已清楚地寫好本課內所應寫的東西（兩塊都寫好，上塊蓋著下塊，用下塊時把上塊推開）。在這樣佈置的講臺上，李先生端坐著。坐到上課鈴響出（後來我們知道他這脾氣，上音樂課必早到。故上課鈴響時，同學早已到齊），他站起身來，深深地一鞠躬，課就開始了。這樣地上課，空氣嚴肅得很。（〈為青年說弘一法師〉）

嚴肅的空氣還不僅僅只限在課堂上，課外的修業也是如此。李先生每週教授一次琴課，然後就讓學生回去練習。一星期後，每個學生都須十分純熟地來彈給他聽，叫做「還琴」。練習和還琴，都是在課外的業餘時間裏進行，然而在同學們的感覺中，卻比一切的正課都要嚴肅和艱辛。

豐子愷每逢輪到還琴的那一天，飯總是吃不飽的。他匆匆地敷衍了自己的肚子，便急急地趕往練琴室快速地練習一番，然後即去還琴教室還琴，當時的心情每每都是「心中帶了一塊沉重的大石頭」。

李先生早已靜悄悄地等候在那裏了，豐子愷的心裏總在詫異：「先生似乎是不吃飯的！」李叔同見他來了，立刻將琴譜翻到當天應還的那一課，他記得每一個學生的進度。然後斜立在離開學生數步的桌旁，以免學生因老師距離過近而緊張慌亂。但他的耳朵和眼睛卻是銳利無比的，任何一個細小的差錯都不可能逃脫。每當豐子愷彈錯了，李先生也並不說話，只是看他一眼，這一眼就表示通不過，重新再來。即使這次還琴整個兒地不合格，李先生也只有平和而嚴肅的四個字：「下次再還。」

豐子愷帶著心中的那塊大石頭起身離去，「再去加上刻苦練習的功夫」。

李叔同在浙一師開設的寫生課，改變了中國歷來臨摹畫帖的狀況。寫生分室內寫生和室外寫生；室內寫生又分畫石膏像和模特兒，包括人體模特兒。歷來採用的臨摹畫本的方法，只是將別人的畫作重複一遍。畫得再像，技術再熟練，也只能局限於默寫臨摹過的畫面，一接觸千變萬化的實物實景，依然無從措手。面對實物，用目測法進行木炭寫生，是訓練學生構圖能力和繪畫基本功的最科學的方法。為此他寫了〈石膏模型用法〉一文，發表在由他主編的《白陽》雜誌第一期上。又領著學生到西湖或其他風景區作野外寫生，多數是畫風景。為了便於寫生，在李叔同的倡議下，學校給學生們定造了兩條西湖划子。船落成的那天，李叔同、夏丏尊和學生們在湖上舉行聚餐歡慶。或許是為了學生們從此有專船可供寫生而太興奮的緣故吧，夏丏尊先生下船時立腳不穩，跌入了水中。他是下半身先撲下水的，李叔同慌忙中倒是抓住了他的一隻腳，但他的身體本來就笨重，加上正是冬天，穿著皮袍，一浸水更重了，哪裏還拖得動他！船身又太小，大家不便動作，只好叫喊著先讓李叔同放了手，大家才把夏先生拉了上來。夏先生全身濕透了不說，還丟了一只金錶。

李叔同在浙一師開設西洋美術史課程，自編講義，亦屬國內首創。每次講授，他總是預先搜集好有關畫家的代表性作品，並把畫家的簡歷、時代背景、作品風格特點等等，一一寫錄在紙條上面，上課時順序取用。這本講義是近代中國人自己撰寫的第一部西洋美術史，填補了中國美術教育的一個空白，自有其特殊的價值。他出家後，學生吳夢非曾籌劃出版，可惜被他阻攔未能付梓，最後連原稿也遺失了。

李叔同還支持學生成立了「樂石社」等業餘社團，學習金石、木刻。學生們在李叔同和夏丏尊的指導下，曾編過一本《木版畫集》，「自己刻、自己印、自己裝訂」。其中收有李叔同木刻作品一幅，是模仿小孩畫的人像。美術家畢克官先生說：「李叔同應是中國現代版畫藝術最早的作者和倡導者。」

李叔同於二十世紀初葉在中國美術領域的諸多創造性實踐，是史無前例的。前輩美術家呂鳳子，對李叔同曾有這樣的評價：「嚴格地說起來，中國傳統繪畫改良運動的倡導者，應推李叔同為第一人。根據現有的許多資料看，李先生應是民國以來第一位正式把西洋繪畫思想引介我國，進而啟發了我國傳統繪畫需要改良的思潮，而後的劉海粟、徐悲鴻等，在實質上都是接受了李先生的影響，進而對中國傳統繪畫改良運動的推行者。」❶

一九一五年，豐子愷二年級時，圖畫課改由李叔同先生教授。

在原先的圖畫課上，豐子愷他們是依照商務印書館出版的《鉛筆畫帖》、《水彩畫帖》而臨摹的。到了李先生這裏，卻要求他們上課不必帶書，空手而來即可。教室裏也沒有了桌子，只有稀奇的三隻腳的畫架和石膏製的頭像。每人發了一種從未用過的有紋路的紙和細細的炭條後，李先生居然從講桌之下，拿出一盆饅頭來！大家吃驚非小，更兼莫名其妙：圖畫課上總不至於要吃饅頭吧？

饅頭發下來了，原來是當橡皮用的。而李先生教授的，乃是用木炭描寫石膏模型的畫法。這種教法令豐子愷感到無限的驚奇，又十分的暗合心意：

❶ 畢克官：〈近代美術的先驅者李叔同〉，《美術研究》一九八四年第四期，呂鳳子的話轉引自此文。有關李叔同在浙一師時的藝術教育活動，參引自金梅《悲欣交集——弘一法師傳》，上海文藝出版社一九九七年十月出版。

我對於這種新奇的畫圖，覺得很有興味。以前我閒時注視眼前的物件，例如天上的雲、牆上的苔痕、桌上的器物、別人的臉孔等，我的心會跟了這種線條和濃淡之度而活動，感到一種說不出的情趣。我常覺得一切形狀中，其線條與明暗都有很複雜的組織和條理。仔細注視而研究起來，頗有興趣；不過這件事太微小而無關緊要，除了那種情趣以外，對於人們別無何種的效用。我想來世間一定沒有專究這種事件的學問。但當時我用木炭描寫石膏模型，聽了先生的指導之後，恍然悟到這就是我平日間看眼前物件時所常作的玩意！（〈舊話〉）

這種圖畫課開啟了豐子愷的美術天賦，並使之得以充分表現。他的寫生技術進步極快，引起李叔同的注意。

有一天晚上，豐子愷為了年級裏的公事去見李先生。事情辦完後，他便告退了。沒想到李先生又把他叫了回去，鄭重地對他說：

「你的畫進步很快！我在所教的學生中，從來沒有見過這樣快速的進步！」

李先生的話音不高，話更不多，但聽在豐子愷的耳朵裏，不啻於驚雷了。以李先生當時的身分、地位與名望，以豐子愷心中對他懷有的高山仰止般的敬佩，這兩句話發生的作用是不可輕估的：

當晚這幾句話，便確定了我的一生。可惜我不記得年月日時，又不相信算命。如果記得，而又迷信算命先生的話，算起命來，這一晚一定是我一生中一個重點關口。因為從這晚起，我打定主意，專門學畫，把一生奉獻給藝術，直到現在沒有變志。〈為青年說弘一法師〉

從此，豐子愷就像著了魔似地迷上了西洋畫。他寫信給大姐，告訴她自己近來的新的研究興趣，託她向母親要買油畫用具的錢。當時，顏料十多瓶要二十餘元，畫布五尺要十餘元，畫箱畫架等又要十來元。這使得他母親非常的疑慮而又奇怪。她想，做師範生為什麼要學這種畫？同學同班的沈家的兒子，為何不需要學這些？顏料我們染坊店裏自有，何必另買？布價怎會比緞子還貴？……

豐子愷當然無法向母親說明西洋畫的價值和自己獻身藝術的信念。母親雖然逐樣滿足了他的要求，心中卻是常在為他的前途擔憂。

母親的擔憂不是多餘的。豐子愷對於學校裏的其他功課起了大大的懈怠之心，從一個遵章守紀、門門功課名列前茅的「模範生」，變成了逃課好手。常常放棄了教育和教授法課程的學習，而到西湖邊去寫生作畫。結果是成績一落千丈，從以前的學期考試名列第一，變成有的功課竟考末名。

俗話說：「名師出高徒。」我們完全可以期待，豐子愷成為一個西洋畫高手的前程，真是指日可待。然而，結果卻是十分的遺憾。此後不久的一九一八年舊曆七月，李叔同先生結束了俗世的一切事務，飄然出家，皈依了佛門。豐子愷於轉瞬之間，在精神和藝術學業上都失去了敬愛的導師，失去了本來依託而上的支柱。精神上的寂寞、惶恐和學業上的無助、迷惘，深深地使他失望，並一度令他對自己以前的選擇懊悔萬分。因為他經常請假到西湖邊寫生，有關師範教育的課程缺課太多，又幾乎沒有到附屬小學實習，因此算不得是一個合格的師範畢業生，自己覺得根本做不好小學教師。而在繪畫這門學業上，西洋畫是專門的藝術，兩年中的非正式的練習，至多不過只是跨進了門檻，遑論升堂入室？

「畢業」二字將豐子愷從少年人的美夢中驚醒，猛然發現母親的白髮已然漸多，自己也已在畢業之年結了婚，是個有妻室的人了。這才彷彿剛剛張開眼睛似地看見了生活，想到了自己的家境和職業。

一九一九年的秋天，豐子愷就這樣結束了他的學生時代，帶著對母校和恩師的崇敬，帶著對母親的歉疚，更帶著對於未來的憧憬和迷惘，跨出了校門。

第三章　西湖的佛聲塔影

天堂佛國——弘一法師——精神導師馬一浮——西湖邊一群獨特的知識分子——梵鐘響起

一

杭州西湖是很多人心中嚮往的「天堂」。早在豐鐄赴杭州應鄉試時，豐八娘娘就叮囑過他：「到了杭州，勿再埋頭用功，先去玩玩西湖。胸襟開朗，文章自然生色。」可見她的胸懷、見識，自非一個俗人。豐子愷求學期間，西湖自然成了他最好的去處。當時去西湖主要是二個目的，一個是遊覽風景名勝之地，一個則是作為實地寫生的場所去練習畫藝。為此他幾乎踏遍了西湖的山水，行蹤所至，甚至及於人跡罕至的無名荒野。但不論哪個目的，都還只是少年人賞心悅目的優遊而已，對杭州、對西湖，他尚無多少深入的瞭解。

杭州是我國六大古都之一，建制於二千二百多年前的秦朝。五代吳越國和南宋趙氏王朝十四個封建帝王，均以此為國都，浚湖築堤，遍植桃柳，廣建園林，宮闕殿堂遍佈市肆街巷。及至元代，有如《馬可波羅遊記》中所說，杭州已是當時「世界上最美麗華貴的城市」，「人處其中，自信為置身天堂」。再經明清兩代的經營，杭州的風景之秀、西湖之美，聞名遐邇。

這一東南名勝之地的引人注目，廣招四方來客，不只是由於它的風光旖旎，還因其富於濃重的宗教氣息和特有的人文景觀。據歷史記載，早在東晉咸和元年，中天竺（古印度的一個國家）佛教徒慧理東來杭州，在飛來峰下創建了靈隱寺。從那時起，杭州即有「佛國」之稱。同時，杭州也是道教神仙學說的淵藪之一。東晉永和二年，方士許邁在武林修築「思真精舍」，開始道教思想的傳播；許方士所作十二首論神仙的詩篇傳誦一時，大書法家王羲之由會稽頻頻來訪反覆討教。道家葛洪隨晉室南遷來杭，在韜光、寶石山等地專事煉丹術，創立了獨特的儒道相雜說，對後世產生深遠影響。篤信佛教的吳越國三代五帝，在保護、開發西湖，創建、擴建寺宇方面，業績顯赫。名列西湖「四大叢林」的昭慶寺、淨慈寺，以及九溪理安寺、赤山埠六通寺、上天竺法善寺、吳山寶成寺、北高峰韜光庵、月輪山開化寺、靈峰的靈峰寺、雲棲的雲棲寺等等，都創建於吳越國時代；靈隱寺、中天竺崇壽院、玉泉淨空院等一批寺宇，也在此時進行了擴建和改建。還建造了保俶塔、六和塔、雷峰塔和白塔，鑿雕了飛來峰、煙霞洞、慈雲嶺等多處摩崖石刻。一時間，「山繞重湖寺繞山，紅闌碧瓦點翠巒。」而唐宋兩位大詩人白居易、蘇東坡任職杭州，不但豐富了西湖的內涵，更融進了令人遐想的詩意，昇華到詩的境界❶。

二十世紀初葉，與瞬息萬變、繁雜囂亂的十里洋場上海比較起來，凝定靜謐、香火繚繞的杭州，成了淡泊處世、專注於藝術的人傾心嚮往的理想所在。李叔同與西湖，就有這樣一層內在的因緣。約請李叔同來杭州的經亨頤先生，曾於一九三二年九月為《弘一上人手書華嚴集聯三百》作過一篇跋文。在提到李叔同與西湖的關係時說：「上人性本淡泊，卻他處厚聘，樂居杭，一半勾留是此湖；由其出家之想，亦一半是此湖也。」就勾留的那一半說，以李叔同當時的心態，除了謀求生活出路，西湖的獨特景觀和氛圍，是吸引他前來的一個原因。

二

一九一八年，西湖邊的佛寺叢林裏，多了一位法號弘一的僧人。這位弘一法師，就是李叔同。

李叔同出生於一個富商家庭。父親名世珍，字筱樓，清同治四年（一八六五）會試中進士，曾官吏部。後來在天津改營鹽業，家境頗為富有。李叔同五歲時，父親去世，有異母兄弟三人。李叔同幼年攻讀《四書》、《孝經》、《毛詩》、《左傳》、《爾雅》、《文選》等，對於書法、金石尤為愛好。十三四歲，篆字已經寫得很好，十六七歲時曾從天津名士趙幼梅學填詞，又從唐靜岩學書法。十八歲時在母親作主之下與俞氏結婚。

❶ 烏鵬廷：〈南宋古都——杭州〉，見《中國歷史名都》，浙江人民出版社一九八六年九月版。

十九歲時，李叔同奉母遷居上海。此時海上文人袁希濂、許幻園等在城南草堂組織了一個「城南文社」，每月會課一次。李叔同初入文社寫文作詩俱佳，許幻園愛其才華，便請他移居城南草堂，並特闢一室，親題「李廬」二字贈他。李叔同的《李廬印譜》、《李廬詩鍾》、《二十自述詩》等就是在這裏作的。這時他與江灣蔡小香、江陰張小樓、寶山袁希濂、華亭許幻園五人義結金蘭，號稱「天涯五友」。李叔同又與朱夢廬、高邕之等書畫名家組織「上海書畫公會」，每星期出版書畫報一紙，由中外日報社隨報發行。這是上海書畫界最初出版的報紙。不久，他改名李廣平，考取南洋公學特班。南洋公學特班聘請蔡元培為教授，上課時由學生自由讀書，寫日記，送教授批改，每月課文一次；蔡氏又教學生讀日本文法，令自譯日文書籍，暗中鼓吹民權思想。上海開明書店發行的《法學門徑》和《國際私法》，就是李叔同在南洋公學讀書時譯的。

一九〇三年冬，南洋公學發生罷課風潮，全體學生相繼退學。李叔同退學後，感於當時風俗頹廢、民氣不振，即與許幻園、黃炎培在租界外創設「滬學會」，開辦補習科、舉行演說會，提倡移風易俗。當時流行國內的〈祖國歌〉就是他為滬學會補習科撰寫的。此外他又為滬學會編寫《文野婚姻新戲劇本》，宣傳男女婚姻自主的思想。

一九〇五年四月，母親王太夫人逝世，他改名李哀，後又名岸。他以為自己一生的幸福時期已過，決心東渡日本留學。臨行填了一闋〈金縷曲〉「留別祖國，並呈同學諸子」詞曰：

披髮佯狂走。莽中原，暮鴉啼徹，幾枝衰柳。破碎河山誰收拾？零落西風依舊，便惹得離人消瘦。行矣臨流重太息，說相思，刻骨雙紅豆。愁黯黯，濃於酒。

漾情不斷淞波溜。恨年來絮飄萍泊，遮難回首。二十文章驚海內，畢竟空談何有？聽匣底蒼龍狂吼。長夜淒風眠不得，度群生，那惜心肝剖？是祖國，忍孤負！

東渡日本後，他首先在學校補習日文，同時獨力編輯《音樂小雜誌》，在日本印刷後，寄回國內發行，促進了祖國新音樂的發展，在中國新音樂史上起到啟蒙作用。這時他和日本漢詩界名人槐南（森大來）、石埭（永阪周）、鳴鶴（日下部東作）、種竹（本田幸）等名士時有往來，很得他們的賞識。一九〇六年九月，考入東京美術學校，從留學法國的名畫家黑田清輝學習西洋油畫。這個學校是當時日本美術界的最高學府，分別用英語和日語授課。他考入東京美術學校不久，大概由於那時中國人學油畫的少，所以東京《國民新聞》的記者特意前來採訪，寫成〈清國人[2]志於洋畫〉一文，發表於明治三十九年（一九〇六年）十月四日的《國民新聞》，並登有他的西裝照片和速寫插圖。

李叔同除學習油畫外，又在音樂學校學習鋼琴和作曲理論。同時又從戲劇家川上音二朗和藤澤淺二郎研究新劇的演技，與同學曾延年等組織了第一個話劇團體「春柳社」。一九〇七年春

[2] 清國人是當時日本人對中國人的稱呼。

節期間，為了賑濟淮北的水災，春柳社首次在賑災遊藝會公演法國小仲馬的名劇《巴黎茶花女遺事》，李叔同（藝名息霜）飾演茶花女，引起許多人的興趣。這是中國人演話劇最初的一次，歐陽予倩也因此託人介紹加入了春柳社。後來又演出過《黑奴籲天錄》等。

一九一一年三月，李叔同畢業回國。先應老友天津高等工業學堂校長周嘯麟之聘，在該校擔任圖案教員，辛亥革命以後，他填了〈滿江紅〉一闋，表達了他的懷抱，詞曰：

皎皎昆侖，山頂月、有人長嘯。看囊底、寶刀如雪，恩仇多少。雙手裂開鼷鼠膽，寸金鑄出民權腦。算此生不負是男兒，頭顱好。　荊軻墓，咸陽道；聶政死，屍骸暴。盡大江東去，餘情還繞。魂魄化成精衛鳥，血花濺作紅心草。看從今、一擔好山河，英雄造。

一九一二年春，上海《太平洋報》創刊，李叔同被聘為編輯，主編副刊《太平洋畫報》，蘇曼殊的著名小說《斷鴻零雁記》就是在此發表的。這一年三月，他初次加入南社，並為南社的《第六次雅集通訊錄》設計圖案並題簽。同時在老友楊白民的城東女校，教授文學和音樂。這時他又與《太平洋報》同事柳亞子、胡朴安等創立「文美會」，主編《文美雜誌》。這年秋天《太平洋報》以負債停辦。李叔同遂應經亨頤之聘，到杭州浙江省官立兩級師範學堂擔任圖畫和音樂教員，改名李息，號息翁。一九一五年，應南京高等師範學校校長江謙之聘，兼任該校圖畫音樂教員，假日組織「寧社」，借佛寺陳列古書字畫金石，提倡藝術，不遺餘力。

李叔同在日本上的是美術的名校，拜的是美術的名師。學成之後，滿懷著藝術家的夢想，一腔熱望地回到祖國。料不到的是正趕上了時局的動蕩，百萬家產盡毀，經濟陷入困境。萬不得已，只得應聘做了一名藝術教師，奔走於各所任教的學校之間。

> 一九一六年暑假，我住在西湖孤山蘇公祠度夏。一天晚上，李先生突然坐了一隻沒布篷的划子來找我，並邀我同去遊覽，兩人泛舟湖上，促膝談了許多話。當時先生一面憤慨地回憶了萬國博覽會作品落選的往事，一面出示了日本權威性報紙《朝日新聞》，報上刊載一篇關於李先生的消息，大意是：「上海藝術界如鄭曼陀之流，專描美人月份牌，收入倒可驚人，每月竟能得數千元；而中國第一批留學東京美術學校畢業生李岸回國，懷才不用，任其自生自滅，真可使人歎息！」先生也意味深長地說：「我在日本研究藝術時，自己萬萬沒有料到回國後會當一名藝術教員的……」由此看出當時舊中國對先生如此天賦高的藝術家未予重用，使他未能發揮大才，連國外新聞界也發表了評論。但李先生畢竟是一位情操高尚的人，他不以個人得失為重，決然肩挑了教育重任，認真悉心地施教。❸

清高狷介、以藝術為人生理想的李叔同終於在污濁、功利的社會裏成了一個失敗者。但他對於藝術的一往情深卻始終都是初衷不改，他把自己破滅的藝術理想寄託到他的學生身上，他教給他們藝術家的心靈、藝術家的品格、藝術家的修養、藝術家的行為處世方式。他深深地關愛著他們，殷殷地期待著他們，熱切地希冀著學生們最終能圓了他藝術家的夢。

他在浙師校友會一九一三年發行的《白陽》雜誌誕生號上，發表了〈近世歐洲文學之概觀〉、〈西洋樂器種類概況〉、〈石膏模型用法〉等文章，並且手自書寫，介紹西洋文學藝術各方面的知識。他在美術教育中，採用石膏像和人體寫生，在國內藝術教育上成為一個創舉。音樂方面，他利用西洋名曲作了許多名歌，同時又自己作詞作曲，向學生灌輸新音樂思想。學生中有圖畫音樂天才的，他特別加以鼓勵和培養。浙一師設有手工圖畫專修科，課餘還組織校友會，分運動、文藝兩部，文藝部並發行雜誌。一九一四年五月，著名教育家黃炎培到該校參觀時，曾加以介紹說：「其專修科的成績殆視前兩江師範專修科為尤高。主其事者為吾友美術專家李君叔同（哀）也。」❹

李叔同除從事西洋藝術教育、成立洋畫研究會推動藝術教育外，也極力提倡祖國傳統的書法、金石。他在學校組織金石篆刻研究會，名為「樂石社」，被推為社長，撰有《樂石社簡章》、

❸ 吳夢非：〈一代名師〉，見《漫憶李叔同》，頁一一六。
❹ 見《黃炎培考察教育日記》第一集，商務印書館一九一四年出版。

《樂石社社友小傳》。浙一師師生中會篆刻的人很多，校長經亨頤（別號石禪）、教員夏丏尊都是篆刻好手。同時他和西泠印社社長、金石大家吳昌碩等都是好友，因而和夏丏尊等人一起加入了西泠印社。他將出家前，把生平收藏的印章都贈送給了西泠印社，該社社長葉品三為此在社中石壁上鑿了一個「印藏」予以收藏並加題記，以留紀念。後來從這個「印藏」中取出印章加以拓印，共成九十四幅，其中多為陳師曾、經亨頤、夏丏尊等知名人士和他的許多學生所刻，他自己刻的也在其內。

有一次，夏丏尊將一本日文雜誌上刊登的有關斷食的文章介紹給李叔同。文章說斷食是身心「更新」的修養方法，自古宗教上的偉人如釋迦、耶穌，都曾斷過食。說斷食能生出偉大的精神力量，並且列舉實行的方法。李叔同決心實踐一下，於是便在一九一六年十二月二十四日至一九一七年一月十二日間，在西湖虎跑定慧寺實行「斷食」。經過十七天的斷食體驗，感覺良好。他取老子「能嬰兒乎」之意，改名李嬰，同時對寺院的清靜生活也有了一定的好感，這可說是他出家的近因。從此以後，他雖仍在學校授課，但已茹素讀經，且供佛像了。過了新年，即一九一七年，他就時常到虎跑定慧寺習靜聽法。這年舊曆正月初八日，馬一浮的朋友彭遜之忽然發心在虎跑寺出家，恰好李叔同也在那裏，他目擊彭遜之剃度為僧的全過程，大受感動，也就皈依三寶。取法名演音，號弘一。一九一八年舊曆七月十三日，李叔同結束了學校的教務，至虎跑定慧寺從皈依師了悟老和尚披剃出家，他出家以前，將生平所作油畫，贈與北京美專學校，筆硯碑帖贈與書家周承德，書畫臨摹法書贈與夏丏尊和堵申甫，衣服書籍等贈與豐子愷、劉質平等，玩好小品贈給了陳師曾，當時陳師曾還為他這次割愛畫了一張畫。

同年農曆九月，他到杭州靈隱寺受具足戒，從此成為一個「比丘」❺。

一代翩翩公子、藝術大師為何遁入空門，成了一個芒鞋錫杖、雲遊四方的高僧，後人對此有眾多的評說解釋。綜合起來，主要有以下諸種說法：

影響說。認為李叔同的家庭就與佛教有緣，李叔同早在六七歲時就寫下了諸如「高頭白馬萬兩金，不是親來強求親。一朝馬死黃金盡，親友便成陌路人」；「人生猶似西沉日，富貴終如早上霜」一類感傷惆悵、人生無常的詩句。由於有了這樣的心理積澱，到了他步入中年、飽經滄桑後，年少時的佛教影響又萌發回復，終於導致他歸隱佛門。

破產說。李叔同出自名門望族。一九一一年李家經營鹽業失敗，百萬家產蕩然無存。李叔同名下原有三十萬鉅款可以由他支配，隨著家族的衰敗，他的錢亦化為烏有。鑑於此，有論者

弘一法師將入山時的留影。左為劉質平，右為豐子愷。

❺ 此處李叔同生平參見林子青編著《弘一法師年譜》，宗教文化出版社一九九五年八月出版。

以為李叔同是因家業破敗而出家。

遁世說。有人認為李叔同曾有的不拘小節、風流浪漫的生活，只是表面現象，而在他的內心深處，有的則是對現實社會的苦惱、慨歎和煩憂。因此他就如賈寶玉那樣，呈現出一種二律背反式的性格趨勢，放浪形骸、玩世不恭。而這種放浪與玩世又正是變態、遁世出家的預兆。

幻滅說。亦有人以為李叔同曾以極大的熱情投身革命，並對革命成功寄予極大的希望。一首〈滿江紅〉反映了他的這種希望。然而革命是曲折複雜的。外強入侵，軍閥混戰，使李叔同的理想幻滅，頓感前程暗淡。所以他索性勘破紅塵，成了一心持缽念佛的和尚。

失戀說。李叔同的原配俞氏是舊式婦女，他們的婚配亦屬聽命父母，並無感情可言。而李叔同與歌郎藝妓有密切交往，互有情愫。李叔同在日本又娶日妻，感情應該不錯，但香港有人曾載文，云此日妻紅杏出牆，東歸日本。這種感情上的打擊，使李叔同大失所望，終於出家。

筆者以為，對於李叔同的出家，有諸如時代社會環境、個人遭遇等等外在客觀因素的影響，但更深刻的緣由還在他的內心深處，是他主動地積極地選擇的結果。李叔同的出家為僧，絕非像有些人所說的那樣是消極避世、從時代潮流中退身落荒的行為，而恰恰正是他在藝術的境界之外，為自己尋找的一片足以「行大丈夫事」的宏大世界。「有些人遁入空門可能是一種人生幻滅、悲觀厭世的表現。但對有些人來講，比如李叔同，他並不認為人生是無價值的，相反，在喧囂的塵世之外，仍有積極的追求在。從這層意義上講，李叔同從沒有把佛門看作人生幻滅的標誌，他的行為仍是一種超越世俗價值觀的悲壯的追求人生價值的表現。他嚮往佛教世界的深廣宏大，他在那裏面找到了屬於他自己的而不是別人的歸宿。」❻

我們只要仔細地推究和品味李叔同的一生，就不難發現他是一個終生沉浸在心靈生活之中執著地追求著善與美的不朽的天才。這種心靈生活同時包含著二個層面的境界：其一是對於社會眾生心靈問題的終極關懷，另一則是對自我心靈的完善和修煉。前者正與他「認真」的性情相合，而後者則表現為多才多藝的生活軌跡。二者的結合，正是他一生始於從藝、終於苦行並皆成大器的善美人生。

李叔同是一個凡事認真的人，從豐子愷後來的記述中，僅從著裝打扮，即可見此於一端。他年輕時在上海，立意要做翩翩公子，於是就做個徹底的翩翩公子：「絲絨碗帽，正中綴一方白玉，曲襟背心，花緞袍子，後面掛著胖辮子，底下緞帶紮褲管，雙梁厚底鞋子，頭抬得很高，英俊之氣，流露於眉目之間。」後來到了日本，又是一個徹頭徹尾的留學生：「高帽子，硬領，硬袖，燕尾服，史的克（手杖），尖頭皮鞋，加之長身，高鼻，沒有腳的眼鏡夾在鼻梁上，竟活像一個西洋人。」回國後到師範來教書，立刻便由留學生變成了「教師」，漂亮的洋裝不穿了，卻換上灰色粗布袍子，黑布馬褂，布底鞋子。金絲邊眼鏡也換了黑的鋼絲邊眼鏡。「他一時代的服裝，表出著一時代的思想與生活。」❼然而不論是曲襟背心時代的李先生，洋裝時代的李先

❻ 陳星：《清空朗月——李叔同與豐子愷交往實錄》，頁七十一。

生，布衣布鞋的李先生，還是入山為僧的李先生，對社會眾生心靈的認真探索和執著關懷，卻是始終不變的。年少之時，他書生意氣，激揚文字，「二十文章驚海內」，激情昂揚，豪氣沖天：「我將騎獅越昆侖，駕鶴飛渡太平洋，誰與我仗劍揮刀？」不惜將一腔熱血付予祖國與群生：「長夜淒風眠不得，度群生那惜心肝剖？是祖國，忍孤負！」「男兒若論收場好，不是將軍也斷頭。」東渡日本之後，組織春柳社，演出西方話劇，目的在於以文藝為武器喚醒民眾沈睡愚昧的心靈。回國任教於南北各校，更是以人格教育為宗旨，以藝術陶冶為途徑，精心培養學生，以致「及門數千，遍及江浙。英才蔚出，足以承紹家業者，指不勝屈」❽。出家之後，他照樣是認認真真地做一個持戒修行的真僧人。

首先，他十分明確地提出「佛法非厭世」：

> 學佛法者，固不應迷戀塵世者。因學佛法之人，皆須發「大菩提心」，以一般人之苦樂為苦樂，但亦熱心救世之弘願。不唯非消極，乃是積極中之積極者。雖居住山林中，亦非貪享山林之清福，乃是勤修「戒」「定」「慧」三個字，以預備將來出山救世之資具耳，

---

❼ 見〈為青年說弘一法師〉，《豐子愷文集》六，頁一四二。

❽ 弘一法師：（一九二二年四月初六日）〈致李聖章信〉，見《禪燈夢影》，頁九四。東方出版社一九九八年六月出版。

與世俗青年學生在學校讀書，為將來任事之準備者甚相似。❾

繼而，他更明白地道明「佛法說空」的意義：

大乘佛法，皆說「空」及「不空」兩方面。……何謂「空」及「不空」？「空」者是無我；「不空」者是救世之事業。雖知無我，而能努力作救世之事業，故「空」而「不空」；雖努力作救世之事業，而決不執著有我，故「不空」而「空」。如是真實瞭解，乃能以無我之偉大精神，而作種種之事業無有障礙也。又若能解此義，即知常人執著我相而作種種救世事業者，其能力薄，範圍小，時間促，不徹底；若欲能力強，範圍大，時間久，最徹底者，必須於佛法之空義十分瞭解。如是所作救世事業乃能圓滿成就也。❿

他非常看重出家人的地位，認為：

我們出家人（就所謂僧寶）在俗家人之上，地位是很高的。所以品行道德，也要在俗家

---

❾ 弘一法師：〈佛法十疑略釋〉，見《禪燈夢影》，頁一九一。
❿ 弘一法師：〈佛法十疑略釋〉，見《禪燈夢影》，頁一九三。

人之上才行。倘品行道德僅能和俗家人相等，即已經難為情了。何況不如！又何況十分的不如呢！……這樣，他們看出家人，就要十分的輕慢，十分的鄙視。種種譏笑的話也接連的來了。……出家人何以不是人？為什麼被人輕慢到這地步？我們都得自己反省一下。我想這原因都由於我們出家人做人太隨便的緣故，就鬧出這樣的話柄來。⓫

有鑑於此，弘一法師便從僧範人格入手，發心學戒。他一方面秉受大乘自度度人的教旨，一如在家時的重視人格教育，誨人不倦，在東南地區有效地改變了佛教在世人心目中的形象，影響深遠。另一方面則尤以精嚴的戒行和峻烈的苦行終其一生，成為一名在人格自律上眾口皆碑的實行家。

由此我們應該可以明白，李叔同的出家學佛，與他在家時的遊學於藝、教書育人一樣，其志趣正在於認真執著於人生，認真執著於社會眾生心靈的終極關懷。

李叔同又是個多才多藝的人，他以多才多藝的天性禀賦，於本世紀的第一個十年中，在文學、美術、音樂、話劇、書法、篆刻等領域中取得了開拓性的成就，奠定了他一代藝術大師的地位。然而就筆者看來，李叔同在藝術上的所有這一切作為，就其初衷來看，似乎並不是為了能在藝術史上佔據一席之地，而只是出於自我藝術價值的體現，是自我人格、心靈修煉的藝術

⓫弘一法師：〈南閩十年的夢影〉，見《禪燈夢影》，頁二〇五。

化體現。我們今天再來看李叔同，撇開政治、社會等等因素，只從他氣質、稟賦的本質來看，李叔同實在只是個一意沉浸在幻想世界中追求精神生活的人，詩詞騷賦、金石書藝、音樂繪畫，是其所學、所長和所鍾情之所在。這些藝術的境界往往空靈虛幻，關乎的是人的精神與心靈的層面，而於實際的生活無所實用，於實際的社會更是無可把捉。李叔同長年浸淫其中，追求的就是滿足其精神生活的需要。而藝術與宗教同屬人類文化中最為精粹的部分，它們二者之間的距離是如此接近，以至於成為一對如影隨形的姐妹。「在文明社會中，藝術和宗教的密切關係是一件很平常的事。宗教和藝術都是人類深邃的情感啟示。」⓬因此如果將藝術的愛好與需要推向極端，是很容易與佛法接軌的。李叔同最後走向佛門，就是這種精神生活需要的必然趨向的結果。當多才多藝的稟賦在世俗生活的層面發揮到了極致以後，李叔同在現世生活中的路，就走到了盡頭。他要繼續滿足他精神上的需求，他要繼續他自我心靈的修煉，就需要有一番新的開拓，於世俗生活之外另尋洞天。在我們都很熟悉的李先生的歌曲作品〈落花〉、〈月〉、〈晚鐘〉中，其實不難覓到他人生中這一段茫然而終於明晰的心路歷程，徬徨而終究前行的靈魂棲止：

落花

紛，紛，紛，紛，紛，紛，……惟落花委地無言兮，化作泥塵；

⓬【英】馬林諾夫斯基：《文化論》，費孝通等譯，中國民間文藝出版社一九八七年出版。

寂，寂，寂，寂，寂，寂，……何春光長逝不歸兮，永絕消息。

憶春風之日暝，芳菲菲以爭妍。

既乘榮以發秀兮，倏節易而時遷，春殘。

覽落紅之辭枝兮，傷花事其闌珊，已矣！

春秋其代序以遞嬗兮，俯念遲暮。

榮枯不須臾，盛衰有常數！

人生之浮華若朝露兮，泉壤興哀。

朱華易消歇，青春不再來。

人生苦短、生命無常的感觸，即使在藝術這個心靈賴以寄託的深谷中，仍舊使他覺得沒有著落。不久他靜悟到另一境界，那便是〈月〉所代表的境界：

仰碧空明明，朗月懸太清。

瞰下界擾擾，塵欲迷中道！

惟願靈光普萬方，蕩滌垢滓揚芬芳。

虛渺無極，聖潔神秘，靈光常仰望！

惟願靈光普萬方，蕩滌垢滓揚芬芳。
虛渺無極，聖潔神秘，靈光常仰望！
仰碧空明明，朗月懸太清。
瞰下界暗暗，世路多愁歎！
惟願靈光普萬方，拔除痛苦散清涼。
虛渺無極，聖潔神秘，靈光常仰望！
惟願靈光普萬方，拔除痛苦散清涼。
虛渺無極，聖潔神秘，靈光常仰望！

這個境界是塵世之外的嚮往，碧空明月之中，心靈找到了聖潔芬芳的彼岸，他也由此走到了〈晚鐘〉的境界：

大地沉沉落日眠，平墟漠漠晚煙殘；
幽鳥不鳴暮色起，萬籟俱寂叢林寒。
浩蕩飄風起天杪，搖曳鐘聲出塵表；
綿綿靈響徹心弦，呦呦幽思凝冥杳。

眾生病苦誰持扶？塵網顛倒泥塗污。
惟神憫恤敷大德，拯吾罪過成正覺；
誓心稽首永皈依，暝暝入定陳虔祈。
倏忽光明燭太虛，雲端彷彿天門破；
莊嚴七寶迷氤氳，瑤華翠羽垂繽紛。
浴靈光兮朝聖真，拜手承神恩！
仰天衢兮瞻慈雲，忽現忽若隱！
鐘聲沉暮天，神恩永存在，
神之恩，大無外！

進入佛門，弘一法師依舊多才多藝。他並未如了結塵緣般地了結他所有的藝術才華和作為，而是盡心盡力地致力於以藝術形式弘揚佛教。他弘法東南，足跡所至，處處留下佛經墨寶以結法緣。音樂方面，則應俗家弟子劉質平所請，寫成《清涼歌集》歌詞五首：〈清涼〉、〈山色〉、〈花香〉、〈世夢〉、〈觀心〉。五首歌詞構成一個有機的藝術整體，遞次漸進地闡發了他心目中的佛理：惟有把握到佛的智慧，掃除一切錯覺，猜破宇宙人生一切如夢之謎，才能證得宇宙萬象的真相，最終到達與宇宙萬象融合為一的境界，即佛的境界。一九三〇年二月，弘一法師為太虛法師作詞的〈三寶歌〉譜曲，歌頌佛、法、僧三寶，是標準的佛教音樂。這些作品與出家前那些人們所熟識的作品相比，別有悠長之韻。

佛門中的弘一法師孤獨寂寞，一如他以往的人生。曹聚仁先生說：「弘一法師出家後，刻苦修行，治梵典勤且篤，和太虛法師那些吹法螺的上人又不相同。他在和尚隊伍中，該是十分孤獨寂寞的吧！」（〈李叔同先生〉）

俗家生活時的李叔同，就是一個孤僻寡言、耐得寂寞的人。

曹聚仁謂李叔同：「性情孤僻，律己極嚴，在外和朋友交際的事，從來沒有，狷介得和白鶴一樣。」（〈李叔同先生〉）李叔同在太平洋報社時的同仁陳無我也曾回憶說：「李先生的性格與眾不同，他喜歡離群索居，他獨自住在報館三層樓上一間小室裏，困覺、看書、編稿子，都在這裏面，每天除了吃飯下樓之外，簡直碰不到他的影子。我偶爾有事上三層樓去，經過他的房間，那門總是關的。有一天，難得發生例外，那門是虛掩著，我向內窺探，見李先生伏在案上，運筆如飛，我不敢驚動，只好過門不入。在這樣的情形下，所以我雖然和他同事，實際卻和陌生人差不多。」（〈舊話〉）

其實李叔同也並非就是這樣的孤僻狷介，不近人情，只是因人而異罷了。他與夏丏尊的交往就並非如此，一起交談優遊，也是常事。李叔同曾有〈西湖夜遊記〉一文，記的就是他與夏丏尊、姜丹書在西湖的一次遊覽：

> 於時晚暉落紅，暮山被紫，遊眾星散，流螢出林。湖岸風來，輕裾致爽。乃入湖上某亭，命治茗具。又有菱芰，陳粲盈几。短童侍坐，狂客披襟，申眉高談，樂說舊事。莊諧雜作，繼以長嘯，林鳥驚飛，殘燈不華。起視明湖，瑩然一碧，遠峰蒼蒼，若現若隱，頗涉遐想，因憶舊遊。

清詞麗句，似落英紛陳，其情其景，實令人神往。

出家為僧後，弘一法師更把「寡言」作為必須謹守的信條：「此事最為緊要！孔子云『駟不及舌』，可畏哉！」（〈改過實驗談〉）他對僧人聚眾閒談的惡習深惡痛絕：「出家人每喜聚眾閒談，虛喪光陰，廢弛道業，可悲可痛。」（〈改習慣〉）因此要求諸僧養成「不閒談」的習慣。弘一法師出家為僧的一九一八至一九四二年，正是中國近代佛教發展史上一段風起雲湧的時光，以太虛為代表的佛教改革在社會上掀起了軒然的波瀾，以致哲學、教育、文學、藝術、經濟、社會慈善業等各方面無不受到巨大的衝擊和影響。而在佛教界內部，更是派別橫生、紛爭四起。以太虛為首的激進派與以圓瑛為首的溫和派由意見分歧發展為水火對立，在中華佛教總會召開的各屆全國佛教徒代表大會上你爭我奪、互相攻訐，以致原來的師兄弟決裂而為路人。與此同時，弘一法師卻正往來於浙、滬、贛、閩，訪學弘法，並於浙江溫州慶福寺、杭州吳山常寂光寺閉關，誦經著述。本來，以弘一法師出家前的社會影響和出家後的精嚴修行，再加上他與太虛原本就有的熟悉關係，要在佛教組織內謀取個「一官半職」，實在易如反掌。然而，弘一法師出家之後，歷經大小寺院，已然深刻地認識到佛門也是社會的一面鏡子，悟見大乘菩薩度盡世人方得自度的深意，指出：「末世善知識多無剛骨，同流合污，猶謂權巧方便，慈悲順俗，以自文飾。」（〈一夢漫言敘〉）因深「慨僧界之所以往往為世垢病者，咸以不守戒律故」（姜丹書：〈弘一法師傳〉），遂於一九三一年在浙江上虞白馬湖法界寺佛前發下誓願，畢生專學專弘南山律，並身體力行，終其一生持戒苦行，以自己人格的力量弘揚佛教論理，改變佛教的社會形象。

「有悲無智，是曰凡夫。悲智具足，乃名菩薩。」（弘一法師：〈悲智頌〉）生性敏感聰慧、執著好靜的李叔同懷著無上深的慈悲心遁入空門。在那裏，他那人生無常如夢的慨歎有了佛的寄託，他以往人生道路上的創傷有了佛的解脫，他好靜而不敷應付繁雜人事的個性有了佛的庇護，他天稟多能的才情有了佛的施展。他在佛的懷抱裏，得到了自我心靈的淨化和昇華，也找到了屬於他個人的利生救世的慧業。

李叔同的性情稟賦、人格修養、價值取向，他在一九一八年作出的出家皈佛的人生抉擇，不僅在當時的海內外引起巨大的社會反響，也在他浙一師的朋友與學生中造成了一種獨特的精神連鎖反應。當時整個校園的氣氛中，彌漫著一股惘然若有所失的思想情緒，以至於經亨頤校長不得不為之作公開的表態。在經先生的日記中，有二處提到此事：

一九一八年六月三十日：「下午五時又至校，校友會為畢業生開送別會，余述開會辭，隱喻李叔同入山，斷絕之送別，非人生觀之本義。」

一九一八年七月一十日：「晴。九時赴校行終業式。反省此一學年間，校務無所起色。細察學生心理，尚無自律精神，宜稍加干涉。……漫倡佛說，流毒亦非無因。故特於訓辭表出李叔同入山之事，可敬而不可學，嗣後宜禁絕此風，以圖積極整頓。」

三

李叔同與夏丏尊在浙一師時結下的知遇之交，並沒有隨著李叔同的出家或夏丏尊的離杭而中止，而是隨著時間的推移愈益加深，終至成為終身的摯友。他與弘一法師一直保持著密切的聯繫，常年為法師供應書畫筆墨顏料。一九二八年，他和豐子愷、劉質平等人集資在浙江上虞白馬湖畔，為法師建了一所「晚晴山房」，供他居住。

對李叔同的出家，夏丏尊表示十分理解和讚許，而他自己則一生只是居士。他學佛學後，積極從事整理佛教文獻的工作，在信仰上常念觀世音名號，晚年改信淨土，專念阿彌陀佛名號。他雖然在家吃素護法，雖然在為塵世俗事愁苦之時常有弘一法師用佛法好言勸慰，但終究沒有邁出出家為僧的最後一步。以至在塵世之中承受著幾十萬斛的憂愁，憂傷至死。這種情形，李、夏二人共同的學生豐子愷在後來追憶夏先生的〈悼丏師〉一文中說得十分明白：

夏先生雖然沒有做和尚，但也是完全理解李先生的胸懷的；他是贊善李先生的行大丈夫事的。只因種種塵緣的牽阻，使夏先生沒有勇氣行大丈夫事。夏先生一生的憂愁苦悶，由此發生。

凡熟識夏先生的人，沒有一個不曉得夏先生是個多憂善愁的人。他看見世間的一切不快、不安、不真、不善、不美的狀態，都要皺眉，歎氣。他不但憂自家，又憂友，憂校，憂店，憂國，憂世。朋友中有人生病了，夏先生就皺著眉頭替他擔憂；有人失業了，夏先生又皺著眉頭替他著急；有人吵架了，有人吃醉了，甚至朋友的太太要生產了，小孩子跌跤了……夏先生都要皺著眉頭替他們憂愁。學校的問題，公司的問題，別人都當作例行公事處理的，夏先生卻當作自家的問題，真心地擔憂。國家的事，世界的事，別人當作歷史小說看的，在夏先生都是切身問題，真心地憂愁，皺眉，歎氣。故我和他共事的時候，對夏先生凡事都要講得樂觀些，有時竟瞞過他，免得使他增憂。他和李先生一樣的痛感眾生的疾苦愚迷。但他不能和李先生一樣地徹底解決人生根本問題而行大丈夫事；他只能憂傷終老。在「人世」這個大學校裏，這兩位導師所施的仍是「爸爸的教育」和「媽媽的教育」。

從夏丏尊開始，直到現在的研究者中，一直都有一種說法：正是西湖周邊濃郁的香風和搖曳的燭影，湊合成無量數深厚莫測的因緣，吸引著李叔同走進了佛門。這個說法有一定的道理，起碼在當時的杭州，因為國學大師馬一浮的影響，確實在知識分子中形成了研佛、信佛的濃厚氛圍。對於李叔同的出家，夏丏尊開始時一直有著深深的自責。但是，隨著時間的推移，他的看法也發生了變化：

近幾年來，我因他的督勵，也常親近佛典，略識因緣之不可思議，知道像他那樣的人，是於過去無量數劫種了善根的。他的出家，他的弘法度生，都是夙願使然，而且都是希有的福德，正應代他歡喜，代眾生歡喜，覺得以前的對他不安，對他負責任，不但是自尋煩惱，而且是一種僭妄了。（〈弘一法師之出家〉）

對這西湖邊的佛聲塔影，《悲欣交集——弘一法師傳》的作者金梅先生有一段論述，筆者十分贊同，特轉錄於下：

古稱會稽的紹興，早在吳越爭霸時即為要地，在近現代政治思想史上，更加引人注目。從這座古城中，走出過秋瑾、徐錫麟、陶成章、蔡元培等一批傑出人物，他們對近現代中國社會歷史，作出了重大貢獻……從近現代一批著名人物的傳記中，隱隱約約地透露出，同是來自浙江（尤其紹興一地）的那些文化人，在相互交往中，好像存在著不同的統系。李叔同與上述那些紹興籍人士並無聯繫。他在南洋公學時，已是蔡元培的學生，但離校後，基本上隔絕了與蔡的關係。李留學期間，魯迅也在東京，還看過他扮演的戲，但二人並不相識。李所交往和服膺的，是另一批紹興籍（或說浙江籍）的文化教育界人士，其中尤以馬一浮為代表。（馬與魯迅、周作人同科中第，但他們也並無交往。）李年長三歲，在學問尤其學佛一事上，卻將馬作為大知識和善知識敬重的。甚至可以說，他是把馬當作自己的精神導師的。李叔同曾向豐子愷說過：「馬先生是生而知之的。假定有一個人，生出來就讀書；而且每天讀兩本（他用食指和拇指略示書之厚薄），而且讀了就會背誦，讀到馬先生的年紀，所讀的還不及馬先生之多。」對馬的廣博精深，李是自歎弗如了。在談到其學佛經過時，李叔同又對豐子愷說：「我的學佛是受馬一浮先生指示的。」李的出家為僧，在很大程度上也受了馬所宣傳的佛學的影響。

這裏值得注意的是，杭州與紹興、北京的不同思想文化氛圍。在本世紀第一個十年前後，先進思潮和革命範圍，主要在南方，紹興則是策源地之一。很明顯，這與此地湧現了秋瑾、蔡元培、魯迅等一批思想先進的傑出人物有關。隨著時間的推移，北京又成了現代革命思想的發源地。蔡、魯北上以後，在他們的影響下，在北京形成了一個江浙籍的先進知識青年群。而此時的魯迅，在思想行動上，又是以李大釗、陳獨秀為旗幟的。相比之下，杭州雖也是省府所在，但在辛亥前後和五四以前，新思潮的氣氛，反而不如紹興活躍，更不能與北京比擬。這是有原因的。浙江一帶，寺廟林立，香火旺盛，杭州更形突出。「五四」前夕，馬一浮在此地廣宣佛學，影響了包括李叔同在內的一大批文化教育界人士。並在較大範圍內，造成了一種獨特的精神連鎖反應。馬影響了李等一批人，李又影響了他在浙一師的一批朋友與學生，如夏丏尊、豐子愷、劉質平等等，可以數出名字的就有二三十人之多。而夏、豐等人反過來又影響了李叔同。李之儘早剃度為僧，不就與夏的促動有關嗎？從這些情形來看，「五四」前夕的杭州，有形無形地形成了一批以文化教育界人士為主的虔信佛教的知識分子群，其思想精神導師，就是馬一浮大士。它與同時期在北京形成的，以李大釗、陳獨秀等為思想精神領袖的知識分子群，其志趣、其氛圍，是很不相同的。

馬一浮是中國現代思想文化史上的著名學者，在國學領域的學問無人可以匹敵。周恩來稱他為「現代中國的理學家」，梁漱溟讚他為「千年國粹，一代儒宗」。他對儒學傳統的信仰和道統的秉持與接續，在當世絕少有人能與之相提並論。他的理氣一元、知能合一的哲學觀點，以儒家學說會通中外一切學術的文化主張，以佛證儒、以儒融佛的思想特點，在學術界、思想界都產生了非常重要的影響。

豐子愷不僅生活在這樣的氛圍中，而且還與其中的核心人物有著密切的聯繫。李叔同不但教他音樂圖畫，還帶著他去訪問馬一浮，其時就在他出家前的某一日。如此想來，豐子愷與佛也是大有機緣。但是，他那時只是一個二十歲上下的懵懵懂懂的大少年，全部的興趣和精力則正專注於音樂與木炭畫的練習上，對李、夏兩位恩師往昔的作為、當時的心境以及思想情緒上的種種波瀾當然並不清楚。

面對佛學大師馬一浮而坐時，豐子愷不能完全聽懂他與李叔同交談時那北腔的方言，便在心裏很希望自己是那個倒茶的工人，因為馬先生和他說純粹的紹興土白，倒還可以聽得懂。因為聽不懂，所以假裝靜聽的豐子愷其實一直在研究馬一浮的長相，「對他作繪畫的及音樂的觀察」，並十分遺憾無法用木炭畫描出他「那堅致有力的眼線」。對於兩位大師之間決定命運的談話，他是「全然聽不懂」，只是斷斷續續地聽到什麼「楞嚴」、「圓覺」等名詞，又有一個英語Philosophy（哲學）出現在他們的談話中。這是他那時新學的一個單詞，聽到時覺得怪有趣的，便記了下來。「可是話的全體的意義我都不解。」

即使後來親歷了李叔同的出家，親自將他送到了虎跑寺的山門前，豐子愷有的也只是師生間的惜別。甚至連這惜別，也並無現在有些傳記中所渲染的那般依依不捨，因為李叔同入山後，豐子愷和他的同學依舊常去寺中看望，不僅是恭敬問候，而且也請教畫藝⓭。只是從此改口，

⓭ 沈本千：〈虎跑求教記略〉，《漫憶李叔同》，頁一六三。

稱其為「法師」罷了。正如曹聚仁所言：李先生出家後，同學們「有時走過西泠印社，看見崖上的『印藏』，指以相告，曰：『這是我們李先生的。』那時彼此雖覺得失了敬愛的導師的寂寞，可也沒有別的人生感觸。」（〈李叔同先生〉）

看明湖一碧，六橋鎖煙水。塔影參差，有畫船自來去。垂楊柳兩行，綠染長堤。颺晴風，又笛韻悠揚起。

看青山四圍，高峰南北齊。山色自空濛，有竹木媚幽姿。探古洞煙霞，翠撲鬚眉。霅暮雨，又鐘聲林外起。

大好湖山如此，獨擅天然美。明湖碧無際，又青山綠作堆。漾晴光瀲灩，帶雨色幽奇。靚妝比西子，盡濃淡總相宜。

吟唱著李叔同作詞的〈西湖〉，豐子愷徜徉在杭州美麗的春色之中。此時，他因求學而初識西湖，看見的只是她空濛清幽的湖光山色，卻尚不能解讀那起自林外的鐘聲。然而，縱然他是那樣的單純，那樣的少年不識愁滋味，他終究已是一個成長中的少年，楊伯豪的遺世獨立啟發了他的自我意識，母親的白髮讓他明白了生活的不易和自己的責任。那麼，梵鐘既已響起，也就不會那麼輕易地隨風而去了。

第四章　青春飛揚

創業的激情——我想窺見西洋畫的全豹——到日本去——遊蕩在東京的藝術空氣裏——竹久夢二

一

一九一九年秋，豐子愷應浙一師同學吳夢非、劉質平之邀，赴上海共同創辦上海專科師範學校。

吳夢非於一九〇八年入浙江兩級師範學堂，畢業於高師圖音專修科。劉質平比豐子愷高兩級，畢業後即去日本留學，此時剛剛回國。他們有感於國內藝術師資的缺乏，也為當時國內美術學校蓬勃發展的景況所鼓舞，決心以私人的財力創辦一所培養圖畫音樂及手工教員的學校。吳、劉二人都是李叔同的得意弟子，由於這樣一層同門學友的關係，當他們得知豐子愷閒居家中，於前途、工作意甚難決時，便邀請他一起到上海共創事業。這對豐子愷來說，正合他為藝術事業獻身的夙願。一樣的飛揚的青春，激蕩起一樣的創業的熱情，他們一拍即合，決意在上海共創一片屬於自己的新天地。

鴉片戰爭以後，中國的通商口岸對外開放。上海以其地理上的特殊地位而最先得益於中外經濟文化的交流，從原本一個偏居東海一隅的小縣，迅速發展成為極具現代文明氣息的國際性都市。上海的工商、金融、貿易、交通、通訊等等，諸業發達，不僅在全國具有決定性的作用，而且也帶來了本地文化的繁榮。以美術界的情形而言，十九世紀一、二十年代的上海，可謂龍蛇雜居，氣象萬千。各種畫莊如箋莊、榮寶齋、九華堂、朵雲軒、五元堂、壽春堂，各種社團如海上題襟館金石書畫會、天馬會、晨光美術會、中華美育會，還有許多名目繁多的雅集、展覽，層出不窮。生活在上海的書畫家之多，更是全國少有，據楊逸著、一九三四年出版的《海上墨林》的不完全統計，包括繪畫、書法和篆刻在內的美術家，就有七百四十一人之多。吳昌碩、黃賓虹、陳師曾、王一亭、錢瘦鐵、諸聞韻、吳待秋、馮超然、潘天壽、張大千、吳湖帆、王個簃等國畫家，都是活躍在上海畫壇的畫家，有的是畫壇領袖，有的是知名大家，也有不少初露鋒芒的後起之秀。

西洋畫的傳入中國，最早當數一五七九年（明萬曆七年）義大利傳教士羅明堅帶來的聖像。後來明清兩代的義大利傳教士利瑪竇、郎士寧和美國女畫家卡爾，都有一些繪畫活動，影響到了宮廷王室、貴族和供奉宮廷的畫家，但與一般的社會大眾尚無關係。

辛亥革命前後，在學習西方文化的思潮中，出國留學學習西畫也成為一股熱流。在歐美和日本等國，都留下了中國美術留學生虔誠的身影和足跡。留學歐美的李鐵夫、林風眠、徐悲鴻、潘玉良、顏文樑、常書鴻、吳作人、趙無極、吳冠中，留學日本的李叔同、陳抱一、關良、倪貽德、衛天霖等人，都是早期出國留學的著名西畫家。

西方繪畫發展到這一時期，印象派及其後的現代繪畫諸流派正在興起，古典主義繪畫傳統雖然已經開始式微，但在畫壇的影響還是很大的，因此除林風眠、劉海粟等個別學習現代派繪畫的畫家外，中國留學生接受的大都還是嚴謹、扎實的歐洲古典繪畫的學習。

就上海的情況而言，一八四七年時，西班牙美術家弗洛(Ferre, 1817–1856)受教廷派遣至徐家彙任天主教會美術教師。他在所屬的工藝場中開辦了圖畫館（習稱「土山灣畫館」），對上海的西畫傳播產生了很大的作用。清嘉慶、道光年間的上海人物畫中，就可以看出西畫技法的明顯影響。而直接用西法作畫的畫家當推土山灣出身的徐詠青、國外回來的周湘、李叔同以及自學的張聿光等人。

二十世紀初，上海、廣州的許多洋行、保險公司為推銷商品而需印刷大量月份牌，最初以傳統的國畫、年畫形式印製。後來，隨著西洋畫的傳入上海，印製精美的用於廣告的西洋藝術畫片，隨著商品送給了顧客，對西洋畫在上海的傳播起到了極大的作用。中國畫家鄭曼陀首先嘗試把擦筆畫和水彩畫技法摻在一起，繪製時裝美女月份牌的年畫，經外商精印之後，立即受到大眾的普遍歡迎。其後，徐詠青與鄭曼陀配合，一個畫擦筆時裝人物，一個畫水彩風景，收入極其豐厚。從此，以西洋畫法畫月份牌年畫，就成了上海所謂的西洋畫家的出路。這樣的結果是對真正的西洋畫的認識和欣賞造成了極大的誤導和誤解，以至於社會上的一般人士根本不知道什麼是西洋畫，以為香煙牌子上的畫和月份牌上的美女，就是西洋畫的代表了。

創作之外，美術教育的迅猛發展，成為當時頗具時代特色的一道耀眼的風景。

中國教育近代化的歷史進程，早在晚清時期即已邁開了腳步。清政府廢除八股，通令各州縣將大學書院改為兼習中西學的學堂。就像豐子愷在家鄉學堂裏學到的新鮮的音樂課一樣，在這種學堂裏，也都設有圖畫手工課，同樣成為當時教育制度改革的一項重要內容，也是藝術教育的一種最初的形式。這些圖畫手工課上的習作大都為毛筆設色，也出現了中西合璧的風景、動物畫帖。至清末，一些供初學入門之用的外國圖畫教科書開始在國內得到翻譯出版。

學堂美術教育的發展，帶來了對於美術師資的迫切需求。專業的美術師資培養成為當務之急，因此師範學堂就成為首先設立圖畫手工課的學校了。

國內最早設立圖畫手工課的，是南京的兩江師範學堂和保定的北洋師範學堂。此二學堂的學制大多沿用西方國家的成例，凡是師範所需的課程大都具備。作為圖畫課的學生，先要在預科進行文理普修的學習，然後再作藝術科目的修習。這些科目既有西方繪畫的素描、水彩、油畫、用器畫、圖案畫，也有我國傳統的國畫，還有手工課上的金工、木工、竹工、漆工等等。

當時高等學校裏「西學」的教席，大多由外國人擔任，尤以日本人為多，西洋畫與手工課也不例外。由於兩江師範學堂的監督（即校長）李瑞清本人即是國畫家和書法家的緣故，因此藝術科目開設之初，就設有中國畫的專門科目，這使中國的美術學校在它的初始階段，就具有了鮮明的民族特色。中國畫教學由此而從過去的師徒制轉而成為規範的近代學校制，並從西畫中吸取到許多諸如透視、素描、寫生等科學理性的成分。同時，西畫也同樣從中國畫中借鑑到許多諸如意境、氣韻、以線造型等我國特有的審美趣味和創作法則。

上海的美術教育極其發達。在「土山灣圖畫館」後，一八五〇年創辦的聖依納爵（徐匯）公學於一八七〇年左右引入歐洲的藝術教育，西畫的基本知識得以在中學生中開始傳播。一九〇三年，楊白民在上海創辦城東女社，設置文藝科，其中就有圖畫課。後來開辦的神州女學也有美術教育。李叔同、吳夢非、陳抱一、丁衍庸等人，都在這些學校擔任過美術教師。

我國最早的私立美術學校——周湘創辦的中西美術學校於一九一一年的夏天，出現在上海。比它稍晚一些時候，劉海粟的上海圖畫美術院（即上海美術專科學校）於一九一二年十一月開創。該校以發展東方藝術、研究西方藝術，在復興中華藝術中盡社會的責任及自信與誠心為辦學宗旨，培養了大批美術人才。

此後不久，各種私立美術學校蓬勃興起，美術教育事業如火如荼。豐子愷、吳夢非、劉質平共同創辦的上海專科師範學校，就應運而生於這樣的時代潮流之中。

上海專科師範學校設在上海小西門黃家闕路的一條弄堂內，因為這一帶的房價比較低廉。他們租了幾幢房子，便正式開學了。學校分高等師範科和普通師範科，各自再分圖畫、音樂等等，以培養中小學藝術教師為宗旨。男女同學，學制兩年。當時由吳夢非任校長，豐子愷任教務長，並任美術教師，教授西洋畫。

李叔同在日本東京美術學校從著名油畫家黑田清輝學畫。黑田清輝是日本明治時期油畫界的領袖。早年留學法國，回國時將外光派的畫法帶到日本，並自創「紫派」畫法，在明治後期統帥日本畫壇。從他創作的個人風格來看，具有印象派的特點。但在學校的教學中，應該還是強調古典繪畫的扎實基礎和技法功夫的。我們從李叔同流傳至今的一些作品中，可以清楚地看到這一點。那麼，作為李叔同的學生，豐子愷在浙一師時接受的自然也是正統的歐洲古典繪畫傳統了。

因此，豐子愷在上海專科師範學校的美術教學中，忠實地繼承了浙一師時李叔同的藝術教育思想和方法，他以浙一師藏書樓中看到的《正則洋畫講義》為主要參考教材，提倡以「忠實的寫生」為教學的根本目的，並以此比照進而反對中國傳統繪畫的臨摹方法。他在課堂上教授學生們說：「中國畫的不忠實於寫生，為其最大的缺點，自然中含有無窮的美，唯能忠實於自然模寫者，方能發現其美。」

一九一九年冬，豐子愷、吳夢非、劉質平與同在上海從事美術教育的劉海粟、姜丹書、周湘、歐陽予倩等人成立了中國第一個美育學術團體——中華美育會，目的是聯合當時全國藝術工作者和大中小學教師，共同推進藝術教育。一九二〇年，該會出版了會刊《美育》雜誌，並經民主選舉產生了編輯部成員：吳夢非為總編輯，周湘為圖畫編輯主任，劉質平為音樂編輯主任，姜丹書為手工編輯主任，歐陽予倩為文藝編輯主任，豐子愷、劉海粟、呂澂、李鴻梁等為編輯。該刊為中國第一本美育學術刊物，創刊號上的〈本志宣言〉表明它的宗旨是：「『美』是人生的一種究竟的目的，『美育』是新時代必須做的一件事。」他們要以「學校教育」和「社會教育」為基本領域，積極開展「藝術教育」運動，以此參與到當時轟轟烈烈的新文化運動中去。

這裏，執著於藝術教育的勇氣，積極參與新文化運動、力圖以藝術改造社會的熱情，都是顯而易見的。雖然其中的內涵多有變革、實施的力度多有不同，但這種勇氣和熱情則是伴隨豐子愷終生的。我們站在今天回觀他的一生，可以清楚地看到作為一個藝術教育家，他以「五四」新文化運動為起點，一路走來，呼籲「美育」精神，倡導「曲好和眾」，影響了一代人的藝術心靈，並為社會大眾所接受。從此意義上說，豐子愷是一個真正的文化名人。

然而在當時，一味強調以「忠實的寫生」為教學的根本目的，觀點的幼稚和偏頗同樣也是顯而易見的，充分表明了此時豐子愷作為一個積極接受西方文化的新青年立場。他與劉海粟、周湘、姜丹書、歐陽予倩、劉質平、吳夢非、李鴻梁等人一起，站在藝術教育的時代前列，熱情洋溢地耕耘在藝術教育的園地裏。

在豐子愷等人的心目中，上海專科師範學校是實現自己藝術教育理想的神聖園地，在這裏是不能過多地考慮掙錢養家這種俗務的。因此，在操辦學校事務的同時，豐子愷、吳夢非、劉質平都在中西體育學校、愛國女校、城東女校等處兼課，貼補家用，支撐事業。他還把新婚的妻子徐力民送進城東女校讀書，接受新文化的教育。城東女校校長楊白民是李叔同的摯友，李叔同出家前後的很多家事雜務，都得到他的悉心照料。

從豐子愷這一時期在上海的經歷來看，他無疑是十分幸運的。他在少年負笈求師的人生之關鍵，遇到了時代大潮中的大師級人物。他以自己的勤奮和天賦獲得了他們的青睞和悉心栽培，他們則將他直接帶入了那個時代文化活動的中心，引導到那個時代藝術發展的頂峰。如山師恩，托起了他思想、事業不同尋常的起點。

二

有一天，豐子愷在課堂上放了一只半生半熟的青皮桔子，教學生寫生。學生們在靜靜地畫著，他卻對著這桔子產生了大大的傷感之情。覺得這青皮桔子的半生半熟，正是自己學業、事業和能力的形象寫照，畢業時存於心中的迷惘，重又滋生。畢竟，他是沒有系統完整地接受過西洋畫的正規教育和訓練的。他在浙一師所學到的，僅是西洋畫的一些最為初步的簡單技法，就一門藝術學科而言，這些都還只能算是初步的入門。就像畢業時懊悔自己學習西洋畫的選擇一樣，現在他又懊悔自己做藝術師範教師的選擇：

當一九二〇年的時代，而我在上海的繪畫專門學校中厲行這樣的畫風，現在回想起來，真是閉門造車。然而當時的環境，頗能容納我這種教法。……後來我漸漸覺得自己的教法陳腐而有破綻了，因為上海宣傳西洋畫的機關日漸多起來，從東西洋留學歸國的西洋畫家也時有所聞了。我又在上海的日本書店內購得了幾冊美術雜誌，從中窺知了一些最近西洋畫界的消息，以及日本美術界的盛況，覺得從前在《正則洋畫講義》中所得的西洋畫知識，實在太陳腐而狹小了。雖然別的繪畫學校並不見有比我更新的教法，歸國的美術家也並沒有什麼發表，但我對於自己的信用已漸漸喪失，不敢再在教室中揚眉瞬目而賣野人頭了。我懊悔自己冒昧地當了這教師。（《我的苦學經驗》）

與他的恩師李叔同一樣，豐子愷也是個凡事認真的人。他一旦有了對自己知識和能力的質疑和否定，他就一定要去求索進取，以圖新的開拓。同時，在豐子愷的性格中，始終都有一種探究事物本來面目的稟性，對於他所遇到的任何問題，他都有十分強烈的「打破沙鍋璺（問）到底」的願望。現在，西洋畫的問題讓他失去了自信，他便下了決心，要到西洋畫的故鄉去窺見它的全貌，找回真正屬於自己的藝術道路。

西洋畫的故鄉，當然是在西洋，然而西洋很遙遠。即使是離上海很近的島國日本，也就是當時所謂的東洋，豐子愷也沒有錢去自費留學，但他非去不可！豐子愷的決心既定，忙碌籌劃的自然就是他的母親和姐姐們了，誰叫他是家中的寵兒呢。母親忍痛賣掉了一幢老宅，於是受到鎮上人們的議論，被認作是不肖子孫的行為。她十分傷心，以至於多年後經過這幢老宅時，都要繞道而行。二姐豐遊的丈夫周印池十分同情豐子愷，第一個借給他四百元。三姐豐滿也賣去了自己的一些首飾，資助他的行程。於是，在一九二一年的早春，豐子愷東渡日本。

日本在中國二十世紀初學習西方的近代化進程中，扮演了一個十分重要的角色。中國現代教育的興起發展，與日本有密切的關係。正是來自日本的教師和中國早期的留日學生，構成了當時高中等學校的主要師資力量。而西方文化，尤其是西方藝術思想和作品的傳入中國，更是在很大程度上以日本做了溝通的橋梁，用日語做了交流的媒介。因此加上它與中國又是真正一衣帶水的近鄰，交通的近便更使它成為中國青年出國留學的首選之地。

除了這些人所共享的時代風尚的影響外，豐子愷對日本，還有一種特殊的感情。他求學時就讀的浙一師，教師中的絕大多數都是留日學生。而豐子愷最為敬仰的二位恩師李叔同、夏丏尊，就是由日本留學歸國的。尤其李叔同考取的是日本著名的東京美術學校，師從的是黑田清輝等日本著名的大畫家和名教授，這些都令豐子愷產生無限的嚮往之情。

而在李叔同這邊，以現有的資料來看，似乎也有讓豐子愷去日本深造的想法。他不僅指導豐子愷的畫藝，更主動提出在課餘時間由自己親自教他學日文。

一天下午，他把豐子愷叫來房間，對他說：「最今日本畫壇非常熱鬧。他們很注意兼收並取，從而創作出極有本民族特色的嶄新風格。這種經驗值得我們借鑑。你今後應該多讀一些日本的藝術理論書籍，最好讀原文。我從現在起，教你日語，你看怎樣？」

這正是豐子愷求之不得的事，從此，李叔同又在業餘時間，為豐子愷輔導起日語來。

一九一八年春天，李叔同留日時的日本同學、畫家大野德隆、河合新芷、三宅克己、黑田清輝❶等，來西湖寫生。李叔同心想，自己有事不能和來客一起遊覽寫生，讓豐子愷去陪他們，不正好一邊向他們學畫、一邊又練習了日語嗎？於是由他向夏丏尊請假獲准，豐子愷代表他為四位日本畫家當了三天導遊❷。

李叔同愛惜人才、資助弟子完成學業，是有先例的。劉質平就是在他縮衣節食的資助下，才完成了在日本的學業，李叔同甚至為此推遲了入山為僧的時間。其情其景，令人感動：

在日本留學的第二年（一九一七），劉質平經濟上遇到了困難，家中又無力解決。李叔同多方聯繫資助，終無結果。於是便決定從自己並不寬裕的薪水中給劉質平以資助。這年冬天，他

---

❶ 在豐子愷回憶此事的文章〈為青年說弘一法師〉中，沒有提到黑田清輝。黑田清輝是李叔同留學日本時的導師，而不是「同學」。如他此次也同來杭州，李叔同應該不會如此怠慢，只讓自己的學生出面陪同。

❷ 此處情節引自金梅《悲欣交集——弘一法師傳》，頁一七〇。

給劉質平寫信，詳細敘述了自己的收支情況和打算：

不佞現每月收入薪水百零五元。

出款：

上海家用四十元，年節另加。天津家用二十五元，年節另加。自己食用十元。自己零用五元。自己應酬費買物添衣費五元。

如以是正確計算，嚴守此數，不再多用，每月可餘二十元，此二十元即可以作君學費用。

從此，李叔同嚴格履行自己的諾言，按月給劉質平寄去二十元。一九一八年春天，李叔同入山心意已決，但為資助劉質平，推遲了自己的計畫。他寫信說：

余雖修道念切，然決不忍置君事於度外，此款倘可借到，余再入山。如不能借到，余仍就職至君畢業時止。君以後可以安心求學，勿再過慮，……（〈一九一八年三月二十四日信〉）❸

❸ 以上情節詳見金梅《悲欣交集——弘一法師傳》，頁一六一。

雖然由於李叔同個人生活的變化，豐子愷最後沒有與恩師共同謀畫出國留學，但李叔同卻已然將「日本」二字深深地印在了豐子愷的腦海裏，成為他心目中憧憬不已的追求藝術事業的理想所在。

到了東京以後，先後又有親戚朋友給他寄錢，先是岳父徐芮蓀給他約了一個一千元的會❹，然後吳夢非、劉質平也都寄錢相贈，結果是最後一共集起了二千元，除旅費外，在東京足足維持了十個月的遊學生活所需，直到同年冬季回國。「這一去稱為留學嫌太短，稱為旅行嫌太長，成了三不像的東西，同時我的生活也是三不像。」

三

在東京十個月的「三不像」生活中，豐子愷究竟做了些什麼、他又是如何遊學的呢？前五個月是上午到洋畫研究會中習畫，下午讀日文。後五個月每日下午到音樂研究會中學提琴，晚上學英文。更多的時間是參觀展覽會，聽音樂會，訪圖書館，看淺草的歌劇，跑神田的舊書店，逛銀座的夜攤以及遊玩名勝。

豐子愷是為了學習西洋畫、做一個真正的西洋畫家而赴日本的。但是，到了東京以後，接觸到了日本西洋美術界的情形和西洋畫學校裏的教學要求，比較清楚地瞭解到了西洋畫的博大

❹ 所謂「約會」，即相當於現在的集資，先借得資金以供所需，講明幾年還清，每一年還清一個出資者。

和深廣，再與自己窘迫的經濟能力和局促的處境相對比，越來越切實地感覺到了西洋畫家不是僅憑志向與勤勉就能做得的，沒有雄厚的經濟實力和充裕的時間做保證，就連必要的學習都難維持，更遑論成為畫家了。區區十個月的求學時間，是決不濟事的，因此不免心灰意懶起來。所以對著模特兒寫生也就不太那麼認真了，常常在課間休息時點起一根香煙，在雲遮霧罩中安排日本的生活，思量自己未來的前程。

思量總是沒有結果，時間卻在毫不停歇地流逝。

「儘管擋也無益，還是聽聽看看想想好。」他每晚只能以此自慰，白天便去走馬看花，呼吸東京藝術界的空氣。

呼吸藝術空氣的結果，雖然沒有造就他某一方面的特別成就，但收穫還是不可低估的。繪畫、音樂的技法自然有所提高，他畢竟畫了十個月的木炭畫，拉完了三本 *Homahnn*。英文和日文的水平得到了很大的提高。豐子愷在語言學習上很有天賦，這種天賦後來很好地遺傳給了他的子女，六個孩子中，有四個從事翻譯工作，小兒新枚更是不得了，精通英、日、法、德、俄等六國文字。

在東京，豐子愷先是按慣例，與其他一些剛到日本的中國人一起，報名進了東亞預備學校學日語。幾個星期後，他嫌這裏的日語課程度太低，進度太慢，於是便脫離了同學，獨自別出心裁地到一個英語學校的初級班去報了名，每日兩小時的課。他的英文程度原是很好的，上課內容完全懂得，他上這學校的醉翁之意並不在英文，而是要聽日本先生如何用日本語解說那些他已通曉的英文，以此學習日語會話的訣竅，熟悉掌握活的生活中實用的日語。

這個辦法果然成效卓著。課堂上，日本先生對著那些初學英語的日本人，將「a boy」或是「a dog」這樣一些簡單的單詞，用日語反覆講解、練習、對話。這樣，一個英語單詞便牽引出大量的日語，而這些日語既淺顯實用，又在那裏日復一日地重複著。一個月下來，他的日語聽力和會話進步極快。

後來，豐子愷又上了另外一所英語學校，這回倒是真的為了學英語，報的是高級班。然而不久，他又有自己的想法了，還是因為嫌先生教得太慢。於是便輟了學，自己買了教材，利用晚上的時間在旅舍裏自修。

豐子愷的英語自修是名副其實的苦學，他將學習分成「單詞」、「文法」和「會話」三個部分，每個部分的學習實行的都是「機械的方法」，用的都是「笨功」，然而卻又都是十分行之有效的。單詞自然是死記硬背，別無偷懶的捷徑可圖，豐子愷稱此為「學外國語的最根本的善法」。學文法則頗有心得，那就是他自己發明的「對讀」法：取中英文對照的文學名著，逐字逐句地認真對讀，其中內容必須徹底地弄懂弄通，不可放過一個疑慮。這樣的幾部名著讀下來，文法必能無師自通，而那些二一本正經的文法教科書，他是從來不讀的。在會話的學習上，當然最好是有英國人陪練，但若實在沒有，那自學也未嘗不可，方法就是「熟讀」。豐子愷往往以一個二十二筆的「讀」字為標記，每課新書讀一遍記一筆。第一天讀十遍，第二天讀五遍，第三天讀五遍，第四天讀二遍，四天下來，一課書讀熟，一個「讀」字也寫成了。同時在每一課新書的第二天，開始下一課新書的同樣規律的閱讀。除此之外，他又選擇了一些名作中自己喜歡的片斷，加以熟讀與背誦，如此環環相接而又循環往復，書上自是無數的「讀」字累累相連，唇間則有連篇的洋話滾滾而出，愉悅的感覺足以抵消笨讀的辛苦，豐子愷也愈益地好笨而不遷了。

豐子愷是一個天資聰穎而又勤奮自律的人，而且極具個性，遇到任何事情，他都要用自己的頭腦想一想，根據自己的實際情況作出選擇，從來不會人云亦云地盲目跟風。從浙一師畢業以後，除了在東京拜師學過一些繪畫音樂的技巧外，就沒有再上過學，一直都是自學的。他曾說過：「獨有非正式求學時代的讀書，十年來一直隨伴著我，慰藉我的寂寥，扶持我的生活。」

以自學代替正式的求學，一方面固然有客觀上的原因，但更主要的還是他自己選擇的結果。在豐子愷看來，在學校裏受老師的教導，只須袖手聽講而不必自己鑽研，由著先生拖長了時間慢慢地教，幸福固然幸福了，但求知的迫切心願與興趣卻會受到制約而不得滿足。再者，就語言的學習來說，語言文字畢竟只是求學問的一種工具，而不是學問本身。學些工具都要拖長許久的時間，此生還來得及研究幾許的學問呢？更何況生也有涯，又有幾回可供拖長呢？因此，為了這樣的理由，他是寧願獨自用笨功，也不願消受入校求學的幸福了。

語言學習的另一個重大收穫，是啟迪了他文學閱讀的興趣，《不如歸》、《金色夜叉》等著名的日本文學作品，都能閱讀了。尤其是夏目漱石的作品，更是他的最愛，其中不少片斷他都能熟讀背誦。他常常在寂靜的深夜的旅舍中，在苦讀的孤獨的燈光下，默默地誦讀著夏目漱石的心聲：

> 苦痛、憤怒、叫囂、哭泣，是附著在人間的。我也在三十年間經歷過來，此中況味嘗得夠膩了。
>
> 人生二十而知有生的利益；二十五而知有明之處必有暗；至於三十的今日，更知明多之處暗也多，歡濃之時愁亦重。
>
> 依理而行，則棱角突兀；任情而動，則放浪不羈；意氣從事，則到處碰壁。總之，人的世界是難處的。越來越難處，就希望遷居到容易處的地方去。到了相信任何地方都難處的時候，就發生詩，就產生畫。
>
> 無法遷出的世界如果難處，那麼必須使難處的地方或多或少地變成寬裕，使得白駒過隙的生命在白駒過隙的期間好好地度送。於是乎產生詩人的天職，於是乎賦予畫家的使命。所有藝術之士，皆能靜觀萬物，使人心豐富，因此可貴。

獨處異邦而又頗感前路渺茫的豐子愷，從心底對之發出深深的共鳴，也從中獲益匪淺。這種共鳴甚至成為他後來文學創作中的一個重要因素，十分濃郁地表現在他的〈秋〉、〈暫時脫離塵世〉等隨筆名篇之中。在夏目漱石的作品中獲取的教益，極大地促成了他藝術人生觀的形成。

東京是一個藝術氣息濃郁的都市，各種學習繪畫音樂的機構遍佈全城。在一些私立的音樂研究會裏，每月只要繳五元錢，拿到一張會員證，就可以在每天下午的一至六時隨意入會學習研究音樂。期間有二十分鐘的時間是老師指導，其餘則是在練習室裏自己練習。

豐子愷在一個私立音樂研究會的提琴科報了名，學習小提琴。

這個研究會不大，兩樓兩底，樓上是提琴科，樓下是鋼琴科。樓底的扶梯入口處放一張桌子，有一個事務員兼門房的人在此驗證收費。樓上的兩間房中，外間很大，是練習室，有許多提琴和琴譜供學員使用。裏間很小，又一隔為二，供兩位老師授課之用。老師一男一女，分工是男老師教程度較高的學生，女老師教初學的新生。豐子愷是初學者，自然分到了女老師的門下。據豐子愷自己說，這是他一生之中惟一的一位女先生。

這位女先生是東京音樂學校的初年級主任教師，上午在學校教課，下午來此輔導。她具有日本女性的典型性格，溫良和順，認真誠懇，不僅琴藝高超，教授講解也極明白易懂。豐子愷開始時對女先生授課，很有點不以為然，幾天下來，也就心悅誠服了。難得的是，這位先生對中國很有興趣，常常與豐子愷作些課外的交談，對中國的傳統音樂尤其景仰。有一次談起來，十分遺憾地對豐子愷說：「中國音樂是神聖的，可惜失傳了。」

兩三個星期之後的一天，二點多鐘，豐子愷正在用心練琴，從門外急急忙忙地進來了一個人。此人三十來歲的年紀，身軀短小，濃眉、青頰、粗糙的臉皮，外加鼻子下一小撮黑黑的鬍子，總之一副典型日本人的模樣。

他也是來學提琴的，因為練習的位置正與豐子愷相鄰，所以互相可以聽到對方的練習。

開始幾天，豐子愷並未留意於他。過了一段日子，不免起了一些疑惑，因為至今為止，豐子愷從他嘰嘰嘎嘎的琴聲中，沒有聽到過一點熟悉的樂句。兩人同是一個老師，用的一樣的教材，此君又晚來數週，而至今為止老師教過的所有練習曲，自己又都是完全練熟了的，應該不會聽不出來啊。

於是豐子愷開始對這位後來者注意起來，在他練習的時候，常常將他左手指所摸的弦和他眼睛所注視的琴譜結合起來加以偵察。慢慢地豐子愷終於調查清楚：他拉的倒的確是自己以前練過的曲子，而且還是教材前面最初步的階段，只是此兄左手按弦太不精確，故而音調不準；右手拉弓又太生硬，故而發音嘈雜；外加全然不講節拍，於是一曲之中的所有音符便如一盤散沙，全不入調。難怪自己要聽得莫名其妙了。豐子愷明白了，這是一個於音階、指法、節拍、樂理全無感覺和常識的人，對音樂毫無整體與根本的理解，只是十分機械地局部硬學。他站在這裏拉琴，實在是誤入音樂之門，頗有些枉費心機與時間了。

這樣的觀察結果使豐子愷真想立即奪下他手中的提琴，告訴他缺乏音樂天賦的真相，而勸他早早地退出了。但是，看著他骨瘦如柴地頸項，灰白地頭髮，佝僂地背部和痙攣地雙臂，聽著他那努力而又不成腔調地練習，豐子愷頓起憐憫之心，便將衝到口邊的話嚥了回去。

旁邊同學的日本人也對此人注意起來，走過來聽了一會兒，不禁笑了起來，向豐子愷做了一個會意的眼色後，便不屑一顧地走了。

這個日本人的行為反而激發了豐子愷這個中國人的見義勇為，他覺得自己再也不能袖手旁觀了，於是決定幫助這個可憐的人。他指出這位老兄練習中的各種錯誤，校正他的姿勢和指法，將正確的音調和節拍示範給他看，陪著他一遍遍地練習。

這位後來者對豐子愷感激不已，學習態度更是虔誠而又熱情滿懷，不斷地提出一個個十分認真卻是極其幼稚的問題來求教，諸如「可否在弦線上用墨畫個記號」等等。

豐子愷的相助與他本人的努力均告收效甚微，雖然說者說得很仔細，聽者也聽得很明白，但一當操練起來，幾幾乎又是老方一帖。豐子愷對他真是徹底地絕了望。

琴藝雖無長進，交情卻深了一步。一天琴課將散的黃昏，兩人坐在席子上吸著煙，他向豐子愷談起了自己的生平。原來他來自一個離東京很遠的鄉下，現在在一所醫科學校學習，將來則想到德國去留學。德國是音樂之邦，而他卻從小缺乏藝術的修養，因此便下定了決心，要研究音樂，而且還一定要學會西洋樂器中最難也是最具品味的小提琴。說這話時，他重重地點著頭，態度堅決，足以讓人感受到他的毅力和執著。

聽了他的這一番計劃，豐子愷覺得他真是太不自量力了，分明就是一個毫無自知之明的妄人，禁不住在心底竊笑起他的天真來。在豐子愷看來，像他這樣條件的一個「音盲」，是根本沒有可能跨進音樂之門的。

然而，後來的事實證明豐子愷大錯特錯。

豐子愷在這研究會裏一共拉了六個月的提琴，拉完了三本練習冊後退會而去。他走的時候，那位醫科學生繼續留會學習，進度仍舊緩慢，連第一冊都還沒有學完。但是六個月裏不顧旁人嘲笑與側目的埋頭苦練，卻取得了很大的成績，他的節拍和音調都已相當地正確，指法與弓法也已十分地純熟了。他的毅力與奮鬥精神幫助他跨進了音樂的大門，並在正確的軌道上前行，雖然很慢，但卻有著持之以恒的扎實。

醫科學生對豐子愷的離去依依惜別，他真誠地感謝豐子愷對他的幫助，說：「全靠你的友誼的指導，我的音樂進步了些，雖然進步得很慢。」

豐子愷面對著他，卻是在心底忍不住地讚美著：「苦學萬能！」聯想到我國古代要求習字者必須坐姿端正，其道理正在於「非是要字好，只此是學」的傳統，便更覺其精神的可嘉了。

這位日本人的刻苦與毅力使豐子愷印象深刻。這種勤學苦幹、積極有為的生活態度，既是他觀察到的日本民族性格的一個切近的實例，也成為他以後生活中時常想起、不免仿照的樣例了。

當然，日本人也並非都是這同一個模子裏倒出來的。正所謂林子大了，什麼樣的鳥都有。

豐子愷退出那家音樂研究會的原因，還是那句老話，就是又嫌先生教學的進度太慢了。老是拉那些基本的練習曲，實在太枯燥。學些自己喜歡的優美抒情的小夜曲，才是他音樂學習的迫切願望和目的。

有一天，在當時東京最熱鬧的電車站春日町旁的一條小弄裏，豐子愷發現了一塊私人教授音樂的招牌，便循著上面的指路箭頭找了過去。

也是一座樓房，樓下不見有人，樓上有隱約的琴聲傳來。他上了樓，樓梯的盡頭是一間長方形的房間，許多人圍著一張矮桌端坐著，悄無聲息。矮桌上，是一只形似香爐的煙灰缸。豐子愷乍一望見，感覺是有人從廟裏搬了許多羅漢像來，用香爐供養在了家中。這個獨特的第一印象似真似幻，很多年以後想起來，還讓他對這印象覺得有一種奇妙莫名的詫異。

索取了一份章程，他就回去了。

第二天一早，便去報名。接待他的是一位穿和服的五十歲左右的男子，毛髮蓬鬆，不修邊幅。原來他就是此處的教師，稱做林先生。林先生設有鋼琴、小提琴和大提琴三種科目，豐子愷自然選的小提琴，並指定要學小夜曲。林先生查驗了他的學習程度，答應了他的要求。於是每月六元錢學費，每週授課三次，豐子愷就成了這先生的學生。

那個大房間是學生候課的等待室，林先生的教室在隔壁。他上課十分投入，對學生要求嚴格，舊課不熟練的，決不草率通過。而對演奏熟練的學生，則大加讚賞，方式就是用鋼琴為他們伴奏，同時還伴隨著手舞足蹈與種種豐富有趣的臉部表情，以此加深學生對這樂曲的理解力和表現力。教材中的曲子都是悠揚婉轉的輕歌劇旋律，每當此時，旁聽候課的人無疑是免費欣賞了一場情趣盎然的音樂會，而受課者則在酣暢淋漓的演奏中享受到成功的愉悅，激發出更大的興趣。因此，練熟了樂曲而去請林先生伴奏，成為豐子愷在東京時的一件最大的樂事。而且他常常下了課也不回家，留在等待室裏或是欣賞「音樂會」，或是向先生借樂譜，或是求教疑難。以至於後來竟和林先生達成了心照不宣的默契，林先生每次一天的課畢，都要探出頭來看看，只要看見豐子愷在，就笑著點點頭，含著香煙出來與他閒談。

交往日久，豐子愷發現這是一位生活十分古怪的先生。他沒有家人、沒有僕人、沒有辦事員。豐子愷從上課時來，坐到天黑回家，除了學生，從未看見有人來訪，也未聽說過他要出去。從他自己的介紹中，才知道他是一個獨身者。年輕時在日本的音樂學校畢業後，曾到德國學習。回國後就一直在這條小弄裏教授音樂，朝九晚五。除此之外，與社會沒有任何的聯繫。天天如此，年年如此。

在豐子愷的眼裏，林先生除了以教授糊口外，無求於世，世也無求於他。不僅獨身，還是一個寂寞的獨處者。他自己也對豐子愷說：

「我是以音樂為生的。」

豐子愷的心裏便對他充滿了崇敬。他想：

「林先生屏除了一切世俗的榮樂，把全部的生涯貢獻給了音樂藝術，為音樂藝術做苦工，為別人的生活造幸福，若非有特殊的精神生活，安能樂此不倦？」

後來，隨著交往的加深，林先生有時也將他帶進自己的臥室去，就在教室的隔壁。裏面除了幾書架的音樂書籍和樂譜、一張小桌、幾只蒲團以外，就只有牆上掛著的兩幅壁飾了。一幅是貝多芬的像，這是很平常的；另一幅就有點獨特了，那是一個橫幅，上面用毛筆寫了三行英文的詩句：

What is in your heart let no one know;
When your friend becomes your foe,
Then will the world your secret know.

（你心裏想的，別讓人知道；
當你的朋友變成你的敵人時，
你的秘密就被世界上的人知道了。）

這些話令豐子愷感到很新奇，同時又有一點神秘的感覺，於是便記在了心裏，回家後又記在了樂譜的封底裏。

此時的豐子愷覺得，林先生的獻身音樂，似乎也不僅僅只是虔誠的藝術精神在起作用，他的行為處世中，也很有那麼一些與這詩句相調和的神秘色彩。因此，「以後每逢去上音樂課，每逢見了林先生，每逢見了這冊書，甚至每逢經過春日町，心裏必暗誦起這三句詩來。直到我辭別林先生。離開東京為止，這三句詩常在我的心頭響著。」（〈記音樂研究會中所見之二〉）

生活是複雜的，複雜的生活帶給每個人複雜的印記，人也就成了一個複雜的集合體。年輕的豐子愷在社會這個大染缸裏行遊，形形色色的人與事開闊著他的眼界，豐富著他的閱歷，歷練著他的思想，也陶冶著他的性情。

四

豐子愷在東京的洋畫學校裏，對自己做成一個洋畫家的可能，發生了大大的疑慮。然而他的疑慮，卻並不意味著放棄，而是要尋找一條更適合自己的路來走。「難道只有model（模特兒）與canvas（畫布）才是做成畫家的惟一途徑嗎？」他常常這樣問自己，卻沒有答案，於是就完全地開放了自己，在東京的藝術空氣裏遊歷。

東京的遊歷其實是在尋找啟迪，就在看似無意的散漫遊歷中，豐子愷與藝術神靈邂逅，屬於他自己的藝術生涯由此開始了最初的起步。

一天，他在一個舊書攤上隨意地翻閱著各種各樣的舊書，一冊薄薄的畫冊落入他的視線，這書連頁邊都沒有裁齊，毛毛糙糙地放在那裏。他拿起來隨手一翻，都是些用毛筆畫的速寫。他的眼睛停留在一幅名為「Classmate」的畫上，手也停止了翻動。

畫中畫著兩個女子，一個坐在昂貴的人力車上，身著貴婦的服裝，肩上是一把時尚的遮陽傘，手裏是一大堆包裝精美的物品，顯然是一個外出中的貴婦人。此時，她正向站在路邊的另一個婦人點頭招呼。那婦人蓬首垢面，背著一個光頭的小孩，母子兩人裹在一件粗布大衫裏，臉上頗似有些局促不安的神色，顯然是一個窮人的妻子。畫的題目，表明她們原本是一對同學。畫面內容的對比，則表明著她們走出校門以後不同的生活際遇。雖然只是小小的一幅畫面、簡單的寥寥數筆，卻傾瀉出畫家對於命運和人生的莫大的感慨。

豐子愷當時便在書攤的邊上出了神：

> 因為這頁上寥寥數筆的畫，使我痛切的感到社會的怪相與人世的悲哀。她們兩人曾在同一女學校的同一教室的窗下共數長年的晨夕，親近地、平等地做過長年地「同級友」。當出校而各自嫁人之後，就因了社會上的所謂貧富貴賤的階級，而變成像這幅畫裏所示的不平等與疏遠了！人類的運命，尤其是女人的運命，真是可悲哀的！人類社會的組織，真是可詛咒的！（〈繪畫與文學〉）

一邊這樣想著，一邊便掏出錢來買下了這本毛邊的舊畫冊，如獲至寶地帶回旅舍之中，仔細地閱讀起來。

畫的作者名叫竹久夢二，豐子愷買的是他的畫集之一《春之卷》。畫中簡潔的表現法，堅勁流利的筆致，變化而又穩妥的構圖，以及立意新奇、筆畫雅秀的題字，在豐子愷的眼前展現出一片完全不同於西洋繪畫的全新的繪畫領域，「寥寥數筆的一幅小畫，不僅以造型的美感動我的眼，又以詩的意味感動我的心。」這使得他著了迷一般的對這種表現形式和風格一見傾心，並似乎從中感受到了藝術神靈的指引，隱隱約約地悟到了適合自己美術生涯的方向。於是，便十分有心地查找、收集有關竹久夢二的生平事跡和作品。但是只知道他是一位「專寫這種趣味深長的毛筆畫的畫家」，作品蜚聲於明治末葉的日本畫壇，主要作品有《春》、《夏》、《秋》、《冬》四種畫集，但都已絕版，很難買到了。

竹久夢二（一八八四－一九三四），日本岡山縣邑久郡人。早年畢業於早稻田實業學校。後自修繪畫，成為一名風格獨特的漫畫家，尤其以後期創作中帶有憂鬱情調的美人畫見稱於日本。夢二作品的影響，主要產生在明治末葉。客

日本漫畫家竹久夢二的作品

觀地說，在日本美術史上，夢二雖然風格獨特，但無論是在民族風格的日本畫或西洋風格的油畫創作領域，他都不是特別重要的畫家，畫壇對他的反響，到豐子愷時已漸趨岑寂了。因此難怪要找他的畫，會有許多困難了。

竹久夢二既是畫家，也是日本社會主義運動的積極參與者。他早年曾與日本著名的社會主義者幸德秋水等人一起活動，並在社會主義運動機關雜誌《直言》上發表過關心社會底層、同情普通百姓和反對戰爭的漫畫作品。豐子愷看到並深受吸引的，就是這一時期的夢二作品，如《春之卷》等❺。這裏需要指出的是，豐子愷讀這些作品時，自有他不同於夢二本意的理解和體悟。而夢二著意表現的具有社會主義思想的政治色彩，卻一直都未進入過他的視野。

那麼，夢二畫裏令豐子愷著迷的，究竟是些什麼東西呢？

豐子愷在夢二的畫中，讀出了詩意的人生滋味，細膩、多情、傷感：

記得有一幅，畫著一片廣漠荒涼的曠野，中有一條小徑迤邐地通到遠處。畫的主位裏描著一個中年以上的男子的背影，他穿著一身工人的衣服，肩頭上打著一個大補忊，手裏提一個包，傴僂著身體，急急忙忙地在路上向遠處走去。路的遠處有一間小小的茅屋，其下半部已沉沒在地平線底下，只有屋頂露出。屋旁有一株被野風吹得半仆了的樹，屋

❺ 詳情參見〈豐子愷與竹久夢二〉，〔日〕吉川健一著，宋雪君譯，《美術報》二〇〇三年三月二十二日。

與樹一共只費數筆。這辛苦的行人，遼闊的曠野，長長的路，高高的地平線，以及地平線上寥寥數筆的遠景，一齊力強地表現出一種寂寥冷酷的氣象。畫的下面用毛筆題著一行英文：To His Sweet Home（回可愛的家），筆致樸雅有如北魏體，成了畫面有機的一部分而融合於畫中。由這畫題可以想見那寥寥數筆的茅屋是這行人的家，家中有他的妻、子、女，也許還有父、母，在那裏等候他的歸家。他手中提著的一包，大約是用他的勞力換來的食物或用品，是他的家人所盼待的東西，是造成 sweet home（可愛的家）的一種要素。現在他正提著這種要素，懷著滿腔的希望而奔向那寥寥數筆的茅屋裏去。這種溫暖的盼待與希望，得了這寂寥冷酷的環境的襯托，即愈加顯示其溫暖，使人看了感動。

（〈繪畫與文學〉）

畫中那傴僂的身體、簡陋的茅屋、肩上的補帄，在豐子愷的眼中心上，都是貧窮和艱難的人生的象徵，都是深沈和嚴肅的人生的滋味。

豐子愷在夢二的作品中，讀出了與中國古典詩詞意境相通的文化趣味：

我看了這種畫所以不能忘懷者，是為了它們給我感動深切的原故。它們的所以能給我以深切的感動者，據我想來，是因為這種畫兼有形象的美與意義的美的原故。換言之，便是兼有繪畫的效果與文學的效果的原故，這種畫不僅描寫美的形象，又必在形象中表出一種美的意義。也可說是用形象來代替了文字而作詩。（〈繪畫與文學〉）

從學業、經歷、職業來看，豐子愷都是一個成長於「五四」新文化運動帶來的西洋藝術文化框架中的人，他的教育背景、知識構成、學業所長、文化傳承都是西方化的、新學化的。他在繪畫教學中對於「忠實之寫生」的決意倡導，對於中國傳統繪畫臨摹手法的貶斥，以及當時的一些藝術主張的表述，無不表明了他作為西方文化擁戴者和推崇者的立場。

然而到了現在，情況有了最初的轉變。他在正式進入新式學堂之前，從他父親那裏受到薰陶的、從私塾先生那裏受到灌輸的中國傳統文化的素養和積澱，開始從他的意識深處漸漸浮出水面，而要在豐子愷的文化情懷中粉墨登場了。

夢二的作品，「構圖是西洋的，其畫趣是東洋的。其形體是西洋的，其筆法是東洋的。自來綜合東西畫法，無如夢二先生之調和者。他還有一點更大的特色，是畫中詩趣的豐富。」這樣的風格，何嘗不是豐子愷所適於把握的呢？他有在浙一師時以十七小時畫一維納斯頭像之寫生功底，有深厚的中國傳統文化的修養和底蘊，有對於古典詩詞發自肺腑的喜愛和熟稔，更有對於人生根本和世界究竟的不懈追尋和細心體味。現在，所有的這一切，似乎都有了一個足以融會貫通又交相輝映的載體，豐子愷的天賦與才華，也找到了適合於它噴薄而出的途徑。

一九二一年十二月的一天，豐子愷踏上了回國的歸途。十月遊學，他並未學到養家活口的一技之長，也沒有獲取什麼專業的學歷文憑。然而，無形的收穫卻是巨大的。文學的寫作，漫畫的創作，外文的翻譯，是豐子愷一生從事的事業，而這些事業的開啟或是奠基，都可以說是肇始於青春歲月裏這一段異國漫遊的經歷。

第五章　畫中情懷

春暉與立達——子愷漫畫：開在親密友誼中的花——盎然的詩意靈感——嚼著那人生的滋味——傳統文人本色——兒童漫畫——我的心為四事所佔據了：天上的神明和星辰、人間的藝術和兒童

一

此時的豐子愷已經是兩個女兒的父親了，長女陳寶生於一九二〇年八月，次女林先（又名林仙，後名宛音）還只有兩個月大。豐子愷出國期間，她們跟著母親住在石門的奶奶家，一切生活都由奶奶照應。這頗令豐子愷感到歉疚和不安，因此回國後，他就將妻兒接到了上海，自己則重操舊業，仍舊回到上海專科師範學校任教，同時又在吳淞中國公學中學部兼課。

然而時間不長，到了這年的秋天，他就應夏丏尊之邀，赴浙江上虞春暉中學，擔任圖畫和音樂教師。

春暉中學是經亨頤在自己家鄉上虞的白馬湖邊，創辦的一所不向軍閥政府立案、不受當局牽制、獨立自主地實現教育改革思想的學校。一九二二年正式落成，秋季開始招生。經亨頤主管學校的籌建和校務，師資方面的聘請，則仰仗於夏丏尊。夏丏尊憑藉他古道熱腸的人品，在朋友圈中邀請到了許多名流賢達來春暉中學任教，如匡互生、朱自清、朱光潛、劉薰宇、王任叔（巴人）、劉延陵、張同光等。此外，在春暉中學的辦學過程中，更有眾多一流名人如何香凝、蔡元培、黃炎培、張聞天、胡愈之、郭沫若、葉聖陶、陳望道、劉大白、楊元華、俞平伯、吳覺農、蔣夢麟、于右任、吳稚暉等前來考察或演講。人文薈萃，全國罕見，春暉因此而名聞全國，時獲「北有南開，南有春暉」的美譽。

第二年的春天，豐子愷舉家而遷，在景色清幽的白馬湖畔的「小楊柳屋」裏，過起了心曠神怡的山水間的生活。一九二四年三月，長子華瞻出生在小楊柳屋中，祖母鍾雲芳歡喜異常，特地趕來照顧孫子。此外，三姐豐滿帶著女兒寧馨此時也住在小楊柳屋中。

豐滿是與豐子愷姐弟緣分最長、也最密切的一位，她一生依豐子愷而居。女兒也隨豐姓，並始終稱豐子愷夫婦為「爸爸」、「媽媽」。這其中的原委，豐一吟有詳細的記述：

豐滿是幾個姐妹中思想開通而較有學問的一人。她從小全靠父親保護而沒有纏成小腳，是全鎮上惟一不纏小腳的女子，剪短頭髮也較早。她自一九一九年接大姐豐瀛的任當石門鎮振華女校校長後，為了提高女校的教學水平，曾去杭州女子師範進修。這一年到上海，也是為了進專科師範深造。不過，其中還有另一個更重要的原因。豐滿已於一九二〇年的花朝日，憑媒妁之言奉母命與烏鎮的徐淑蕃結婚。男方在嘉興教數學，出身於封建家庭。豐滿是個開通女子，與這家庭格格不入。結婚後下一年，她便向母親提出要離婚。離婚在當時是一件新事物，不是那麼容易辦到的。後來豐子愷得知此事，便請友人茅盾、曹辛漢一同去找對方面談，試圖從中調解。但調解未成，這件事就這麼拖著。恐怕這是豐滿要來上海讀專科師範的重要原因。

豐滿於一九二二年五月六日在上海寧馨醫院生下一個女孩，就取名寧馨（後亦名寧欣）。豐滿離婚心切，在外人面前不讓知道這是自己的孩子，總是讓力民抱著。豐子愷夫婦也都喜歡這個寧馨兒，於是讓她姓舅家姓，長大後，始終稱舅舅舅母為爸爸媽媽。孩子生下後，並未改變豐滿離婚的決心。不久，豐子愷便代表豐滿，與男方相約，一同到嘉興曹辛漢家辦妥離婚手續。而豐滿母女，從此跟定了豐子愷一家。豐子愷夫婦對她們關懷備至，視寧馨如同己出，一直到寧馨大學畢業當了教師，才奉母另居杭州。但仍與那時住在上海的舅家經常往來，保持親密無間的關係。

當時春暉校園中，除了比鄰而居的經亨頤、夏丏尊、劉叔琴、朱自清等人外，還有單身在校的匡互生、朱光潛等，志同道合，趣味相投。他們在一起喝酒品茗、神聊海侃，更多的時候，則是談文論藝。豐子愷生活在朋友關愛的濃情厚誼之中，他也真誠地傳遞著他對朋友們的情誼。一九二三年，夏丏尊通過日文譯出了義大利作家亞米契斯的《愛的教育》，在上海《東方雜誌》連載，次年由開明書店出版單行本。豐子愷為之作了插圖。一九二四年十二月，朱自清的第一本散文集《蹤跡》在上海亞東圖書館出版，豐子愷為之畫了封面。一九二五年十二月，當時遠在北京的俞平伯的新詩集《憶》一書出版時，也是由豐子愷作的插圖。

可惜，好景不長。春暉原是注重情感教育、精神獨立的學校，提倡美育，發展個性，思想自由，學生自治。然而世間畢竟沒有「淨土」，政府當局豈會一味放任思想的自由。分歧逐漸產生，校中也起了風潮。一九二四年冬，匡互生、朱光潛、劉薰宇、豐子愷、夏丏尊等教師離開學校，前往上海，籌建立達學園。

到了上海之後，用豐子愷的話說，是他們幾個「漂泊者」在上海虹口老靶子路租了兩幢房子，建成了一所僅設初中部、有學生五十多人的新式學校，起名「立達中學」。豐子愷為此賣掉了白馬湖畔的「小楊柳屋」，以湊辦學經費之需。至於他自己在上海的住處，近兩年裏卻是三遷四轉的，直到一九二六年九月，遷入立達學園在永義里建的教職員宿舍後，方才得到一段較長時間的安居。

那時，他白天在上海專科師範教書，吃過晚飯，便坐上電車趕到老靶子路，與匡互生、練為章、陶載良等人籌備建校事務。所有的家當合起來，也就是兩三張板桌，幾只長凳，再加一盞火油燈。豐子愷是喜歡喝酒的，每晚一到，首先就是從口袋裏摸出兩只角子來，託校工郭志邦去打黃酒。然後一面喝酒，一面議事。等到喝完了酒，也就議完了事。此時，夜也深了，大家再吃一碗老郭燒的麵條作夜宵，便各自散了回家去。

即使如此節儉，經費還是不夠。於是一輛人力載貨車，便把全校所有的家當搬到了小西門黃家闕早先上海專科師範起家的那所房子裏。此處房租極便宜，房子當然也是極破舊簡陋的。學校主要負責人匡互生的辦公室兼臥室，就是亭子間下面的灶間，教室與過道之間，也只有一塊白布來以示區別。吃飯的時候，碗裏常常掉進樓板上的水漬與灰塵……

房子雖然破舊，學校卻辦得很好。他們不設校長，只有校務委員，又實行「教導合一制」，對學生以說服教育為主，師生關係融洽，名氣漸大。半年以後，學生增多，校舍緊張，便於秋季在上海北郊的江灣鎮建新校舍，增設了高中部與藝術專門部。取《論語》中「己欲立而立人，己欲達而達人」之意，正式定校名為「立達學園」。

立達學園西洋畫科師生合影。左二為豐子愷。

立達學園的辦學經費一直緊張，為建新校舍，他們將還在建蓋中的學校作了抵押，又另借了一半錢款，湊得三萬元。校舍建成後，為了還債，全校教師每月僅拿二十元的薪金，艱苦度日，同心協力，終於還清借貸。

豐子愷在立達學園負責西畫科，前後共三年。一九二八年，因經費緊張，無法維持而停辦。豐子愷把一批尚未畢業的學生和陶元慶、黃涵秋等幾位教師，送到杭州西湖藝專繼續學習。自己則婉拒了藝專校長林風眠的邀請，堅持在立達工作。因為沒有了教學任務，便主要從事翻譯和創作，他的許多漫畫和藝術理論譯著，都出於此時。

一九三二年一月二十八日，上海發生一二八事變，侵滬日軍遭到國民黨十九路軍的奮力抵抗。戰火之中，立達學園慘遭毀損，大家都以為此校從此必毀無疑了。豈料到了七月，校園竟已奇蹟般地恢復一新，而且學生宿舍裏原來的木板床居然還都換成了鐵床，暑期補習的學生，也已經有一百多人了。這都是因為有了匡互生這樣一位堅強不屈、為教育事業勇於獻身的仁人志士。

匡互生（一八九一—一九三三）是中國現代史上的一位名人。一九一九年一月，第一次世界大戰的戰勝國在巴黎召開「和平會議」，中國作為戰勝國參加會議，卻在會上被英、法、美要求簽訂出讓山東權利給日本的「凡爾賽和約」。消息傳回國內，激起全國一致的憤慨，由此爆發震驚中外的反帝愛國的「五四」運動。在五月四日的學生示威隊伍中，第一個跳進賣國賊曹汝霖的宅第、打開曹宅大門，又放火點燃了曹家臥室的熱血青年，就是這位匡互生。他那時是北京高師的學生，也是這次學生運動的組織者之一，當時是做好了流血的準備，懷著以身殉國的嚴肅和決絕參加運動的。

學校畢業後，匡互生一直從事教育事業和旨在改造社會的新村運動，均因不合當局之意或是經濟原因而告失敗。一九二四年任教於春暉中學，不久便離校而去，至上海創辦了「立達學園」。

一二八事變時，匡互生將師生眷屬和重要的器物都轉移到了位於南翔、相對安全的立達農場或是上海市內，自己卻與夫人一起堅守在江灣，看護校園。日軍佔領後，師生遷往無錫，他又不停地奔走於南翔、無錫兩地，為師生食宿和農場操勞。期間，他的父母雙雙去世，他兩度回湖南老家奔喪，匆匆辦了喪事，又急急地趕回上海，並深深自責不該只知有母親，不知有學校，而使南翔農場遭受重大損失！

停戰以後，他回到江灣，與豐子愷一起去察看校園。看到毀敗無餘的校園，心如刀割。他蹲在巨大的炸彈坑內，撫摩著斷壁殘垣，悲憤而無言。於是，他比戰時更忙，奔走於江灣、上海、無錫、南京等地，清理廢墟，籌劃款項，搬移物件，修理破敗，安頓師生，計劃下半年的開學，件件都是殫精竭慮的事。期間，為向富人募捐，而不幸遭遇車禍，從昏迷中醒來後，卻忍著傷痛如約趕到募捐之地。

如此地口不釋言，足不停步，飢不得食，倦不得眠，嘔心瀝血至七月，學校終於重建，而他也已病入膏肓。因為放心不下學校的種種事務，一直拖延至年末方始入院，終告不治，而於次年四月二十二日，與世長辭。同仁們感懷於他對立達披肝瀝膽的忠誠和莫大的建樹之功，將他安葬於學園的農場。

匡互生去世，豐子愷孤掌難鳴。同仁之中，對於辦學也出現分歧。豐子愷負責的西洋畫科本已停辦，他自己也早已不再授課而以翻譯創作為主，至此便更加超脫具體的校務了。

立達學園還孕育了一個著名的學術文化派團體——立達學會。豐子愷任常務會員。其他常務會員有匡互生、夏丏尊、劉薰宇、陶載良、陳之佛、袁紹先、練為章、錢夢謂。會員有劉大白、朱光潛、陳望道、胡愈之、周予同、朱自清、徐中舒、關良、裘夢痕、周建人、鄭振鐸、葉聖陶、章錫琛等四十二人。立達學會的宗旨是：修養人格、研究學術、發展教育、改造社會。成立於一九二五年三月，六月，創刊《立達季刊》第一期。一九二六年九月，開始編輯出版《一般》月刊，豐子愷擔任裝幀工作，並在刊物上發表了不少文章和漫畫。

當時的上海文化界，名流雲集，建社立團幾成風尚，各種思潮的泛濫和流派的紛呈，令人眼花撩亂。

一九二一年一月四日，中國現代文學史上第一個現實主義文學社團——文學研究會誕生於北京，先後加入的成員有一百七十多人。上海是文學研究社的重要活動地，它的不少重要成員都在上海，關係尤為密切的是，研究會的會刊，就是由沈雁冰從上海鴛鴦蝴蝶派手中接編並加革新後的《小說月報》。

一九二一年七月，由郭沫若、成仿吾、郁達夫、田漢等醞釀發起的文學社團創造社在上海成立。一九二二年五月一日，《創造》季刊問世，一九二八年一月，《批判》創刊，創造社經歷了從浪漫主義文學主張向無產階級革命文學主張轉變的歷程。

在這兩大社團之外，魯迅直接培植的兩個文學社團莽原社與未名社分別成立於一九二五年四月和八月，其目的正如魯迅所言：「中國現今文壇（？）的狀況，實在不佳，但究竟作詩及小說者尚有人。最缺少的是『文明批評』和『社會批評』，我之以《莽原》起哄，大半也就為了想由此引些新的這一種批評者來。」❶

一九二六年下半年開始，五四新文化陣營南移上海，北京各大學教授、文化名流集結上海。原在北京的著名文化社團新月社是這種南移中的一個重要陣營。新月派作為一個文化派別，與西方近現代文化傳統，特別是英美文化傳統有著直接的血緣關係。它以西方資產階級自由主義思想為旗幟，在思想、政治、學術乃至文學藝術等一切文化領域，都表現出鮮明的資產階級自由派的價值取向和品格特徵，是歐美文化思想、文化精神在中國的流佈與實踐。

一九三〇年三月二十日，中國左翼作家聯盟在上海中華藝術大學成立，標誌著中國無產階

❶ 魯迅：《兩地書十七》，《魯迅全集》十一卷，頁六三。人民文學出版社一九八一年出版。

級文學運動的正式開始。「左聯」實行集體領導，「魯迅是旗手是盟主」。

此外，尚有頗具影響力的復古主義文學社團學衡派，以留學美國的吳宓、梅光迪為主要成員；甲寅派則以精通邏輯、愛讀柳宗元峻潔古文的章士釗為主將；有善以悲劇形式表現自我的沉鐘社；專門從事詩歌創作的湖畔社；中國第一個現代戲劇社團春柳社等等。

就在這樣的文化大潮中，立達學園的同仁們以自己的踏實和努力，逐漸孕育成為中國現代文化史上一個以開明、進步、穩健、堅實為風格的學術文化派別——立達學派。這個學派既涵蓋了上海文化界的許多著名人物，又以獨特的品格獨樹一幟，為中國現代文化的發展作出了重要貢獻。豐子愷既與匡互生、夏丏尊、葉聖陶等人同為其中的中堅，又從中獲益匪淺。

二

豐子愷雖然一直從事著教書育人的工作，但就他的本性而言，卻不太適合於做教師。用他自己的話來說，是因為長期居無定所、遷徙飄浪的生活使他變得散漫了的緣故。在學校裏，一當碰到要板起臉來搭老師的架子訓人時，他就覺得無從訓起。而時常要開的種種會議，尤其叫他覺得厭倦。在春暉的校務會上，他不是悶頭吸煙想心事，就是一一領略同事們開會時的種種姿態，覺得十分有趣。對會中大家鄭重討論的問題常常茫無頭緒，所以每每在舉手表決時，張皇失措。

回到家中，會議上諸人的神態模樣還是難忘，就隨手拿過一張紙，用毛筆塗鴉起來。想來，慢聲細語的經亨頤、持重平和的夏丏尊、熱情執著的匡互生、篤實忠厚的朱自清，都會是他的畫中人。而會議開得長久了，免不了的會讓人感到倦怠，於是大家的表情舉止便都有些不太雅觀起來，畫在紙上，自有幾分的滑稽可笑了。

豐子愷自畫自樂，畫好以後，捨不得扔掉，又恐怕被學生看見了，影響不好，於是就都貼在了自家的門背後。

這樣幾次畫下來，不禁興趣大增。這樣的作畫，畫具十分簡單，只要有一支毛筆、一張講義紙或是一個香煙盒即可作畫；不論走到哪裏，站著坐著都能作畫，無需特定的畫室，也不會有經濟上的破費。畫的構圖也很簡潔，寥寥數筆勾個大形，有時只需幾分鐘的時間即可完成，只要自己覺得神情俱備又暢所欲「畫」了就行，即使連眼睛鼻子都不畫，也無人能說你不合程式或是不守規矩。更可貴的是，這樣的信手塗鴉，十分合乎他的心意和興味，很多主題和構思甚至不費思量，就像是從心上手中流瀉出來的一樣自然、隨意、順手。

於是，就這樣地一發而不可收，作品日積一日地多起來。題材擴大到了各種生活的雜事和細節，還有許多平時喜愛熟讀的古典詩詞佳句。家中的牆上、窗上、桌子上到處貼滿、擺滿了這樣的小畫。

有一天，夏丏尊喝足了老酒，到豐家來串門。他「子愷」「子愷」地叫著進了門，一眼就看到了牆上的畫。看著看著，高興得笑出了聲，連連地說：「好！再畫！再畫！」

不久，朱自清、朱光潛等人都知道了，便成了豐家的常客，常常在課餘來看他作畫和作成的畫稿。朱自清真不愧是形象思維豐富的文學家，這些小畫在他看來，都是充滿了活力的。他在後來的回憶中對讀者說：「小客廳裏，互相垂直的兩壁上，早已排滿了那小眼睛似的漫畫的稿；微風穿過它們間時，幾乎可以聽出颯颯的聲音。」

迄今為止發現的最早的豐子愷的漫畫，是一九二二年十二月十六日發表於春暉中學內部刊物《春暉》校刊第四期上的「經子淵先生的演講」、「女來賓——寧波女子師範」兩畫。在豐子愷的這些畫裏，我們很容易地就能看到竹久夢二的畫風。當年在東京時，因竹久夢二的畫集而埋在豐子愷心中的繪畫的種籽，在白馬湖清涼幽靜的綠色世界裏，發芽、生長了。

豐子愷在日本時，只購得竹久夢二的漫畫《春之卷》。回國後，他念念不忘夢二的其他作品，便託仍留日本的友人黃涵秋幫助繼續收集。黃涵秋不負所託，陸續給他收集並寄回了《夏之卷》、《秋之卷》、《冬之卷》以及《京人形》、《夢二畫手本》。

竹久夢二的漫畫不僅是豐子愷的獨愛，它也是春暉朋友間的同好。豐子愷常常將畫集拿出來，與朋友們共賞。他將畫集前面的序文翻譯給他們聽，也同時暢述著自己讀畫的體會。這樣的講解和品味，一般都能引起大家的共鳴。

除了這些描形繪神的畫作外，早期作品中更多的是詩詞題材的畫作。綿綿不斷地流瀉在豐子愷畫筆之下的古典詩意，是滋潤他的心靈永不乾涸的清泉。豐子愷作為一個藝術家的最為基本的素養、最為直接的靈感，都來自他古典詩詞的修養。

豐子愷幼年時所受的私塾教育，他在身為舉人的父親那裏獲得的耳濡目染，都使他自幼即對中國的古詩古詞喜愛而又熟稔。品讀古典詩詞，他有自己的心得，認為詩詞之中，全篇都可愛的極少，可愛的往往只是一篇中的一段，甚至一句。在他的日常生活中，就常常把這一段或是一句用毛筆抄寫在宣紙片上，貼在床頭、桌旁、窗間、牆上，隨時欣賞。他的兒女們又從這些小紙片中，再一次地耳濡目染，潛移默化地積澱起深厚的古典詩詞修養。在他晚年遭遇不測風雲的艱難歲月裏，無論是大兒華瞻，還是小兒新枚，都以詩詞相娛的方式，陪伴著他走過了最後的人生道路。

「紅了櫻桃，綠了芭蕉」

在一九二六年一月開明書店出版的《子愷漫畫》集中，收有古典詩詞題材的作品二十九幅❷。

❷ 據《豐子愷漫畫全集》第六卷。

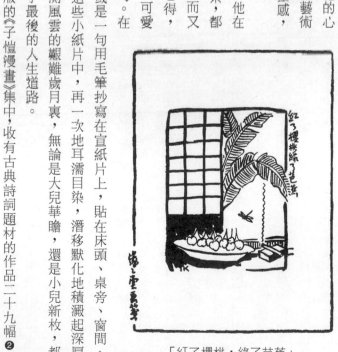

「無言獨上西樓，月如鈎」、「人散後，一鈎新月天如水」、「今夜故人來不來，教人立盡梧桐影」、「幾人相憶在江樓」、「野渡無人舟自橫」、「紅了櫻桃，綠了芭蕉」、「曲終人不見，江上數峰青」等等。吟詠著這一句句令他心醉的妙詞佳句，豐子愷用心捕捉著其中的形象，力圖用畫筆表現之：

有時眼前會現出一個幻象來，若隱若現，如有如無。立刻提起筆來寫，只寫得一個概略，那幻象已經消失。我看看紙上，只有寥寥數筆的輪廓，眉目都不全，但是頗能代表那個幻象，不要求加詳了。有一次我偶然再提起筆加詳描寫，結果變成和那幻象全異的一種現象，竟糟蹋了那張畫。恍憶古人之言：「意到筆不到」，真非欺人之談。作畫意在筆先。只要意到，筆不妨不到；非但筆不妨不到，有時筆到了反而累贅。（〈我的漫畫〉）

因此，當豐子愷畫出了最早的一批以描寫古詩詞句為題材的漫畫後，立即在朋友中引起一片讚賞之聲。

俞平伯說：「你是學西洋畫的，然而畫格旁通於詩。所謂『漫畫』，在中國實是一創格；既有中國畫風的蕭疏淡遠，又不失西洋畫法的活潑酣恣。雖是一時興到之筆，而其妙正在隨意揮灑。譬如青天行白雲，卷舒自如，不求工巧，而工巧殆無以過之。看它只是疏朗朗的幾筆似乎

很粗率，然物類的神態悉落彀中。」（俞平伯：《子愷漫畫．跋》）

朱自清說：「我在南方和北方與幾個朋友空口白嚼的時候，有時也嚼到你的漫畫。我們都愛你的漫畫有詩意；一幅幅的漫畫，就如一首首的小詩——帶核兒的小詩。你將詩的世界東一鱗西一爪地揭露出來，我們這就像吃橄欖似的，老咂著那味兒。」（朱自清：《子愷漫畫．代序》）

朱光潛說：「他的畫裏有詩意，有諧趣，有悲天憫人的意味；它有時使你悠然物外，有時候使你置身市塵，也有時使你啼笑皆非，肅然起敬。」（朱光潛：〈豐子愷的人品與畫品〉）

在這些畫作中，第一幅正式公開發表的作品是「人散後，一鉤新月天如水」，此畫可稱是豐子愷詩詞類漫畫作品的代表作。當時上海《文學周報》的主編鄭振鐸看了此畫後，十分讚歎，欣然寫下了他的感受：

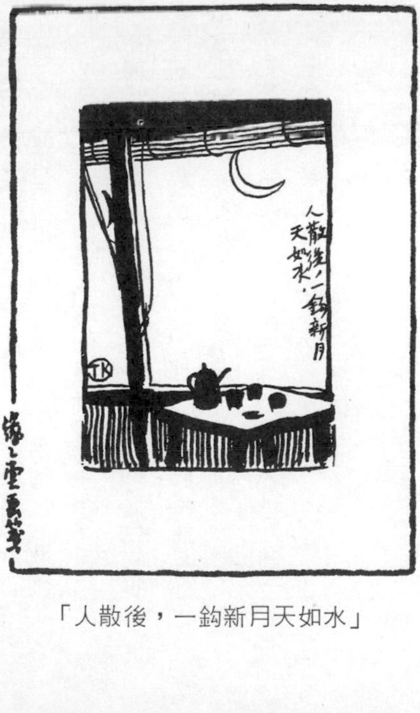

「人散後，一鉤新月天如水」

他的一幅漫畫「人散後，一鈎新月天如水」，立刻引起我的注意。雖然是疏朗的幾筆墨痕，畫著一道捲上的蘆簾，一個放在廊邊的小桌，桌上是一把壺，幾個杯，天上是一鈎新月，我的情思卻被他帶到一個詩的仙境，我的心上感到一種說不出的美感，這時所得的印象，較之我讀那首〈千秋歲〉（謝無逸作，詠夏景）為尤深。實在的，子愷不惟複寫那首古詞的情調而已，直已把它化成一幅更足迷人的仙境圖了。（鄭振鐸：《子愷漫畫・序》）

這些與豐子愷一樣在五四新文化運動中成長起來的，為西方文化、西方思想在中國的傳播而努力開拓、奔走、吶喊的朋友們，其實在骨子裏，都有著與豐子愷一樣的，對中國古典詩詞、乃至傳統文化的情不自禁的喜愛和深切的體味。畢竟，他們的童年都是在傳統的家學和私塾中，吟誦著儒家經籍、古典詩詞而度過的。童年啟蒙時的文化背景和浸濡，在一個人的文化素養、趣味和品格的形成中，打下的往往是一道終身都難抹去的底色。朱光潛說：「子愷本來習過西畫，在中國他最早作木刻，這兩點對於他的作風都有顯著的影響。但是這只是浮面的形相，他的基本精神還是中國的，或者說東方的。」（〈豐子愷的人品與畫品〉）這，又何嘗不是他們全體的寫照呢？

三

轉眼間，豐家已經是名副其實的兒女成群了。一九二七年七月，又一個男孩出生，取名元超（後改為元草）；一九二九年農曆三月，小女一寧出生（後改名一吟）。

做豐子愷的子女，是一種幸福，他不僅是慈父，更是涵養深厚的藝術家。他在點點滴滴的日常生活中撫育著兒女們的成長，給他們以藝術的薰陶；也在點點滴滴的日常生活中記錄著兒女的顰笑言行，給我們以藝術的欣賞。

豐家孩子從取名開始，就有故事可讀。豐子愷把這個故事講得幽默生動：

阿大是半夜裏出世的，很肥胖，哭聲甚大，但是女。她的外婆和娘舅都預先來我家等她出世，雖然只等著一個外甥女，但頭生，不論男女總是大家歡喜的。次日娘舅回城，我就託他代請外公給阿大取一個名字。過幾天收到外公的回信，信內附一張紅紙，紅紙上面橫寫著「長命富貴」四個小字，下面直寫著「豐陳寶」三個大字。信內說，知道她是夜裏出世的，哭聲甚大，故引用古典，給她取名「陳寶」。

我不知道古典，檢查《辭源》，果然找到了「陳寶」一項，下面寫著：「神名，秦文公獲若石于陳倉北阪城。祠之。其神來。常於夜。……其聲殷殷。以一牢祠之名曰陳寶。見《史記》。」

我一向不懂取名的方法，《康熙字典》裏有數萬個字，無頭無腦，教從何處取起？我歎佩外公的博聞，這真可謂巧立名目。可惜我們的陳寶現在雖已十四歲而在小學畢業了，但只是一個尋常的少女，並不像神，將來不致變為神女。這也可謂名不副實了。

阿二出世時我在東京，沒有看她墮地。家人寫信告訴我說，這回又是女，她的祖母和外婆略微有些失望。外公已給她取名叫做「麟先」。這回不必翻《辭源》，我也知道外公的用心了：「麟之趾，振振公子」，麟是男兒，先是先行，麟先就是男兒的先行。外公的意思，這女兒是將來的男兒的先鋒。換言之，我們的阿二非為自己做人而投生，只是為男的阿三報信而來的。總言之，將來的阿三定要他是男。

但麟先也是名不副實的，她不能盡先鋒之職，終於引出了一個女的阿三來。這回失望的不但祖母和外婆，外公一定更甚。但祖母用心尤深：阿三臨盆的一天，她袋裏預先藏著一只洋釘和兩粒黃豆。聽見阿三的呱呱聲之後，沒有穩婆的「恭喜」聲，便把洋釘和兩粒黃豆投在胞瓶裏，這叫做「演樣」。這樣一來，將來的阿四身上一定帶了一只洋釘和兩粒黃豆的東西而出世。故失望之餘，大家還是放心。不過對於這濫竽的阿三大家很冷淡，沒有人提出給她取名字的話。外公也不寄紅紙來。起初大家叫她「小毛頭」或阿三，後來乳母在眠歌裏偶然唱了一聲「三寶寶」，從此大家就自然地叫她三寶。三是她的排行，寶是女孩子的通稱（嘉興人稱女兒為寶寶），這名字確是很自然的。但沒有外公寫在紅紙上，終非名正言順。這無名的三寶終在四歲上辭職而去。不稱職的麟先似乎怕被革職，她入學之後自己把名字改寫為「林仙」了。

阿四出世在我所旅食的他鄉，祖母投在胞瓶裏的一只洋釘和兩粒黃豆，果然移在他身上了。祖母在故鄉得信後，連忙做壽桃分送諸親百眷。外公信裏附一張紅紙來，紅紙上頭橫寫著「長命富貴」，下面直寫著「豐華贍」。並在信裏說：「贍是豐足的意思。」外公的深長用心真使我感動。那時我從東京回來，負了一身債，家累又日重一日，生活窘迫得很。故外公的意思，明白地說，是「有了兒子以後，還要有錢」。我家雖然此後增出了一個乳母的開銷，但有兒子名「贍」，似乎也就膽大了。

阿五又是男，塊頭大得很，外公給他取名奇偉，但他負了這大名，到五歲上就死去。阿六又是男的，外公給他取名元草。這裏的用意我可不知，也沒有問外公。將來我到地下，倘遇見我的岳父一定要補問。生到阿六，我家子女稍稍嫌多了，但錢卻還是不多。這恐怕是阿四的「贍」字常常被人誤寫為「瞻」字的緣故❶。不然，阿四也是名不副實的。

最後的阿七在肚裏的時候就被惹厭，問起的人都說「又要生了？」生的時候也沒有人盼望他是男，她就做了女。外公給她取名一寧。又在信上告訴我們說，一寧是「得一以寧」之意。明白地說，就是「生了這一個不可再生，免得煩惱」。一寧總算聽外公的話的，今年五歲了，沒有弟妹。（〈取名〉）

❶ 後即改「贍」為「瞻」，名「豐華瞻」。本書中皆作「華瞻」。

再加上豐滿的女兒軟軟，大大小小的一群孩子湊在一起，屋裏的熱鬧簡直就是沸反盈天了。小孩兒們永無寧日、不可理喻的哭喊吵鬧，在為了生存、為了事業忙得焦頭爛額、精疲力盡的年輕父母那裏，大都不會被美化成什麼美妙動聽的音樂。曾為豐子愷同事的朱自清，面對家中的小兒女們，真正是感覺到了「要剝層皮」的悚然了：

每天午飯和晚飯，就如兩次潮水一般。先是孩子們你來他去地在廚房與飯間裏查看，一面催我或妻發「開飯」的命令。急促繁碎的腳步，夾著笑和嚷，一陣陣襲來，直到命令發出為止。他們一個遞一個地跑著喊著，將命令傳給廚房裏的傭人；便立刻搶著回來搬凳子。於是這個說，「我坐這兒！」那個說，「大哥不讓我！」大哥卻說，「小妹打我！」我給他們調解，說好話。但是他們有時候很固執，我有時候也不耐煩，這便用著叱責了；叱責還不行，不由自主地，我的沉重的手掌便到他們身上了。於是哭的哭，坐的坐，局面才算定了。接著可又你要大碗，他要小碗，你說紅筷子好，他說黑筷子好；這個要乾飯，那個要稀飯。要茶要湯，要魚要肉，要豆腐，要蘿蔔；你說他菜多，他說你菜好。妻是照例安慰著他們，但這顯然是太迂緩了。我是個暴躁的人，怎麼等得及？不用說，用老法子將他們立刻征服了；雖然有哭的，不久也就抹著淚捧起碗了……

吃飯而外，他們的大事便是遊戲。遊戲時，大的有大主意，小的有小主意，各自堅持不下，於是爭執起來；或者大的欺負了小的，或者小的竟欺負了大的，被欺負的哭著嚷著，到我或妻的面前訴苦；我大抵仍舊要用老法子來判斷的，但不理的時候也有。最為難的，是爭奪玩具的時候：這一個的與那一個是同樣的東西，卻偏要那一個的；而那一個便偏不答應。在這種情形之下，不論如何，終於是非哭了不可的。這些事件自然不至於天天全有，但大致總有好些起。我若坐在家裏看書或寫什麼東西，管保一點鐘裏要分幾回心，或站起來一兩次的，若是雨天或禮拜日，孩子們在家的多，那麼，攤開書竟看不下一行，提起筆也寫不出一個字的事，也有過的。我常和妻說：「我們家真是成日的千軍萬馬呀！」

（朱自清：〈兒女〉）

這樣的千軍萬馬，在豐子愷的家裏，也是日日地在行進著的。女孩子的吵嘴，男孩子的動手，直攪得家中不得安寧。

這不，豐子愷剛剛坐下，樓下就響起了一片暴動的聲音，緊接著就是孩子他娘的高聲喊叫：「兩隻雄雞又在鬥了，爸爸快來勸解！」

豐子愷連手上的報紙都來不及放下，就衝下樓來。原來是一場兩個男孩間的戰爭：弟弟元草要搶哥哥華瞻的木片頭，華瞻不給，於是便拳打腳踢地發生了武力衝突，同時伴隨著嚎啕的哭訴。

豐子愷趕忙插進兩孩之間，用雙臂分別抱住了他們，連聲說：

「不許打！為的啥事體？大家講！」

元草卻並未停止進攻，一邊使勁掙脫，一邊帶哭帶叫地聲明著他打人的理由：

「他不肯給我木片頭！他不肯給我木片頭！」

華瞻畢竟大些，伏在爸爸的臂彎裏表示聽從調解，卻也忍不住為自己辯護：

「這些木片頭原是我的！他要奪，我不給，他就打我。」

元草似乎也聽出自己確實有些不對，於是改變了申述的角度：「他踢我！」

華瞻自是不讓步：「你先打！」

這時，一直在旁冷眼觀戰的寶姐姐發話了：「輕記還重記，先打沒道理。」

這樣的批評對元草來說，無異於火上澆油了。

偏偏背後又另有一人發表了更為深刻的道德評判：「君子開口，小人動手！」

豐子愷還來不及說話，氣憤之極的元草已經猛然掙脫了他的手臂，撞向華瞻。

幸好徐力民眼急手快，及時擒住元草，摟在懷裏，同時甜言蜜語地將他籠絡。豐子愷也就勢抱住了華瞻，好言勸慰。

恰在此時，門外親切地響起了「五香豆腐乾」的叫賣聲，於是一切的戰火就此煙消雲散，交戰雙方以及旁觀者們的主張都因豆腐乾而得一致。當豐子愷拿著報紙重新上樓的時候，已經聽到了他們復交後的笑談了。

同樣是孩子們的吵鬧，朱、豐兩家的氛圍和兩位父親的心境行為，卻是如此的不同。

豐子愷是個寵愛兒女的慈父，在朋友圈中，他是出了名的關心兒女，他自己對此也十分認可。在生活中，他十分真情地從孩子們的角度對世事作出觀察和思考，真切地體諒孩子們的心情，為他們作出種種的安排。然而豐子愷的愛兒女，絕非只是單純的慈父之愛。在他的眼裏，小兒女們一切言談舉止中顯露的童心與童趣，即是自然人性最為原始真實的本質，是那麼的可愛、可佩，那麼的令他欣賞、讚歎：

瞻瞻！你尤其可佩服。你是身心全部公開的真人。你什麼事體都像拼命地用全副精力去對付。小小的失意，像花生米翻落地了，自己嚼了舌頭了，小貓不肯吃糕了，你都要哭得嘴唇翻白，昏去一兩分鐘。外婆普陀去燒香買回來給你的泥人，你何等鞠躬盡瘁地抱他，喂他；有一天你自己失手把他打破了，你的號哭的悲哀，比大人們的破產、失戀、broken heart（心碎）、喪考妣、全軍覆沒的悲哀都要真切。兩把芭蕉扇做的腳踏車，麻雀牌堆成的火車、汽車，你何等認真地看待，挺直了嗓子叫「汪——」「咕咕咕……」，來代替汽笛。寶姐姐講故事給你聽，說到「月亮姐姐掛下一只籃來，寶姐姐坐在籃裏吊了上去，瞻瞻在下面看」的時候，你何等激昂地同她爭，說「瞻瞻要上去，寶姐姐在下面看！」甚至哭到漫姑❷面前去求審判。我每次剃了頭，你真心地疑我變了和尚，好幾時不要我抱。最是今年夏天，你坐在我膝上發見了我腋下的長毛，當作黃鼠狼的時候，你何等傷心，你立刻從我身上爬下去，起初眼瞪瞪地對我端相，繼而大失所望地號哭，看看、哭哭，如同對被判定了死罪的親友一樣。你要我抱你到車站裏去，多多益善地要買香蕉，滿滿地擒了兩手回來，回到門口時你已經熟睡在我的肩上，手裏的香蕉不知落在哪裏去了。這是何等可佩服的真率、自然與熱情！大人間的所謂「沉默」、「含蓄」、「深刻」的美德，比起你來，全是不自然的、病的、偽的！

你們每天做火車、做汽車、辦酒、請菩薩、堆六面畫、唱歌，全是自動的，創造創作的生活。大人們的呼號「歸自然！」「生活的藝術化！」「勞動的藝術化！」在你們面前真是出醜得很了！依樣畫幾筆畫，寫幾篇文的人稱為藝術家、創作家，對你們更要愧死！

……

阿寶！有一晚你拿軟軟的新鞋子，和自己腳上脫下來的鞋子，給凳子的腳穿了，剗襪立在地上，得意地叫「阿寶兩隻腳，凳子四隻腳」的時候，你母親喊道：「齷齪了襪子！」立刻擒你到藤榻上，動手毀壞你的創作。當你蹲在榻上注視你母親動手毀壞的時候，你的小心裏一定感到「母親這種人，何等殺風景而野蠻」吧！（〈給我的孩子們〉）

---

❷此即指豐滿。

這樣純真的人性，這樣真實的人生，又怎麼會叫他覺得厭煩和惱怒呢？因此，即使家裏沒有一張完好的凳子，所有的碗都缺了口，稿紙被放進了水裏，衣袖帶翻了墨水瓶，衣角落進了火缽而燃燒，床裏堆起了泥土要種花，豐子愷身處其中，心境與朱自清卻是截然地不同。他將之稱為「瞻瞻天下」，奉瞻瞻、阿寶和軟軟為主宰這天下的「羅馬三頭政治」，自己則甘願做他們的臣僕，融入他們的「政治舞臺」，有時，還熱心地參與一把。從中，他自覺獲得無限的幸福：「喪失了美麗的童年時代，送盡了蓬勃的青年時代，而初入黯淡的中年時代的我，在這群真率的兒童生活中夢見了自己過去的幸福，覓得了自己已失的童心。我企慕他們的生活天真，豔羨他們的世界廣大。覺得孩子們都有大丈夫氣，大人比起他們來，個個都虛偽卑怯……」

「阿寶兩隻腳，凳子四隻腳」

當然，因為怕影響工作而疏遠孩子的時候，也是有的。

有一次，為了靜下心來做點事，豐子愷把他的這一群被他稱作「小燕子似的」兒女，送回到了鄉間的奶奶家。然而，獨自回到上海寓所的他，心中的關心與懸念便是一刻也不得消停了。

他將寓中剩留著的孩子們的四雙小鞋，整整齊齊地擺放在自己的床下，每每看到的時候，就會感到一種無名的愉快。同時，隨著時間的推移，他對自己離開兒女獨處的行為，越來越感覺到莫名其妙了：「這舉動究竟出於什麼旨意，本於什麼計畫，現在回想起來，連自己也不相信，其實旨意與計畫，都是虛空的，自騙自擾的，實際於人生有什麼利益呢？只贏得世故塵勞，作弄幾番歡愁的感情，增加心頭的創痕罷了！」

於是，就決定回鄉去。回到石門，孩子們看見他，高興極了，他們將他團團圍住，嘰嘰喳喳地爭相訴說著別離後的種種瑣事細故，豐子愷端坐其中，心中直感到一種虧待了兒女的抱歉的傷感。

早年間，祖母豐八娘娘喜歡看戲，看了不過癮，還請人在家裏教兒子女兒學唱。直教秀才沈四相公看不懂，說她是「豐八老太婆發了瘋」。豐八娘娘又哪裏理過他，只管我行我素。到了豐鐄這裏，三女兒豐滿不肯纏小腳，他便一味地護著她，與鍾雲芳捉迷藏，白天包了，晚上就解了。鍾雲芳擔心這大腳姑娘嫁不出去，豐鐄回她說：「嫁不出去就在家養著！」

可見豐家的寵愛孩子，也是有淵源的了。

因此，當豐子愷在一九二八年檢視自己的生活和心緒時，情不自禁地歎道：

近來我的心為四事所佔據了：天上的神明與星辰，人間的藝術與兒童，這小燕子似的一群兒女，是在人世間與我因緣最深的兒童，他們在我心中佔有與神明、星辰、藝術同等的地位。

無怪乎朱自清對比之下，要深刻地檢討自己「按照古老的傳統，在野蠻地對付著」孩子們的殘酷了。

豐子愷為他這群小燕子似的兒女，為他們天真無邪的童年，畫下了大量的漫畫，成為他漫畫作品中最有生活情趣、最為膾炙人口的名作：「花生米不滿足」中，皺眉噘嘴的瞻瞻那爭多嫌少的神氣，令朱自清想起了自己「憊懶的兒時」；「阿寶赤膊」則讓葉聖陶看出了「小女孩不必要的嬌羞」；「爸爸還不來」，那是徐力民、阿寶和瞻瞻三人倚門而望的期盼；「辦公室」裏，阿寶和軟軟在雙人藤沙發的「辦公桌」上煞有介事地伏案工作；「爸爸不在的時候」，機會難得，瞻瞻趕快爬上大書桌，也過一

「花生米不滿足」

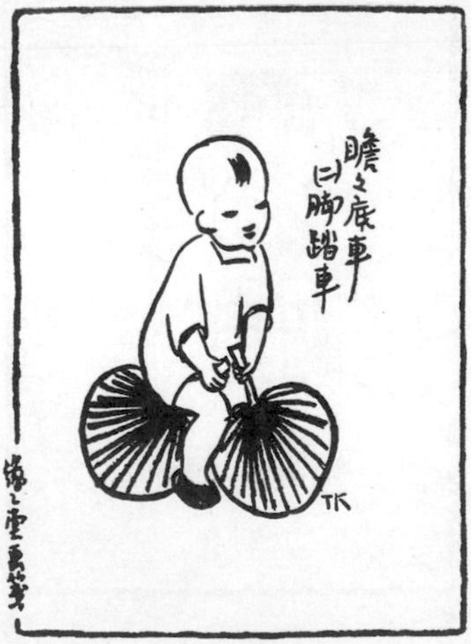

「瞻瞻的車(二)腳踏車」

過舞文弄墨的癮。瞻瞻真是多才多藝：搭積木，那是「建築的起源」；兩把芭蕉扇便做成了他的交通工具腳踏車，一輛小童車更是他「養家活口」的黃包車。寶姐姐更是身手不凡，首先發現了「阿寶兩隻腳，凳子四隻腳」。有一天，家中辦起了喜事，「軟軟新娘子，瞻瞻新官人，寶姐姐做媒人」，軟軟的臉上蒙著大毛巾，戴著圍兜的瞻瞻頭戴爸爸的大禮帽，穿著花長衫的寶姐姐左擁右牽「拉郎配」，角色齊全，儼然一場中西合璧的正式婚禮，我們甚至都可以在畫面之外，看到那個忍俊不禁的觀禮者，他當然就是父親豐子愷了！

這些家庭生活場景和兒童瞬間情趣的把握與表現，傾注了豐子愷大量的心血和感情，以至於二十年後回頭來看，「一腔熱血，還能沸騰起來，忘記了老之將至。……彷彿覺得年光倒流，返老還童，從前的憧憬，依然活躍在我的心中

「阿寶赤膊」

「軟軟新娘子，瞻瞻新官人，寶姊姊做媒人」

了。」（〈我的漫畫〉）

四

還是在豐子愷初到上海的時候，早已記下「豐子愷」這個名字的《文學周報》主編鄭振鐸，便經常託胡愈之去約豐子愷的畫稿，發表在《文學周報》上。後來，他又決定要以《文學周報》的力量，出一本豐子愷的漫畫集。

那是一九二五年秋天的一個星期日，鄭振鐸邀著胡愈之、葉聖陶，一起到了江灣立達學園豐子愷的住處去看畫。畫都還沒有裱，豐子愷把它們一幅幅地掛在客堂的三面牆上、立在玻璃窗格上。牆上、窗上放滿了，桌子上還有好些畫。大家一邊看著這些畫，一邊說著各自的看法，有時齊聲說好，有時也發生一些爭辯。當時立達學園裏有不少教師和學生都住在這裏。看見豐子愷家裏辦起了「個人畫展」，便都跑進來看，你說我笑，品評欣賞，一時充滿了親切、喜悅和熱鬧的氣氛。鄭振鐸更是興奮異常，看了這幅看那幅，說：

「我不曾見過比這更有趣的一個展覽會。」

最後，他只覺得目眩五色，樣樣都是好的。選了半天，還是沒有結果。便對豐子愷說：

「子愷，我沒有選擇的能力，你自己選給我罷。」

豐子愷說：「可以，有不好的，你再揀出罷。」

終於，鄭振鐸十分滿足地夾著一大捆畫回去了，坐上火車時，心裏感到有一種新鮮的、如同佔領了一塊新地般的愉悅。

到家之後，鄭振鐸把這些畫又細細地看了幾次。為慎重起見，他又請了葉聖陶、沈雁冰同看，最後除去他們認為不太好的三幅，其餘的便結成《子愷漫畫》，於一九二五年十一月由文學周報社出版。次年一月，由上海開明書店印行。這就是豐子愷的第一本漫畫集。夏丏尊、朱自清、鄭振鐸分別為之作序，俞平伯作跋。一九二七年二月，開明書店又出版了他的第二本畫集《子愷畫集》，朱自清再次為之作了跋文。

至此，豐子愷漫畫走出了朋友的圈子，走出了文化界，成功地走向社會、走向大眾，成為一個知名的漫畫藝術家。

豐子愷的畫以「漫畫」為名，緣於鄭振鐸。當時他把豐子愷的畫拿去發表在《文學周報》上時，用「漫畫」給它們冠了一個總的題頭。後來就有一種說法，認為中國的漫畫始於豐子愷。對此，豐子愷自己早有明確的糾正：

> 國人皆以為漫畫在中國由吾倡始。實則陳師曾在《太平洋報》所載毛筆略畫，題意瀟灑，用筆簡勁，實為中國漫畫之始，第當時無其名，至吾畫發表於《文學周報》，始有「漫畫」之名也。憶陳作有「落日放船好」，「獨樹老夫家」等，皆佳妙。（《教師日記》一九三九

年六月九日）

雖然名為「漫畫」，但豐子愷的這種漫畫，與當時的漫畫相比較，從作品的視角、題材、風格、情趣乃至價值取向，都有他自己獨特的選擇和面貌。

近代上海在政治、經濟、文化上的特殊地位，尤其是報刊的空前發達，為漫畫創作提供了豐富的土壤，從而成為中國漫畫創作的重要舞臺。早在二十世紀初年，張聿光等人就已經在畫報上發表批評當局的政治漫畫。至一九一八年，沈泊塵在上海創辦《上海潑克》，「潑克」即英文「詼諧善謔」的譯音，是為我國第一份漫畫刊物。編者的用意，一是旨在建設統一政府，二是向世界宣傳中國精神，為國爭光。此後，漫畫家和漫畫作品日益增多，到一九二六年十二月，丁悚、張光宇、張正宇、魯少飛、葉淺予、季小波等漫畫家組織了一個「漫畫會」，他們出版的會刊《上海漫畫》，不僅發表具有全國影響的政治漫畫，而且也有深受市民歡迎、具有上海市民相社會相的風俗漫畫。同時還與宋慶齡、蔡元培、何香凝、胡適等名人聯繫密切，每期一幅地發表他們的肖像漫畫。三十年代是漫畫發展極其繁榮的時期，上海的漫畫刊物多達十七種，有《漫畫生活》、《時代漫畫》、《中國漫畫》、《上海漫畫》等。在「九一八」事變、「一二九」學生運動之後愛國熱情高漲的幾年裏，篇幅短小、犀利尖銳的漫畫與雜文一樣深受歡迎，被人們稱為「雜文和漫畫的時代」。張光宇、葉淺予、張樂平、黃文農、魯少飛、廖冰兄、華君武、蔡若虹等都是此一時期的著名漫畫家，他們的作品緊跟時代，貼近生活，目光敏銳，關注社會，宣傳反帝愛國，揭露當局的黑暗、腐敗與無能，反映社會下層生活的悲慘，創作出了「改造博士」、「望求老丈把冤伸」、「王先生」、「小陳留京外史」、「三毛」等社會影響強烈的名作。

在這樣的時代背景和漫畫創作氛圍裏，豐子愷以古典詩詞和天真爛漫的兒童生活為題材的漫畫創作，其獨特的面貌就是顯而易見的了。深切的傳統文化情結，濃郁的傳統文人情趣，直指人性深處的本質求索，在平淡瑣碎的生活中發現真善美的藝術功力，都是屬於豐子愷自有的個性和修養的結晶。

豐子愷漫畫的獨特面貌，其實還與「漫畫」這個名詞的含義難以徹底辨清有關。到底什麼是漫畫？豐子愷的畫究竟是不是嚴格意義上的漫畫？或者還是其他什麼形式的畫？對這些問題，就連豐子愷自己，也是弄不清楚的。有一次，林語堂約他這個著名的漫畫家寫一篇文章，是命題作文，題目就叫做〈談漫畫〉。豈料他在文章裏卻是這麼說的：

我對於「漫畫」這個名詞的定義，實在沒有弄清楚：說它是諷刺的畫，不僅然；說它是速寫畫，又不盡然；說它是黑和白的畫，有色彩的也未始不可稱為「漫畫」；說它是小幅的畫，小幅的不一定都是「漫畫」。……原來我的畫稱為漫畫，不是我自己作主的，十年前我初描這種畫的時候，《文學周報》編輯部的朋友們說要拿我的「漫畫」去在該報發

表，從此我才知我的畫可以稱為「漫畫」，畫集出版時我就遵用這名稱，定名為「子愷漫畫」。（〈談自己的畫〉）

精神生活中細膩敏感的豐子愷，在現實生活中卻是個隨意和率性而為的人，一向不喜歡糾纏於刻板的名目、煩瑣的細節，崇尚的是自然、率性的作為。就連自己的名字，本來只是一個「豐仁」，後來單先生為其取號作「子愷」，再後來大家叫慣了，反而取代了「豐仁」而以號行，他也就遵用至今，從不費心去「正名」。文體、格式、體例等等，就更不是他會操心辨析的了。當時將畫定為「漫畫」，就是隨意而為的，並不是十分深思熟慮的有意為之。抗戰時豐子愷在浙江大學任教，有學生來請教「小品文」的體制，他就頗不以為然：

> 吾以前雖常寫小品文，然初不自知此體為「小品文」，與吾之作畫而不自知其為「漫畫」相同。（十餘年前吾初作畫，揭於壁。鄭振鐸兄見而持去製版，刊之於《文學周報》，人稱之曰「漫畫」，吾則人云亦云耳。）故對於文體，看得很輕。凡出於自然者，雖前無其例，亦又自成一體也。（《教師日記》一九三九年四月二十二日）

說到底，「究竟我的畫為什麼稱為『漫畫』？可否稱為『漫畫』？自己一向不曾確知。」（〈談

自己的畫〉〉「所以我不能承認自己是中國漫畫的創始者，我只承認漫畫二字是在我的畫上開始用起的。」（〈我的漫畫〉）

當然，豐子愷的畫中，也有不少正面描寫成人社會現狀的作品，他畢竟不是不食人間煙火的超塵脫俗者，現實社會中的種種情狀，同樣歷歷在目。

在高樓林立的縫隙裏，一只風箏飛起來，於是知道「春來了」；住在樓房上的人們，從窗口放下一只籃子來，向沿街吆喝的小販「買粽子」；街頭，叼著香煙、托著鳥籠的「蘇州人」在閒逛；四、五個人連推帶拉著動彈不得的「病車」，在馬路上狼狽而行；「電車站」旁，候車的乘客瀏覽著站牌或是「尋人啟事」；石庫門間狹長悠長的巷弄裏，有「賣花女」伴著清脆的吆喝和淡淡的花香走過……寥寥數筆的幾幅小畫，便將都市生活的場景清晰準確地傳達給了讀者。也有許多表現鄉村生活的畫幅：「話桑麻」、「雲霓」、「柳蔭」、「挑薺菜」等等，向讀者展示著生活的幸福和美好。

「春來了」

真實的社會生活哪裏會是這麼單純的呢？在那個血雨腥風、板蕩不定的年代，豐子愷的視線會不會太狹窄，他的表現力是不是太膚淺了呢？豐子愷說：「這些畫中的情景，多少美觀！

這些人的生活，多少幸福！這幾乎同兒童生活一樣的美麗。我明知道這是成人社會的光明的一面。還有殘酷、悲慘、醜惡的黑暗的一面，我的筆不忍描寫，一時竟把它們抹殺了。」

可見他是有意為之的。

「話桑麻」

「賣花女」

第六章 慧悟

時局：血雨腥風——天問——命運的追索——心境的悽惶與疑惑——佛門——智者的啟迪——清涼

一

一九二五至一九三〇年，在中國現代史上，是一段動蕩的歲月。軍閥連年混戰、國外列強插手干預的大規模軍事衝突，都日趨尖銳。上海相繼發生了五卅慘案、上海工人武裝運動、四一二反革命政變等等震驚中外的事件，成為各種政治勢力、軍事力量爭鬥不已的重地，一座潑灑著人類爭鬥的腥風血雨的舞臺。

這樣一個黑暗無序的時代，這樣一種殘酷、血腥的現實，置身其間，即使是平和的學者、灑脫的文人、遺世獨立的藝術家，都不會置若罔聞，無動於衷。他們各自以不同的方式表達著共同的對於人間民生、人道、和平、正義和權利的呼籲。

面對五卅淋漓的鮮血，葉聖陶悲憤地奔走在五月三十一日的急雨中，趕往慘案現場。

急雨如惡魔的亂箭，立刻打濕了他的長衫，但他全然不顧，只有滿腔的憤怒，只在迅疾地走！路上的人少極了，只有汽車挾帶泥水衝馳而過。他一口氣趕到「老閘捕房」門前，想參拜夥伴的血跡，用舌頭舔淨所有的血跡，嚥入肚裏。但是，沒有了，一點兒沒有了！已經給仇人的水龍頭沖得光光，已經給爛了心腸的人們踩得光光，更給惡魔的亂箭似的急雨洗得光光！他想，這不要緊；血曾經淌在這塊地方，總有滲入這塊土地裏的吧。那就行了。這塊土地是血的土，血是我們夥伴的血，還不夠是一課嚴重的功課麼？血灌溉著，血滋潤著，將會看到血的花朵開在這裏，血的果結在這裏。他全神凝視著滲血的土地，眼前幻化出巡捕泛著綠光的眼神和獰笑的無量數的槍口。雨越急，風越大，而路上的人卻漸增漸多，是學生們的青布大褂在雨中，是短髮的女生的各色布衫在雨中，任狂風亂捲狂雨亂潑，清秀的面色隱退了，換成了北地壯士的蒼勁。一張張年輕的臉，那麼嚴肅，有如昆侖之聳峙；那麼鬱怒，有如雷電之將作！眼裏將冒出焚燒一切的火焰，抿緊的嘴唇裏藏著咬得死敵人的牙齒……。於是他們開口了，走進布莊，講演；走進商店，講演；走上街頭，講演：一聲聲「同胞」「反抗」，呼喚著沉積在細胞深處的基因，架起了聯合抗爭的心靈橋梁，於是店夥為之動容，勞工喊出了「齊心」的心聲。一張張超然的、玩世的、惶恐的嘴臉，在這壯舉和正氣面前，淡了，遠了，隨著他的詛咒消亡了。

他邁步走去，依然是滿街惡魔的亂箭似的急雨！

這就是寫於慘案次日的散文名篇〈五月三十一日急雨中〉❶。

朱自清自始至終都是一九二六年「三一八」慘案的親歷者。

三月一八日，北京二百多個社會團體、十多萬群眾在天安門舉行反對八國最後通牒示威大會……大會通過決議後開始了示威遊行。隊伍來到執政府門前空場上，這時府門前兩邊站著二百餘個衛隊，都背著槍。不一會，隊勢忽然散動了，清華學校的領隊高呼：「清華的同學不要走，沒有事！」朱自清發現大家紛紛在逃避，趕忙向前跑了幾步，向一堆人旁邊倒下，這時他聽到了劈劈拍拍的槍聲。過了一會，覺得有鮮血流到他的手臂上和馬褂上，心裏明白屠殺已在進行了。只聽見警笛一鳴，便是一排槍聲，接連放了好幾排。槍聲稍歇，朱自清茫茫然然跟著眾人奔逃出去，這時他身旁的兩個同伴又中彈倒下，便不由自主地跟隨著一些人向北躲入馬廄裏，偃臥在東牆角的馬糞堆上。不到兩分鐘，他忽然看見對面馬廄裏有一個兵手拿著槍，正裝好子彈，似乎要向他們放，於是大家便立

❶ 劉增人：《葉聖陶傳》，頁七一。江蘇文藝出版社一九九五年六月出版。

即起來，彎著腰逃出去，走出馬路到了東門口。槍聲仍在劈劈啪啪的響，東門口擁塞不堪，他看見地上躺著許多人，他們推推搡搡，擁擠著從人身上踏過去。他看見前面一個人，腦後被打傷，在汩汩地流著血。他終於從人堆上滾了下來，後來才知道，那人堆裏有不少是死屍。……據統計，這一天當場被殺死四十七人，受傷二百多人。這就是震驚中外的「三一八」慘案，為魯迅先生所指責的「民國以來最黑暗的一天」。❷

同樣生活在如此時空的豐子愷，又有怎樣的一番作為呢？他可以在自己的藝術世界裏將社會的黑暗抹殺，卻不可能拎著自己的頭髮超脫現實的世界。

一九二六年五月，中國共產主義青年團中央機關刊物《中國青年》為紀念五卅慘案而出版一期專號，請豐子愷設計封面。他畫了一幅唐張巡部將南霽雲射塔「矢志」圖。雜誌的主編在「編輯以後」裏談到這幅封面畫時說：「我們希望每一個革命的青年，為了被壓迫民族的解放，都射一支『矢志』的箭到『紅色的五月』之塔上去！」同年六月，豐子愷又為《中國青年》畫了第二幅封面。畫中是一個騎在馬上彎弓搭箭的青年。

一九二七年，上海成立「著作人公會」，由傾向革命的作家和編輯工作者鄭振鐸、胡愈之、

❷ 陳孝全：《朱自清傳》，頁一一三，北京十月文藝出版社一九九一年三月出版。

葉聖陶、周予同、李石岑等人組成，豐子愷也一起加入。著作人公會的代表曾出席上海工人第三次武裝起義成功後由中國共產黨領導召開的上海市民代表大會，並被選為上海市政府委員。

以上是我們目前所知的豐子愷與當時激烈動蕩的時局的聯繫。但是這些作為，顯然不是適合於豐子愷的、同樣也不是他選擇的最佳自救抑或救世之道。豐子愷的人生，自有他自己的道路選擇；豐子愷的心靈，自有他自己的獨特歸宿。

二

一九二六年暮春，豐子愷與夏丏尊一起到杭州看望雲遊而至招賢寺暫住的弘一法師。自一九二〇年豐子愷赴日前與弘一法師在閘口鳳生寺告別後，師生已有六年未曾見面了。六年後的會面，給弘一法師帶來無限的喜悅：「弘一法師見我們，就立起身來，用一種深歡喜的笑顏相迎。我偷眼看他，這笑顏直保留到引我們進山門之後還沒有變更。」而在豐子愷，這會面帶來的則是「無端地悵惘」。會面結束後，夏丏尊因事還需在杭停留，豐子愷便獨自回上海去。

列車在瓢潑的大雨中行進，車中十分寂寥，豐子愷默然而坐：

> 想起十年來的心境，猶如常在驅一群無拘束的羊，才把東邊的拉攏，西邊的又跑開去。拉東牽西，瞻前顧後，困頓得極。不但不由自己揀一條路而前進，連體認自己的狀況的

餘暇也沒有。這次來杭，我在弘一師的明鏡裏約略照見了十年來的自己的影子了。我覺得這次好像是連續不斷的亂夢中一個欠伸，使我得暫離夢境；拭目一想，又好像是浮生路上的一個車站，使我得到數分鐘的靜觀。〈法味〉

這一次的拜訪，驚醒了在物質世界的亂夢中奔走的豐子愷，他覺得應該清理一下自己雜亂困頓的心境了。

立秋一過，天氣便一天涼似一天。家人們都回故鄉去了，上海的寓所十分清靜。獨居的豐子愷正好藉著這份清靜，回望浮生，清理思緒，靜觀平素無暇自顧的心靈。每天晚上，他都舉杯邀月，對影而飲，在清秋的涼意中仰望繁星點點，思緒飄蕩在浩瀚的夜空。

豐子愷的自我心靈檢視，是從對宇宙本原，也即古老而又常新的「時空」探求開始的。從很小的時候起，他的心中就有兩個大大的「?」。

第一個「?」叫做「空間」：豐子愷還在孩提時，即常常疑惑於空間的廣闊究竟止於何處。即使是後來進了師範，讀了天文，仍不得其解。老師只是說：「宇宙是無窮大的。」

我眼前的「?」比前愈加粗大，愈加迫近，夜深人靜的時候，我屢屢為了它而失眠。我心中憤慨地想：我身所處的空間的狀態都不明白，我不能安心做人！世人對於這個切身而重大的問題，為什麼都不說起？以後我遇見人，就向他們提出這疑問。他們或者說不可知，或一笑置之，而談別的世事了。我憤慨地反抗：「朋友，這個問題比你所談的世事重大得多，切身得多！你為什麼不理？」聽到這話的人都笑了。他們的笑聲中似乎在說：「你有神經病了。」

第二個「？」叫做「時間」：

我入小學校，歷史先生教我盤古氏開天闢地的事。我心中想：天地沒有開闢的時候狀態如何？盤古氏的父親是誰？他的父親的父親的父親……又是誰？從我們向過去逐步追溯上去，可一直追溯到生物的起源，地球的誕生，太陽的誕生，宇宙的誕生。再從我們向未來推想下去，可一直推想到人類的末日，生物的絕種，地球的毀壞，太陽的冷卻，宇宙的寂滅。但宇宙誕生以前，和寂滅以後，「時間」這東西難道沒有了嗎？「沒有時間」的狀態，比「無窮大」的狀態愈加使我不能想像。而時間的性狀實比空間的性狀愈加難於認識。我在自己的呼吸中窺探時間的流動痕跡，一個個的呼吸魚貫的翻進「過去」的深淵中，無論如何不可挽留。我害怕起來，屏住了呼吸，但自鳴鐘仍在「的格，的格」地告訴我時間的經過。一個個的「的格」魚貫地翻進過去的深淵中，仍是無論如何不可挽留的。時間究竟怎樣開始？將怎樣告終？我眼前的「？」比前愈加粗大，愈加迫近了。夜深人靜的時候，我屢屢為它失眠。我心中憤慨地想：我的生命是跟了時間走的。「時間」的狀態都不明白，我不能安心做人！世人對於這個切身而重大的問題，為什麼都不說起？以後我遇見人，就向他們提出這個問題。他們或者說不可知，或一笑置之，而談別的世事了。我憤慨地反抗：「朋友，我這個問題比你所談的世事重大得多，切身得多！你為什麼不理？」聽到這話的人都笑了。他們的笑聲中似乎在說：「你有神經病了。」（〈兩個「？」〉）

空間、時間之問，是屬於豐子愷的「天問」，這是他一生探求宇宙本原，進而追究人生根本的起點。在此起點上，他發現人的命運竟然是那樣的無常與不可料知。

自幼糾纏在豐子愷心底的，原本並非只有空間、時間這兩個「？」，更大的疑惑來自對於命運的關注：

當年豐鐄去世後，鍾雲芳雖然竭盡了全力，卻終究獨木難支。數年間，或由於先天不足、或由於營養不良、或由於情緒方面的原因，先後有幾個兒女相繼逝去：老五豐瀶貞於父親去世後自殺身亡，老十蘭珠四歲夭折，老四豐綺則死於一九一五年前後。如果再算上一九〇三年祖母、一九〇六年父親、一九一八年大姐豐瀛、一九二〇年九弟豐浚的去世，在豐子愷由童年、少年以至青年的二十三年成長中，已經伴隨了太多的親人間的生離死別，經歷了太多的人事與情感的磨難。人生無常的「火宅」，在他童年幼小的心靈中，已然星火閃爍。

幼時的一天，他坐了船到鄉間去掃墓。正靠在船窗口出神地觀看船邊層出不窮的波浪時，手中拿著的一個不倒翁掉落河中，一剎那的功夫便形影俱消了。豐子愷看看自己的空手，又看看船邊的波浪，心中十分疑惑：不倒翁就此一去，它的命運徹底改變，結果究竟會如何呢？繼而又有些悲哀：不倒翁是一定會有個下落的，它的命運也一定會有個結果，然而對他而言，這卻是永遠不可知的了。命運的變幻無常，命運的不可料知，在他的心中縈繞而不去。

長大以後，豐子愷自覺對於人命之惑的追究，是一種於實際事務了無可補的可笑的癡態，便努力學習大眾的榜樣，參考大眾的態度：

看他們似乎全然不想起這類的事，飯吃在肚裏，錢進入袋裏，就天下太平，夢也不做一個。這在生活上的確大有實益，我就拼命以大眾為師，學習他們的幸福。學到現在三十歲，還沒有畢業。……那種疑惑與悲哀不絕地襲擊我的心，始終不能解除。我的年紀越大，知識越富，它的襲擊的力也越大。大眾的榜樣的壓迫越嚴，它的反動也越強。（〈大賬簿〉）

人之生命所賴以生存的時空，是那樣的茫然不可窮究；人之始終都在不停行進著的命運，又是如此的不可逆料。那麼，這個所謂的「人生」，不就是一場無根的虛空的飄流的夢麼？

無窮大的宇宙間的七尺之軀，與無窮久的浩劫中的數十年，而能上窮星界的秘密，下探大地的寶藏，建設詩歌的美麗的國土，開拓哲學的神祕的境地。然而一到這脆弱的軀殼損壞而朽腐的時候，這偉大的心靈就一去無跡，永遠沒有這回事了。這個「我」的兒時的歡笑，青年的憧憬，中年的哀樂，名譽，財產，戀愛……在當時何等認真，何等鄭重；然而到那一天，全沒有「我」的一回事了！哀哉，「人生如夢！」（〈晨夢〉）

如此說來，人的一生，究竟是所為何來呢？我們無意中來到這個叫做人間的地方，在隔膜的人心、繁雜的人事、浮躁喧囂的人群中，度送著僕僕奔走、困苦勞頓的一生，其根本的意義，又在哪裏呢？

沒有答案。

以前曾有一個黃昏，家中貓鼠大戰，追逐撕咬的激烈充斥整個房間。孩子嚇得大哭，直到奔投進爸爸的懷抱，兩手抱住了爸爸的頭頸，再回頭來觀看貓與老鼠在櫥頂的爭鬥時，臉上才有萬分安心的表情。

看著孩子的神情，豐子愷不禁想到了自己：

我在世間，也時時逢到像貓與老鼠的大戰的恐嚇，也想找一個懷來奔投。可是到現在還沒有找到。（〈隨感五則〉之五）

這個可以奔投的「懷」，不久，就找到了。

三

一九二六年暑假的一個早上，豐子愷與遊學日本時的朋友黃涵秋正在一邊吃早餐，一邊翻閱著李叔同出家時送他的照片。忽然，一個住在隔壁的學生心急慌忙地跑上樓來說：

「門外有兩個和尚在尋問豐先生，其中一個樣子好像是照相上見過的李叔同先生。」

豐子愷下樓一看，果然正是弘一、弘傘兩位法師立在門口，於是趕忙請上樓來。原來兩位法師途經上海要往江西去，現正等著江西的來信，一時有空，便來看望豐子愷。

周圍鄰居聞訊，都趕了來求見法師。而豐子愷卻只是在那裏疑惑：正在看著他的照片，他怎麼就來到眼前了呢？「今日何日？我夢想不到書架上這堆照片的主人公，竟來坐在這過街樓裏了！這些照片如果有知，我想一定要跳出來，抱住這和尚而叫『我們都是你的前身』吧！」

飯後的閒談中，弘一法師談到了城南草堂和超塵精舍。城南草堂是法師二十歲時陪母親南遷上海時所居的一所房子，就在大南門的金洞橋畔。此次來滬，他住在小南門的靈山寺，離金洞橋很近。客居無事，聽說大南門有一處講經念佛的地方，叫做超塵精舍，就想去看看。到了那裏，尋了許久，總也找不到，於是便改道去走訪舊時居住過的城南草堂。哪裏曉得，城南草堂的門外，就掛著超塵精舍的匾額，而所謂超塵精舍，正設在城南草堂裏面！

弘一法師講到這裏，十分興奮，說：

「真是奇緣！那時候我真有無窮的感觸啊！」

他把「無窮」兩字拉得特別長，使豐子愷聽了，一陣鼻酸。

第二天，豐子愷、黃涵秋等人便應弘一法師之約，一起到了靈山寺。見面之後，這位原先城南草堂裏錦衣貂裘的貴公子、如今芒鞋錫杖四處雲遊的出家人，便一手夾著一個灰色的小手巾包，一手拿了一頂兩隻角已經脫落的蝙蝠傘，興致勃勃地陪他們去訪城南草堂。

到了那裏，弘一法師將橋、浜、樹、舍，一一指點給他們看。不意驚動了裏面的一個和尚。他走出來招呼他們進去坐。

弘一法師謝了他，說：「我們是看看的。這房子我曾住過，二十幾年以前。」

那和尚打量了他一眼說：「哦，你住過的！」

這一眼和這一句話引起豐子愷無限的感慨，在他的眼前，彷彿出現了弘一法師二十幾年前後不同生活情形的兩幅對照圖，起了人生剎那的悲哀。

午飯之後，弘一法師又帶他們去了世界佛教居士林，拜訪尤惜陰居士，尤居士又引導他們觀瞻了舍利室。

弘一法師此次來訪，帶給豐子愷許多新鮮的感受和體驗：

這一天我看了城南草堂，感到人生的無常的悲哀，與緣法的不可思議；在舍利室，又領略了一點佛教的憧憬。兩日來都非常興奮，嚴肅。（〈法味〉）

一九二七年九月底，弘一法師由弟子寬願陪同，又一次來到了上海，準備將託送《四分律比丘戒相表記》的事辦妥後，再往天津探親。然而在上海待了一個多月之後，法師因了種種的顧慮，終於沒有實行他的「天津之行」，而回永嘉去了。法師沒有與他的天津俗家接續塵世之緣，而他在上海居留的這一個多月，卻為豐子愷的生活帶來了豐富的內容。

這一個多月裏，弘一法師沒有客寓寺院，一直都住在豐子愷位於江灣永義里的家中：

每天晚快❸天色將暮的時候我規定到樓上來同他談話。他是過午不食的，我的夜飯吃得

❸ 浙江方言。意指黃昏時候。

很遲。我們談話的時間，正是別人的晚餐的時間。他晚上睡得很早，差不多同太陽的光一同睡著，一向不用電燈。所以我同他談話，總在蒼茫的暮色中。他坐在靠窗口的藤床上，我坐在裏面椅子上，一直談到窗外的灰色的天空襯出他的全黑的胸像的時候，我方才告辭，他也就歇息。這樣的生活，繼續了一個月。現在已變成豐富的回想的源泉了。

（〈緣〉）

這些在蒼茫暮色之中進行的一次次長談，究竟都談到了哪些內容，現在已是不可詳知了。但對豐子愷來說，必是影響至深而又意味無窮，否則不會成為他日後「豐富的回想的源泉」。

一天的暮色長談之中，豐子愷請法師為自己的寓所取一個堂號。法師讓他在一些小方紙片上分別寫上自己喜歡而又可以互相搭配的字，團成一個個紙球後，撒在佛像前的供桌上，抓鬮定奪。豐子愷依計行事，連抓兩次，拆開來都是一個「緣」字，於是就將寓所定名為「緣緣堂」。豐子愷即請法師寫了一幅橫額，裝裱後掛在永義里的寓所中。按照豐子愷的說法，這只是緣緣堂「靈」的存在。此後五六年中，豐子愷遷到哪裏，哪裏就成了「緣緣堂」。

在兩人的這段交往中，我們今天仍然清晰可見的情景，是在一九二七年十月二十一日（農曆九月二十六日）。這一天，是豐子愷在塵世之中的第二十九個生日；這一天，更是他在精神世界裏的一次新生，因為正是從這一天起，他依從弘一法師皈依佛門，成了一名法名「嬰行」的佛教徒。皈依儀式就在永義里豐子愷家中樓下的鋼琴旁舉行。三姐豐滿原本就是篤信佛教的人，也在此時皈依，法名「夢忍」❹。

現在回觀豐子愷皈依前的生活，並沒有發生過什麼重大的變故，社會時局對他個人，也沒有什麼直接的重大打擊。因此豐子愷此時皈依佛門，固然有人生的挫折使然：離開學校之後的謀生經歷，讓他直接面對了社會的虛偽驕矜之狀，世味初嘗。就中有叵測的人心，險惡的世道，動蕩的時局和那似乎永無休止的血雨腥風。無數艱辛、幾多滄桑，直使他悽惶的心境無所依託。正是此時，昔日恩師李叔同重新出現在他的生活中。豐子愷與李叔同具有相同的氣質稟賦，「大約是我的氣質與李先生有一點相似，凡他所喜歡的，我都喜歡。」弘一法師在此時此地的出現，把他當年在浙一師時的「爸爸的教育」重又帶到了迷惘無助的豐子愷面前，這必使他有久旱逢甘雨般的欣喜和吸納。

然而這卻不是全部的原因，仔細剖析，尚有其他的因緣。

表面地來看，豐子愷是一個雍容和靜的人，正如朱光潛等朋友們的所言。而實際上，他的內心卻常有波瀾起伏。雖然，敏感的天賦稟性，使他在日復一日的塵世生活中，從許多細微的觀察體味中，累積起無數的心靈創傷和人生感慨。然而，細膩多思如他這樣的文人，其實根本

❹ 豐子愷當時所行的皈依儀式，並無詳細的文獻記述。有些傳記對此事有詳盡的記述乃至渲染，恐多臆測之詞，不足為信。

無需什麼重大變故的打擊，即使是如一朵花的凋謝、一片葉的飄零、一個眼神、一聲輕歎，都足以引發他心頭的感慨，引出他關於宇宙人生的喟歎。

弘一法師向以弘法勸善為己任。他與夏丏尊是相交契合、關愛甚切的老友，多次祈願夏丏尊能與他「同生安養，共圓種智」。夏丏尊曾說法師「出家後對我督教期望尤殷，屢次來信都勸我勿自放逸，歸心向善」（夏丏尊：〈我的畏友弘一和尚〉）。但終因種種塵緣的牽阻而未能如法師之所願。在那一個月的暮色長談中，法師與豐子愷之間，一定會有多次類似的話題。這些話題正合豐子愷超脫向善的本性，又十分及時地契合了他當時追究人生根本、尋求人生真諦的意願和擺脫浮世之苦的嚮往，引領著他走到佛法與哲理中去尋求釋疑解惑的途徑。

曾經有過的西湖的佛聲塔影，從此深深地融入了豐子愷的人生。悠長的梵鐘再度響起，這次，我們聽到了他心靈的回音。

彷佛冥冥之中有天意的神授，一九二六到一九二八年間，弘一法師連續三年親赴上海，與豐子愷造就圓滿了多重因緣。此後，他就如完成了使命一樣地遠遊而去。

四

豐子愷雖然入了佛門，但此時的他，本質上還是一個血氣方剛、憤世嫉俗的青年。他的信奉佛教，除了弘一法師的影響外，更多的是帶著對於時空、命運、人生的疑惑憤激情緒皈依的。

因此即使入了佛門，也並沒有解決他人生的根本問題，煩惱依舊，疑惑猶存，心境更是日趨暗淡。他在這暗淡中努力地掙扎，努力地尋求解脫之道，卻終於無果。不得已中，他便為自己的靈魂寄託虛擬了一冊極大的賬簿：

我彷彿看見一冊極大的大賬簿，簿中詳細記載著宇宙間世界上一切物類事變的過去、現在、未來三世的因因果果。自原子之細以至天體之巨，自微生蟲的行動以至混沌的大劫，無不詳細記載其來由、經過與結果，沒有萬一的遺漏。

既然一切都是命定，便沒有什麼好執著的了。於是他自求解脫地宣稱：

我從來的疑惑與悲哀，都可解除了。（以上引文見〈大賬簿〉）

然而事實並非如此。在他數月之後寫下的另一篇隨筆〈秋〉中，我們看到了豐氏作品中少見的憤激之語：

我現在對於春非常厭惡。每當萬象回春的時候，看到群花的鬥豔，蜂蝶的擾攘，以及草木昆蟲等到處爭先恐後地滋生蕃殖的狀態，我覺得天地間的凡庸、貪婪、無恥與愚癡，無過於此了！尤其是在青春的時候，看到柳條上掛了隱隱的綠球，桃枝上著了點點的紅斑，最使我覺得可笑又可憐。我想喚醒一個花蕊來對它說：「啊！你也來反覆這老調了！我眼看見你的無數的祖先，個個同你一樣地出世，個個努力發展，爭榮競秀；不久沒有一個不憔悴而化泥塵。你何苦也來反覆這老調呢？如今你已長了這孽根，將來看你弄嬌弄豔，裝笑裝顰，招致了蹂躪、摧殘、攀折之苦，而步你的祖先們的後塵！……天地萬物，沒有一件逃得出榮枯，盛衰，生滅，有無之理。過去的歷史昭然地證明著這一點，無須我們再說。古來無數的詩人千篇一律地為傷春惜花費詞，這種效顰也覺得可厭。假如要我對於世間的生榮死滅費一點詞，我覺得生榮不足道，而寧願歡喜讚歎一切的死滅。對於前者的貪婪、愚昧與怯弱，後者的態度何等謙遜、悟達而偉大。（〈秋〉）

這種憤激的情緒在一九三〇年正月母親鍾雲芳去世後，達到了頂峰：

我那時初失母親——從我孩提時兼了父職撫育我到成人，而我未曾有涓埃的報答的母親。痛恨之極，心中充滿了對於無常的悲憤和疑惑。自己沒有解除這悲和疑的能力，便墮入了頹唐的狀態。（〈陋巷〉）

他為母親服喪四十九天，並從此蓄鬚，以誌紀念。

豐子愷終於為自己尋找到了一個慈悲佛門的懷來奔投。然而畢竟法味初嘗，修行尚淺，依舊不能撫平他悲憤交織的心中愁苦、慰藉他棲止無所的靈魂惶惑。弘一法師已然雲遊而遠去，誰，又能助他擺脫這頹唐呢？

一九三一年清明節，豐子愷第二次走進了杭州延定巷。此時距他跟隨李叔同第一次來此拜訪馬一浮，浮生的歲月已然飄過了十五年的時光❺。在豐子愷看來，這十五年的時光，於此陋巷、於陋巷中的馬一浮先生，是十餘年如一日的。而在豐子愷自己，這十五年的人生，卻是別有一番滋味在心頭。

人生的無常之慟原本就是他心頭長久縈繞、揮之不去的痛，又加上近幾年來，「我的家裏同國裏一樣的多難，母親病了很久，後來死了；自己也病了很久，後來沒有死。」沒有死的豐子愷心中充滿了對於無常的悲憤和疑惑，且這悲憤和疑惑在此時達到了他一生的頂點。他沒有能力解除這悲憤和疑惑，只好將這一團「剪不斷，理還亂」的煩惱絲，用紙包好了深深地藏在心裏。

悲憤、痛苦、頹唐的豐子愷就這樣心緒黯然地走進了陋巷裏的這所老屋。

❺ 豐子愷〈陋巷〉中稱，第二次訪問馬一浮是第一次訪問之後十六年的事。第一次是在一九一七年（見〈陋巷〉，此時為一九三一年清明日，故前後最多只有十五年。

四月裏的老屋青藤爬牆，綠苔泥地，濕潤清涼的空氣中透著絲絲縷縷的書香。老屋裏的馬先生神情安詳，目光犀利。疲憊而又迷惘的遊子無意地跨進這老屋的門檻，他便找到了永久的慰藉。

弘一法師曾說：馬先生是生而知之的。此言不是完全的虛誇，因為馬一浮確實是世間難得的智者。往昔，他曾為李叔同的心靈導航，現在又要拂去豐子愷心頭的迷惘。

M先生的態度和說話，著力地在那裏發開我這紙包來。……他和我談起我所作而他所序的《護生畫集》，勉勵我，知道我抱著風木之悲，又為我解說無常，勸慰我。（〈陋巷〉）

智慧的思想與深廣的心靈在豐子愷面前層層展現，映出了他年輕的偏狹和淺白，原來人生似乎並不是虛空的夢，無常之慟也並非只能是無法解脫的頹唐。疑惑與哀歎之外，還有廣闊的天地；悲憤與痛苦之上，還有更高的境界。

面對馬先生的博大精深和嚴肅平和的人生境界，豐子愷漸感局促不安。他都不好意思再坐下去了，於是告辭出門。

這局促不安其實來自於迷惘之中漸漸開始的覺悟，而這最初的覺悟又帶來了久違的愉快。他那天走出延定巷時，看見街角上停著一輛黃包車，沉浸在愉悅心情中的豐子愷，根本忘了問價錢，就一步跨了上去。

好久沒有這樣的愉悅和輕鬆了。豐子愷抬頭看看，天色竟然也是那樣的晴明，於是便起了大大的遊興。他到采芝齋去買了消閒用的糖果，便上六和塔遊玩去了。晚上回到旅館，躺在床上，想到白天的訪問，心裏「熱烈地感到畏敬的親愛」。

與李叔同、夏丏尊相比較，馬一浮對豐子愷的影響可謂有過之而無不及。就像當年浙一師時的入山為僧，李叔同在將豐子愷引進佛門後，又一次地飄然遠去，又一次地留給豐子愷無所適從的迷惘。但是李叔同並非棄他而去，就像當年留給他一個「日本」的嚮往一樣，現在又為他留下一位排疑解惑的導師。至此，馬一浮不僅與李叔同一樣成為豐子愷思想上恭敬如命的精神導師，更是他俗世旅途上亦步亦趨、相扶相持的患難之交。這種知遇之交，直至一九六七年馬一浮去世方成永絕。

馬一浮（一八八三—一九六七），名浮，字一浮，別號湛翁，晚年自署蠲戲老人或蠲叟。浙江上虞籍人，生於四川成都，六歲時隨父母返浙，寓居杭州。其父馬廷培精於義理之學，母親何氏出身於陝西丏縣望族，長於文學。他由母親親自教授《楚辭》、《文選》等書，無不過目成誦。良好的家庭教育與聰穎的天資，自幼即在鄉里獲得了神童的譽稱。

到他十一歲那一年，母親病重，自知來日無長。放心不下兒子的前程，便有意考查他的學問才智。她指著庭前的菊花，要兒子作五律一首，並限用麻字韻。馬一浮略費思索，即吟詩一首：

我愛陶元亮，東籬采菊花；枝枝傲霜雪，瓣瓣生雲霞。本是仙人種，移來高士家；晨餐秋更潔，不必羨胡麻。

母親聽了，喜憂交加地說：「兒長大當能詩。此詩雖有稚氣，頗似不食人間煙火語。汝將來或不患無文，但少福澤耳。」

母親去世後，父親為他請了鄉里極負名望的舉人鄭目蓮，來家教讀。但教不多久，先生就請辭而去，因為他自感這位學生的學問識見，很多都已在自己之上。父親只好自己承擔教職，不久也同樣自歎不如了。從此之後，馬一浮就完全地自學了。

一八九八年，十六歲的馬一浮應縣試而中在榜首，被浙江巨紳湯壽潛看中，選為東床快婿。同年，赴上海學習英文、法文和日文。一九〇三年，父親與妻子先後去世。馬一浮為排遣心中哀傷，遠遊美國。一九〇四年五月，赴日本自費留學，又學習了德文。期間閱讀了大量政治、文學等方面的西學著作，也積極地為孫中山等革命派的機關刊物《民報》投稿。

一九〇五年回國，一九〇六年起居住在杭州，從事思想文化方面的研究。一直到抗日戰爭爆發為止，他基本上都是隱居陋巷，讀書著述，不求聞達。然而「桃李不言，下自成蹊」，他以淵博的學識和深廣的智慧，吸引著眾多的名流學者慕名而來。

馬一浮也是著名的書法篆刻藝術家，他對篆、隸、草、楷都有深入的研究。書作典雅靜穆，氣格高古；篆刻取法漢印，圓融流暢，沉著古雅。但他輕易不作，故作品較為難得。

馬一浮是豐子愷最為敬重而願親近的長者之一。在他的心目中，馬先生學識淵博、品德高尚，而尤為洞徹人生，善解人意，不是古聖孔子，也是他的大弟子顏淵一類的賢哲了。他把馬先生所居的杭州延定巷稱為「陋巷」，就是用了《論語》中稱顏淵「居陋巷」的典故而來的比興。

二年後，他懷著同樣的感情第三次來到了陋巷。這次來，是為了一本畫冊的編寫。

豐子愷喜讀古詩詞，並以詩詞的意境入畫。他在古人的詩詞中，常常讀到一些諸如「笙歌歸院落，燈火下樓臺」，「六朝舊時明月，清夜滿秦淮」，「白頭宮女在，閒坐說玄宗」等詠歎無常的句子，十分契合他的心境，於是便收集起來，想把它們都翻譯為畫，作成一冊《無常畫集》。

豐子愷就把這個想法說給馬一浮聽了，並請他指教。馬一浮自是十分贊同，當即告訴他許多可找這種題材的佛教經籍和詩文集，又背誦了許多佳句給他聽。但是，到了最後，他卻意味深長地說：「無常就是常。無常容易畫，常不容易畫。」

> 我好久沒有聽見這樣的話了，怪不得生活異常苦悶。他這話把我從無常的火宅中救出，使我感到無限的清涼。（〈陋巷〉）

五

豐子愷的這一段心路歷程，在他一生之中佔有極其重要的位置。曲折、豐富、多變，以至最後的基本成型，人生觀、世界觀、宗教觀、藝術觀都盡顯其中。其中有時局的影響，有因弘一法師而起的感慨，有馬一浮的深刻影響，但更本質的，還在於他的天性。

歡喜讀與人生根本問題有關的書，歡喜談與人生根本問題有關的話，可說是我的一種習性。我從小不歡喜科學而歡喜文藝。為的是我所見的科學書，所談的大都是科學的枝末問題，離人生根本很遠；而我所見的文藝書，即使最普通的《唐詩三百首》、《白香詞譜》等，也處處含有接觸人生根本而耐人回味的字句。（〈談自己的畫〉）

這樣的天性使他在自己切身的人生體念中，積累起無數的塵傷，從而發出宇宙天地之問，人生命運之惑。他對此曾求自解，終日在苦思冥想的精神世界中探求；他也從身邊兒女的天真明慧中受到啟發，試圖到廣大自由的兒童世界中去尋求解說。

然而，思想的神遊終究不能取代真實的人生。兒童世界雖然充滿真率的自然人性，但它最多只是人們寄託理想人格的精神家園。現實生活中，童真不能解決成人社會的實際問題，顯而易見它不是尋找人生真諦的可行方向與真實途徑。怎樣在昏昧的人世亂夢中不失人類天真明慧的本性？又如何擺脫顛倒困疲的「浮世苦」？我們靠什麼才能最終勘破虛空、解除疑惑，破解生命存在的真意？豐子愷終究還是迷惘。

自解不得，於是頗感疑惑與無助。正在此時，弘一法師來到他的身邊，將他帶進了佛門，他從此找到了解脫人世恐嚇與煩惱的可以投奔的懷抱。然而，佛門的修行，其路漫漫；塵世的創傷，卻綿綿不絕。豐子愷法味初嘗，修行尚淺，舊苦未解，新愁頻添。不但是依舊的疑惑與無助，更加許多的悲哀與頹唐。

豐子愷是幸運的。在弘一法師之後，他更得到了馬一浮的啟迪。馬先生為他開啟了一扇哲學的智慧之門，帶給他無限的精神的清涼。正是這無限的清涼，使豐子愷的思想漸漸地從對命運、人生無常的執迷之中覺悟，心態漸漸進入平和達觀的境界。

第七章　可愛的家

緣緣堂——閒適家居——去日兒童皆長大——藝術地生活——自己的風格——作一座經典與民眾間的橋樑

一

大約是在一九二八年間，豐子愷、徐力民領著孩子們回到了家鄉。有一天，鄰居家裏請來木匠修窗，母親鍾雲芳便借了他的六尺杆，悄悄地拉著豐子愷，到老屋後面早年買下的空地上去測量了一番。原來，母親是在做建造新房的規畫。

老屋惇德堂建造至此，已近百年。它庇蔭了豐家三代人，這時候已經門坍壁裂，十分衰頹了。於是建造一座新屋的願望，就在母親的心底醞釀起來，豐子愷也十分贊同母親的想法。但是由於他在上海教書寫稿的收入有限，鄉間染坊店和田裏的收入也是僅夠供養而無餘裕，因此建造新屋只能是藏在心底的奢望。

後來，豐子愷的生活漸漸寬裕起來，每年都有幾疊鈔票交送母親，於是造屋的念頭就從母親的心底偷偷地浮了出來。這次兒子回鄉，便拉著一起去實地測量了。測量算計的結果，總歸是財力物力還嫌不足，母親只得再次作了罷。回來時，她低聲地關照兒子說：「勿對別人講。」八字還沒一撇的事，沉穩的老人不喜歡張揚出去。

豐子愷卻是血氣方剛，率然而言：「我們決計造！錢我有準備！」他把收入的預算一項項地數給母親聽，努力地想使母親打消顧慮，先將新房造起來。這樣，母親就可以搬離低矮頹敗的老屋，在高大軒敞、清潔衛生的新房裏，享受兒子的成就和孝心了。

母親聽了，心中自是十分欣慰。然而，腳踏實地的老人是不會憑著這不確定的「預算」就去建房造屋的。她把六尺杆還給了木匠，把造屋的念頭重新沉入心底。而這一沉，就永遠不再浮起了。

兩年後，母親去世。

三年後，新房建成，豐子愷的緣緣堂正式形神皆備地現身。緣緣堂址在石門鎮梅紗弄八號，與老屋惇德堂隔弄相望。此弄原名「煤沙弄」，豐子愷嫌其不雅，便改成了梅紗弄。自一九三三年春緣緣堂建成，至一九三七年十一月在炮火之中踏上流亡之路，豐子愷全家在石門度過了將近五年的鄉居生活。

緣緣堂的建造，從建築規劃、圖紙設計、聘請建築工人、內部裝修、家具佈置、四壁裝飾，豐子愷事必躬親，樣樣操心。因此，建成後的緣緣堂，令他十分滿意：

緣緣堂構造用中國式，取其堅固坦白。形式用近世風，取其單純明快。一切因襲、奢侈、煩瑣、無謂的佈置與裝飾，一概不入。全體正直，（為了這點，工事中我曾費數百元拆造過，全鎮傳為奇談。）高大、軒敞、明爽，具有深沉樸素之美。正南向的三間，中央鋪大方磚，正中懸掛馬一浮先生寫的堂額❶。壁間常懸的是弘一法師寫的《大智度論・十喻贊》和「欲為諸法本，心如工畫師」的對聯。西室是我的書齋，四壁陳列圖書數千卷，風琴上常掛弘一法師寫的「真觀清淨觀，廣大智慧觀。梵音海潮音，勝彼世間音」的長聯。東室為食堂，內連走廊、廚房、平屋。四壁懸的都是沈寐叟的墨跡。常前大天井中種著芭蕉、櫻桃和薔薇。門外種著桃花。後堂三間小室，窗子臨著院落，院內有葡萄棚、秋千架、冬青和桂樹。樓上設走廊，廊內六扇門，通入六個獨立的房間，便是我們的寢室。秋千院落的後面，是平屋、閣樓、廚房和工人的房間——所謂緣緣堂者，如此而已矣。（〈辭緣緣堂〉）

文中所言費數百元拆造一事，起因於豐子愷對於建築框架必須正直的要求。

❶ 原弘一法師為「緣緣堂」命名時的題額太小，故又請馬一浮先生重題。

豐子愷雖然在以上諸事中，都事事親力親為，但具體建造期間，卻並非天天都上工地監工，他有自己的工作。

一九二五到一九三〇年間，豐子愷先後在立達學園、上海藝術師範大學（其前身即上海專科師範學校）、復旦實驗中學、澄衷中學以及松江女子中學等多所學校執教。到一九三〇年秋天，他患了傷寒症，臥病在床數月，便辭去了其他學校的教職，只掛著立達校務委員的名銜。此時，他雖已不再授課，卻也時常去立達學園看看，有時則到開明書店，或探訪老友等等，因此就少不了要離開石門到上海去。

有一天，他從上海回來後，就到工地上去察看。幾天不見，工程進度很快，只見磚牆都已砌好，白粉也已刷上，一個個窗洞都整整齊齊地開在牆上，木製的窗框也已經安妥，只要配上玻璃，刷好油漆，就大功告成了。

可是，豐子愷高興之餘，卻猛然發現，整個房屋的框架不正！原來，工人們為了儘量多地佔用地皮，沒有按圖紙四面直角的要求施工，而是建成了一個東南角外突、南寬北窄的梯形框架了。

豐子愷一向確信「環境支配文化」，認為只有光明正大的環境，才能適合自己的胸懷，才可以涵養孩子們好真、樂善和愛美的天性。如今這麼一個梯形的玩意兒，究竟算得怎麼一回事？當然不行。於是發出命令，要工人拆了重建。

可是在工人們以至代為監工的豐針姑媽、圍著看熱鬧的眾位鄉親看來，這個命令簡直莫名其妙。多多地利用了地皮、擴大了面積反而不好，倒喜歡費時費力又費錢地拆了重建。大家都覺得此舉毫無必要，紛紛勸說，要他收回成命。

豐子愷豈是人云亦云之輩，尤其這種事關根基的大事。他語氣堅決，固執己見。終於雇了人來，拆了圍牆，校正了房屋的框架，自然也多花了數百元的經費。豐子愷對此十分滿意，特地吩咐孩子們從學校早點回來，觀看他這袪斜扶正的豪舉。

緣緣堂建成後，全家都有了寬敞安定的居所。豐子愷的「全家」，往往不僅僅只是他與徐力民的小家庭。他是祖父這一支豐氏家庭的一脈單傳，因此也是這個大家庭的棟梁和根基之所在。這裏是自己的家，也是姐姐豐滿和她女兒惟一可以依託的家，還是豐針、豐游等兩代姑母歸寧的娘家。豐子愷在樓上的六個房間裏，為豐滿佈置了專設的佛堂，為兩代姑母安排了專有的臥室。

現在，全家齊集在老屋裏等候喬遷。三十六年前，豐子愷出生於老屋，老屋裏是一個快樂溫馨的大家庭。三十六年後的今天，新房緣緣堂裏依然是一個大家庭，歡樂溫馨依舊。只是昔年的嬌兒成了今日的家長，而嬌兒的雙親卻都已永久地安眠。家屋的變遷，引起豐子愷無限深情的家族懷念：

他想起了父親：緣緣堂落成後，我常常想：倘得像緣緣堂的柴間或磨子間那樣的一個房間來供養我的父親，也許他不致中年病肺而早逝。然而我不能供養他！每念如此，緣緣堂的建造毫無意義，人生也毫無意義！

他想起了母親：這最初置辦地基，發心建造，而首先用六尺杆測量地皮的人，獨自靜靜地安眠在五里外的長松衰草之下，不來參加我們的歡喜。子欲養而親不在，這使豐子愷遺恨終身。為了紀念母親，他在二樓的西壁上題寫了一個樓名：春暉樓，下邊掛上了母親的遺像。

終於遷入了新居。在緣緣堂的懷抱裏，在一九三三到一九三七年的五年間，豐子愷一家充分地享受著生活的藝術，藝術地生活於他們那可愛的家中。

二

春天，兩株重瓣桃戴了滿頭的花，在門前站崗。門內朱樓映著粉牆。薔薇襯著綠葉。院中秋千亭亭地立著，簷下鐵馬丁東地響著。堂前燕子呢喃，窗內有「小語春風弄剪刀」的聲音。這和平幸福的光景，使我難忘。夏天，紅了櫻桃，綠了芭蕉，在堂前作成強烈的對比，向人暗示「無常」的幻想。葡萄棚上的新葉，把室中人物映成綠色的統調。添上一種畫意。垂簾外時見參差人影，秋千架上時聞笑語。門外剛挑過一擔「新市水蜜桃」，又來了一擔「桐鄉醉李」。喊一聲「開西瓜了」，忽然從樓上樓下引出許多兄弟姐妹。傍晚來一位客人，芭蕉蔭下立刻擺起小酌的座位。這暢適的生活也使我難忘。秋天，芭蕉的葉子高出牆外，又在堂前蓋造一個天然的綠幕，葡萄棚上果實累累，時有兒童在棚下的梯子上爬上爬下。夜來明月照高樓，樓下的水門汀映成一片湖光。各處房櫳裏有人挑燈夜讀，伴著秋蟲的合奏，這清幽的情況又使我難忘。冬天，屋子裏一天到晚曬著太陽，炭爐上時聞普洱茶香。坐在太陽旁邊吃冬舂米飯，吃到後來都要出汗解衣裳。廊下曬著一堆芋頭，屋角裏藏著兩甕新米酒，菜櫥裏還有自製的臭豆腐乾和徽千張。星期六的晚上，兒童們伴著坐到深夜，大家在火爐上烘年糕，煨白果，直到北斗星轉向。（〈辭緣緣堂〉）

就在這個如詩如畫的精緻天地裏，豐子愷實現了他賦閒家居的夢想。

從祖母豐八娘娘，到豐鐄，再到豐子愷，豐家人的性情裏，肯定有我行我素的一面。率直、自由、不受拘禁地生活，是他們的本性，除非迫於生計的無奈，一有條件和機會必定照此實行。

想當年，豐八娘娘家中的光景並非十分富裕，一家老少十幾口，再加上店裏的夥計、家裏的雇工，都只靠著染坊菲薄的收入和幾十畝薄田過日子，但她對於任何的良辰佳節，都不肯輕易放過。在家中置辦了四時行樂所需的一應用具，比如新年裏用的鑼鼓、迎花燈用的彩傘，甚至胡琴、琵琶、三弦、簫笛，樣樣齊全。一到節日，便吹打舞弄起來，圖的就是個快適和熱鬧。

她十分喜歡看戲，只要鎮上演戲，她是必到的，而且還早早地就叫人搬了高高的椅子去佔個好位子，次數多了，弄得大家都認識這是豐八娘娘的椅子。不僅良辰佳節不能輕易放過，就是日常的瑣碎生活，豐八娘娘也總喜歡想法子弄出點熱鬧的響動來。比如每年的養蠶就是如此，即使在葉貴的年頭會蝕本，她照樣大規模地舉行，為的就是她喜歡這暮春的點綴，而非專為圖利。

豐鐄也是一個喜歡享受生活的人，只是他的風格與豐八娘娘截然不同。與母親鼓樂喧天的熱鬧相比，豐鐄愛的是細細的品味、靜靜的體會。其中當然有母親及時行樂的生活態度的薰陶，有江南水鄉小鎮安穩講究的生活方式的影響，然而更多的還是他骨子裏傳統文人氣質的流露，因而能在並不十分富裕和如意的生活裏，尋覓出一些風雅、精致的片段。

豐鐄嗜蟹，經常在有蟹的季節裏的月夜，以吃蟹為中心舉行夜宴。尤其是在中秋這一天，興致更濃。豐鐄將桌子移到隔壁的臼場上的月光下面，更深人靜時，明月底下只有他們一家人，大家談笑，看月亮，吃蟹。

豐鐄教兒女們說：「吃蟹是風雅的事，吃法也要內行才懂得。」

他吃蟹確實很內行，吃得非常乾淨。所以女工陳媽媽說：「老爺吃下來的蟹殼，真是蟹殼。」

大家都學父親，剝得很精細，剝出來的肉不是立刻吃的，都積受在蟹斗裏，剝完之後，放一點薑醋，拌一拌，就作為下飯的菜，此外沒有別的菜了。因為父親說蟹是至味，吃蟹時混吃別的菜肴，是乏味的。

學生時代，豐子愷就十分討厭刻板的寄宿生活，直到一九三五年，兒女都上了中學，他還對此耿耿於懷，稱之為「囚犯似的學校生活」。在春暉中學任教時，他認為自己在飄浪生活中過長久了，疏懶放蕩，要板起臉來做先生，實在吃力得很。其實哪裏是飄浪生活過長久了的原故，分明是本性如此罷了。

一九二七年時，他寫了一篇〈閒居〉，說：

閒居，在生活上人都說是不幸的，但在情趣上我覺得是最快適的了。假如國民政府新定一條法律：「閒居必須整天禁錮在自己的房間裏」，我也不願出去幹事，寧可閒居而被禁錮。

他不僅自己甘願為閒居付出被禁錮的代價，甚至還以己度人地替別人的不得閒居而發愁。母親去世的那一年，辦完了母親的喪事，豐子愷離開故鄉，乘船回時在嘉興的家。同舟的有他一個姐姐的兒子，他寒假期滿，搭船回校。不料他的同行卻引得豐子愷大大地起了黯然的情緒，想到這個孩子在他母親膝前度過了愉逸的假期，現在又將赴校開始可悲可怕的寄宿舍生活，自己又不便要他不去上學、一同在悠閒而充滿樂趣的家中共樂，真正可憐！生活的樂趣不禁為他減殺了一半。

以己度人的豐子愷是不是有點杞人憂天了？也許，那個回校的男孩正在那裏巴不得地要脫離父母的管束，而赴校與同學共樂，心裏說不定有多快樂呢。

徐力民是緣緣堂裏溫良賢淑的主婦。她原是一位養尊處優的大家閨秀，父親徐芮蓀慧眼識才，將她嫁給了豐子愷。

還是在豐子愷的小學生涯時。

那時的豐子愷非常用功，勤修課程表上所有的一切功課。自稱除了賺得一百分以外，更無別的企圖與欲望。一九一三年，崇德縣舉行小學校會考，豐子愷成績優異，受到當時的縣督學徐芮蓀的青睞。他親自調了豐子愷的試卷來看，十分滿意。又經瞭解，得知此生乃石門鎮已故舉人豐鐄之子，頗有家學淵源。於是便專程來到第三高等小學校視察，既查閱了豐子愷平時的作業，又親眼目睹了他清俊的容貌，不禁起了愛才嫁女之心。徐芮蓀回家後即託媒人到豐家說媒，想把自己的長女徐力民許配給豐子愷。母親鍾雲芳認為自家是孤兒寡母，與崇德世家的徐芮蓀門第不當，便婉言謝絕了。但終於架不住徐家的幾番說合和一片誠意，答應了他們的求婚，十六歲的豐子愷與十八歲的徐力民就此訂了婚。

豐子愷、徐力民結婚紀念（1919 年）。

一九一九年農曆二月十二日的花朝日（即「百花生日」），他們舉行了婚禮。當時隨徐力民來到豐家的，是全副嫁妝。所謂全副嫁妝，是除了四櫥八箱，枕山、被山等等以外，連米、水，甚至做壽材的段木也用紅綾包著隨嫁，還嫁來了一位名叫愛鳳的姑娘及姑娘日後出門的嫁妝，意思是這一生不必麻煩男方了。當時惇德堂樓上因負荷過重，曾格格作響，為怕擱檁折斷，竟撐上了柱頭。徐力民的陪嫁之多，一時轟動石門鎮。

徐力民在娘家時是備受寵愛的嬌小姐，即使出嫁之後，家中對她也是一如既往地關愛備至。據豐桂回憶，她幼年時，差不多天天看到有從崇德航船遞送給徐力民的雙層八角灶籃。裏面是一碗碗的菜，有栗子燒肉、紅燒魚、雞、鴨、蝦等等，還有糖糕、粽子、圓子等點心，都是徐力民娘家特意做好了給女兒送來的。

徐芮蓀時任崇德縣督學，是位詩書滿腹的飽學之士。家學淵源之外，與豐滿一樣，徐力民也是一個接受過新式教育的新女性。她婚前在家鄉崇德教過多年書；婚後又進了李叔同的好友楊白民創辦的上海城東女校專修科學習圖畫，後來又在豐滿的振華女校裏擔任教員，從事美術教育。

徐力民的身上，毫無「嬌」「驕」二氣，隨著孩子一個個出生，她不得不放棄了工作，成了全職的家庭婦女。對此，她無怨無悔，吃苦耐勞地挑起了全部家務重擔。她侍奉年老的婆婆，照顧丈夫的起居，操心年幼的孩子，善待兩代的姑母，招待友朋親戚等等，大到家中的經濟開支、人情來往，小到做鞋補襪的繁瑣雜事，她都親力親為，從不打擾豐子愷。

徐力民對豐子愷十分敬重，雖然比豐子愷大二歲，但每次寫信，總是稱他為「愷哥」。豐子愷一向主張要做金錢的主人，有錢就花。他賣畫作文所得的錢，買房造屋是大的花銷。即使平時，也是大手大腳地花錢，常常給孩子們買回一網籃一網籃的玩具，還有電唱機、溜冰鞋等等。逢年過節，更要買許多禮花爆竹來放，頗有其祖母及時行樂的風尚。母親有時嫌他花錢不知節儉，免不了要嘮叨幾句，而徐力民則寧可自己節約，從來不說他一句。

豐家的兒女都十分敬重母親。多年以後，林先曾追憶母親說：「我們過去真不知道體諒母親，抗日戰爭時在重慶沙坪小屋，那時我們都外出讀書了，星期日回家，見母親與山鄉人一樣背上綁著新枚，進進出出操持家務，還背著新枚自己倒洗馬桶。」誰又能看得出她曾是富紳家中的千金小姐、新式學校裏的美術教師？

緣緣堂時，徐芮蓀已經去世，徐力民的母親就時常來此小住，既是圖個熱鬧，也幫著女兒和豐滿，一起操持操持這個大家庭的瑣碎家務。

豐家在石門鎮上有不少親戚，往來密切。有時是孩子們去親戚家玩耍，有時是親戚上門，大家歡聚一堂，喝茶談天。

豐子愷的妹妹雪雪（豐雪珍）自幼送人，嫁在石門附近的鄉村南沈浜。「九一八」事變那年，生了個兒子。妹夫蔣茂春來給豐子愷報訊，還請他給孩子取個名。那時正是日本侵華囂張的時候，豐子愷不加思索，就在一張紅紙上寫了「蔣鎮東」三個大字，上面又橫寫「長命康強」四個小字，和產湯一同送了去。

豐子愷回鄉後，雪雪和丈夫就時常帶著鎮東，坐著自家的小船到緣緣堂來。小小的鎮東長得又結實、又大方，豐子愷很喜歡他，見了面，總要捏捏他的小腿，摸摸他的圓臉，咬緊了牙齒說：

「你看！一股健康美！定要有這樣的好體格，將來才能『鎮東』呀！」

又握他的小手，笑著對他說：

「將來你去『鎮東』，不要忘記啊！」

有一次，鎮東隨著爹媽又來到了舅舅家。大家坐在堂前說話、喝茶。他坐得不耐煩了，就要往地上爬。豐子愷退後幾步，張開兩臂蹲在地上，對徐力民說：

「不要給他爬，讓他學學步看。來！你放他走過來。」

徐力民將鎮東扶定在地上，然後一放手，他居然搖搖擺擺地走到了豐子愷的懷裏，堂前一陣歡呼。

這個情景叫豐家這些深受藝術薰陶的孩子們看了，立即想到了法國油畫家米勒的名作「初步」。那畫上的構圖，與此極為相似。

於是他們就向爸爸建議，照剛才的樣子再做一遍，然後拍成照片做紀念。

豐子愷立刻贊成，到樓上拿了照相機，就去選景。真是十分的巧合，緣緣堂後牆圈裏，有一排籬笆，籬笆外面有一棵槐樹，正與畫上的景物相合。左邊還有一個雞棚，恰可代替原畫上小羊的位置，使得畫面均衡。

孩子們十分滿意，便叫了雪姑母一家來，擺好了姿勢拍照。

鎮東不知道什麼叫拍照，懵裏懵懂地很高興，兩個大人卻拘束張皇起來。

豐子愷對妹妹說：「還未照呢，現在先試做一遍看。真要照時我會通知你們的！」

於是他們放心了，很自然地演習起來。雪雪擺開步位，彎著腰，提著鎮東的兩腋，一面笑，一面說：「囝囝走，囝囝走，走到爸爸那裏去！」

茂春跪下左膝，伸出一雙大手，起勁地大喊：「囝囝來，鎮東來。」

正在這時候，照相鏡頭上「的」地一響，豐子愷叫道：「好，好！照好了！」

雪雪一下沒回過神來，呆了好一會兒，才說：「上了你的當，我全然不得知呢！」

豐子愷笑著回答她道：「不得知才好呢！得知了照出來一定不自然的。」

說著，就拿了照相機回屋去了。

大家都留在牆圈裏玩耍，大人們喝茶、吃糕；孩子們扶著鎮東學走路，弄皮球，捉貓，拾雞蛋。

這一成功的家庭藝術實踐活動，引得一家人都開心不已❷。

三

豐子愷十分注重孩子們的家庭教育，而且善於運用各種玩具，在遊戲中開啟兒童的智力，增長他們的知識，開拓他們的視野，增強他們的體質。其寓教於樂的方法，堪稱兒童教育的專家。

緣緣堂未建時，地基上有一大片空地。豐子愷在上面安置了滑梯、蹺蹺板、秋千、跳高架，還挖了沙坑，建成了一個小小的運動場，供孩子們進行戶外鍛鍊。他還非常細心周到地在門邊和秋千、滑梯的柱子上掛了一疊疊乾淨柔軟的紙，下面擺放了竹簍，給孩子們擦鼻涕和吐痰用，培養他們的衛生習慣。

緣緣堂建好後，除了自己家的孩子外，親戚、鄰居家的孩子也常來家玩耍。豐子愷便想出許多不同的遊戲給他們玩，從中督促他們的學習。

比如類似語文的學習方法是：他在後院葡萄棚下放了兩張小方桌，上面各畫有象棋、圍棋的棋盤。有時候，他會給孩子們出作文題，要求他們寫一份象棋下法的說明書。他啟發孩子們說：「一個不會下象棋的人，看了你寫的說明書後，就會下了。按照這個要求，應該怎麼寫？請大家仔細考慮。」

❷ 此情節據豐子愷《少年美術故事．初步》改寫。

音樂課的上法是：他用留聲機放〈漁光曲〉、〈迷途的羔羊〉等歌曲給大家聽，不但要他們學著唱，還要求用筆把譜子記下來，看誰記得最準確。然後再學會照譜唱曲，他則彈著風琴給孩子們伴奏。

地理課的上法是：買來帶可裝卸鐵軌的自動小火車，讓孩子們將鐵軌拼裝成滬杭線、浙贛線、隴海線、平漢線、粵漢線等各條鐵路線，然後標注記憶各線的全長、起點、終點和沿線各站點。

豐子愷最拿手的，當推藝術課程的講解了。

他有一箱子的摺扇，時常調換著拿在手裏，在院子裏踱來踱去地欣賞。即使是在穿著棉袍子的冷天，也照樣是扇不離手。這引起了孩子們十二萬分的好奇心。有一天，他們終於「偷」得一把爸爸遺落在廁所裏的扇子，認真地察看起來：

「爸爸天天捧著扇子看，究竟扇子上有些什麼花樣？讓我仔細看它一看。」

但見此扇一面是字，全是草書，研究了半天的結果，是一個也認不出來。另一面是畫，在他們的眼裏，此畫怪異得緊：有人，卻是個駝背，伸著頭頸，好像一隻猢猻。有山，卻好像草柴堆，一條一條的皺紋非常顯著。有樹木，卻好像玩具，樹葉子寥寥數張，數都數得清楚。有房屋，卻是小得可憐的那麼一間，只有一個窗洞，孤零零的，旁邊沒有鄰居。

他們忍不住地為那猢猻似的人著急：「要是到了晚上，暴風雨把這房子吹倒了，豺狼虎豹來吃這人了，喊『救命』也沒人答應，那可怎麼辦啊？」

幸虧此時爸爸來了，趕緊請教爸爸。

爸爸坐在藤椅上，興味津津地給孩子上起了中國古代書畫藝術的鑑賞課。他說：

「中國古時，人口沒有現今這麼多，交通沒有現今這麼便，事務沒有現今這麼忙，因此人的生活很安閒，種田吃飯，織布穿衣之外，可以從容地遊山玩水。有的人終年住在山水間，平安地過著清靜的生活。但這是遠古時代的情形了。

「所以，就有了這樣的畫。

「到了後來，世間實際的生活情形早已發生了變化，人們的生活再也不是那樣的安閒了。但人們仍舊懷念和讚美古代的清靜生活，一心嚮往古人的生活，這夢想就在他們的畫裏表現出來：

「在京裏做官的畫家，偏偏喜畫寒江上釣魚一類的隱居生活；住在鬧市裏的畫家，偏偏喜畫荒山中讀古書一類的清閒生活，山水畫得越荒越好，人物畫得越閒越好。於是產生了這樣的沒有鄰侶，沒有糧食，不怕風雨，不怕虎狼，而忘記了日子的荒山讀《易》圖。這原是不近人情的……」❸

豐子愷作畫不作中國傳統樣式、風格的山水畫。即使抗戰流亡以後畫風改變，開始以沿途

❸ 此情節據豐子愷《少年美術故事．爸爸的扇子》改寫。

所見之自然山水為題材作畫，卻也是他自成一格的作風，完全以眼前的現實為師，而非臨摹古畫，並堅決否認與古代山水畫家有任何的聯繫。尤其山水畫中的人物，更是現代人物的打扮。結合此處所論，他對傳統山水畫的見解可見一斑。

除此之外，緣緣堂裏還有三輪車、腳踏車、木馬、溜冰鞋，孩子們均可自行選擇，各逞所長。每天郵遞員送來的各種國內外報紙雜誌，更是有大大的一捆，任憑孩子們翻檢閱讀。

緣緣堂不僅是豐家孩子的安樂窩，也成了其他許多孩子的樂園。在隔了將近七十年之後的今天，當筆者與當年緣緣堂裏的小客人豐桂女士談起這些往事時，八十多歲的老人依然還是那樣的興味盎然，懷戀不已。在老人深情的敘述中，我們看到了平凡生活中的美好，而平凡的美好，一樣可以令人刻骨銘心。

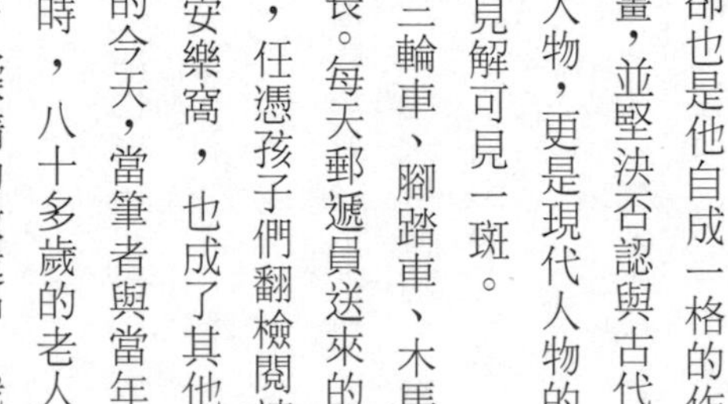
緣緣堂時期的豐子愷在書房作畫。

說起來，豐家的兒童教育，是頗具家族淵源的。父親豐鐄在家設塾教書自可不必再說，大姐豐瀛早在一九一二年，也在自家的老屋惇德堂裏辦過一所振華女校，自任校長。當時此校遠近聞名，湖州、烏鎮、崇德、新市等地，都有許多女子前來就學。著名文學家茅盾的夫人孔德沚、紅軍女將領張琴秋等人，都在此讀書。二姐豐滿也在這學校裏任教，為了提高教學水平，她還專門到了杭州，在省立女子師範就讀。一九一八年，豐瀛去世，豐滿就接任了姐姐的校長一職。

兩個女兒的所作所為，在當時鄉鎮裏，都是出了格的新鮮事，少不了有人說三道四，母親鍾雲芳卻都十分贊同和支持。她幫著女兒照顧學生，每每在午膳時教她們說：「小孩子坐要有坐相，吃要有吃相，不可這樣粗野相。」

豐子愷十分重視兒童教育，不但在家中和鄉鄰的孩子間身體力行，還積極地撰文表述他的兒童教育的主張和理想，呼籲全社會的母親們都來關注和實施兒童教育。

早在一九二七年，他就寫了一篇文章〈告母性〉，文中寫道：

> 夫人們！……請各拿出本心來，於清夜細想，一定可以相信天地的靈氣獨鍾於孩子。而他們天天傍在你們的身邊，夜夜睡在你們的懷裏。你們的幸福何其深呢！
>
> 孩子是未來的大人，是未來的世界的主人翁……他們墮地的時候，對於這世間毫無成見，猶之一張白紙，最初在這白紙上塗色的，是你們。這最初的色是後來所添的一切色的底子、基礎。你們現在的教訓，便是預定他們將來的人格的。你們現在的指示，便是預定將來這世界的方針的。人類、世界，在你們的掌握中。你們的權威何其大呢！
>
> 然而夫人們！幸福越深，權威越大，母親越難做！……所以要當心：現在的燈前小語，

已經種下將來立己達人，或殺身禍世的根苗；而現在的舉手投足，也許埋伏著將來的國家的革命，世界的變遷的動機呢！母親的責任何其大，母親何其難做！（〈告母性〉）

可是，重視兒童教育的豐子愷家中的兒童，現在已有脫離了兒童變成少年的了。三個女兒都到了讀中學的年齡，眼見得要離開石門，到杭州去投考了。豐子愷的心中雖是不忍，卻也不能無視她們的成長。

一九三四年的早秋，豐子愷與其他幾個家長和老師一起，送自己的孩子或是學生去杭州考中學。

客船行駛在大運河上，投考者坐在船中，埋頭於手上的書本，刻苦用功。如此的情景和相似的道路，豐子愷真是太熟悉了。

豐子愷看了不忍，就叫他們：「抱佛腳沒有用的！」希望他們放下書本，放眼船外的景色。孩子們哪有他那種悠閒的心情，自是對他不予理睬。

叫得多了，孩子們煩了，就拿種種的問題來難他：「穿山甲喜歡吃什麼東西？」「耶穌生時當中國的什麼時代？」等等。

這種生活之中並無實用、只為考試而設的題目，除了應考者，誰答得出。豐子愷一概不知，覺得很沒有面子，便做出內行的樣子說：「這種題目不會考的。」

孩子們都笑了，伸出一根手指點著他說：「你考不出！你考不出！」

豐子愷到底有些羞愧，便管自倚在船窗上吸煙，不去影響他們了。

到了考試的那天早晨，孩子們早早地五點鐘就起了床。茶飯無思地做好了準備，就坐著黃包車赴考去了。豐子愷站在一旁，乾著急卻使不上勁，看著十二三歲的女孩們愁容滿面地上了車，感覺她們就像被押赴刑場似的，心裏著實起了憐憫之情。

揭榜的時刻終於來臨，正好輪到豐子愷陪孩子們去看榜。他覺得看榜這一刻的心情太緊張了，便不教他們親自去看，而他自己則似乎更緊張，也不願意代他們去看。便自以為得計地想出一個緩和的辦法來，他將這群學生帶到學校附近的一個茶館裏坐等，另派他們的一位先生去看，然後回來報告。

穿著夏布長衫的先生踱著方步緩緩地去了。這個自欺欺人的辦法沒有解決實際問題，反而拖長了等待的時間，更讓學生們心焦。他們有的伸長了脖子張望，有的跨出門檻在外面等候，凡有夏布長衫的影子晃過，必令他們觸目驚心地起立，又失望地坐下。

久待不來，那位先生竟無辜地成了他們的冤家對頭。有的女學生背地裏罵他「死掉了」，有的男學生料他「被公共汽車碾死」。但他到底沒有死，終於拖了一件夏布長衫，從那去處慢慢地踱回來了。「回來了，回來了」，一聲叫後，全體肅靜，許多眼睛集中在他的嘴唇上，聽候發落。這數秒間的空氣的緊張，是我這支自來水筆所不能描寫的啊！「誰取的」，「誰不取」，一一從先生的嘴唇上判決下來。他的每一句話好像一個霹靂，我幾乎想包耳朵。受到這種霹靂的人有的臉色慘白了，有的臉色通紅了，有的茫然若失了，有的手足無措了，有的哭了，但沒有笑的人。結果是不取的一半，取的一半。我抽了一口大氣，開始想法子來安慰哭的人。我胡亂造出些話來把學校罵了一頓，說它辦得怎樣不好，所以不取並不可惜。不期說過之後，哭的人果然笑了，而滿足的人似乎有些懷疑了。我在心中暗笑，孩子們的心，原來是這麼脆弱的啊！教他們吃這種霹靂，真是殘酷！

（〈送考〉）

回家之後，豐子愷對這一番送考的經歷念念難忘，他自己有寄宿生活的切身感受，原本對之就是又恐懼又反感。這一次的送考，讓他舊景重溫，想到自己的孩子也要被送到那樣的學校，去過那種「可悲可怕的」寄宿生活，真是於心何忍！

然而孩子大了，就必然地要走上社會，隨著社會這架大機器的規律和節奏運轉，家長怎麼阻止得了，又怎麼可以阻止呢？考試的結果是，陳寶、軟軟進了市立中學，林先進了行素中學。開學之後，都到杭州寄宿上學了。

孩子們走後，豐子愷去杭州就變成經常的事了，自己辦事之外，就是到學校去看望女兒們。

每次的探望，都會使他傷神於女兒們臨別時的戀戀不捨。

這樣的日子，讓豐子愷覺得過起來不踏實。思來想去，最後決定在杭州租屋而居，這樣，春秋之時來杭居住，週末孩子們就有家可歸，得與父親共享快樂時光。待到寒冬酷暑的假期，再一同回到石門緣緣堂裏度過。這樣兒女們的學業不會受到影響，自己的牽掛也有了妥貼的著落，豈非兩全其美？何況杭州還有西湖，西湖又與他因緣深厚。

就這樣，兒女之愛與西湖之戀，讓豐子愷在杭州築起了他的「別寓」。這「別寓」先是皇親巷六號的住宅，從一九三四年住到一九三六年。後遷居馬市街一五六號，因環境嘈雜，又遷至田家園三號，一直住到一九三七年「八一三」之後。

友人們戲稱此屋為豐子愷的「行宮」，詎異於他不在杭州賺錢，卻無端地做了寓公，可又怎知他的胸懷。豐子愷從來就不是循規蹈矩的人，更不是吝錢愛物的守財奴。他自稱「平生不善守錢。餘剩的鈔票超過了定數，就坐立不安，非想法使盡它不可」。他的生活哲學，就是「不為無益之事，何以遣有涯之生」。更何況三年的寓杭生活，決非「無益」，豐子愷從中極大地享受到了生活的藝術。

每次去杭州，他最喜歡的交通工具是運河裏的客船，生活的藝術便從起身下船的那一刻展開了她美麗的畫卷：

無數朱漆欄杆玻璃窗的客船，麇集在這灣裏，等候你去雇。你可挑選最中意的一隻。一天到嘉興，一天半到杭州，船價不過三五元。倘有三四個人同舟，旅費並不比乘輪船火車貴。勝於乘輪船火車者有三：開船時間由你定，不像輪船火車的要你去恭候，一也。行李不必用力捆紮，用心檢點，但把被、褥、枕頭、書冊、煙袋、茶壺、熱水瓶，甚至酒壺、菜盍……往船艙裏送。船家自會給你佈置在玻璃窗下的小榻及四仙桌上。你下船時彷彿走進自己的房間一樣，二也。經過碼頭，你可關照船家暫時停泊，上岸去眺矚或買物。這是輪船火車所辦不到的，三也。倘到杭州，你可在塘棲一宿，上岸買些本地名產的糖枇杷、糖佛手；再到靠河邊的小酒店裏去找一個幽靜的座位，點幾個小盆：冬筍、茭白、薺菜、毛豆、鮮菱、良鄉栗子、熟荸薺……燙兩碗花雕。你儘管淺斟細酌，遲遲回船歇息。天下雨也可不管，因為塘棲街上全是涼棚，下雨不相干的。這樣，半路上多遊了一個碼頭，而且非常從容自由。這種富有詩趣的旅行，靠近火車站地方的人不易做到，只有我們石門灣的人可以自由享受。（〈辭緣緣堂〉）

此時的豐子愷的杭州，是一座真正的天堂。他眼中的西湖一塵不染，只是藝術欣賞和觀照的對象。無論是接天蓮葉的清麗，還是三秋桂子的濃香，都是讓他陶醉的美景；無論是湖上風光的旖旎，還是山中景色的幽靜，都是令他流連的勝地。煙雨迷濛中的詩情畫意，暮鼓晨鐘裏的凝神思悟，伴隨著他度過了三個春秋的好時光。

江南水鄉這種安逸、精緻而又充滿詩情畫意的悠閒生活，倒也不是人人都能夠體味得到的。人世間實在有太多的人「身在福中不知福」；也實在有太多的人得隴望蜀，為了貪得功名利祿而遺棄了對於身邊現實生活的美的發現和品味。名繮利鎖之中的人生，似乎人人都是匆匆地來，又匆匆地去。在喧囂嘈雜的紅塵間，在焦灼浮躁的心態裏，在一路匆匆的奔忙中，為了俗世的浮華而孜孜以求，耗盡一生，失卻了對於生活的真實的內心體念，遺落了生活的真義。藝術地生活，真是談何容易！

這種藝術地生活的心態和境界，除了豐子愷自己的天性使然外，也有乃師李叔同、夏丏尊的言傳身教。我們不妨來看一段李、夏二人的生活紀實。

有一年，夏丏尊邀請弘一法師到白馬湖去小住，法師答應後，就帶著行李去了。行李十分簡陋，鋪蓋是用一條很破的席子包著的，幾件衣服捲起來，就是枕頭。

安頓好住所後，法師拿著一條既黑而又破

「草草杯盤供語笑，昏昏燈火話平生」

爛不堪的手巾到湖邊去洗臉。

夏丏尊見了，心中真是不忍，就說：「這手巾太破了，我替你換一條好嗎？」

「哪裏！還好用的，和新的也差不多。」法師把那破手巾珍重地張開給他看。

第二天，夏丏尊給法師送去午飯。菜是兩碗素菜，都是萊菔、白菜之類。但在法師的眼裏，這都是為他慎重而做的盛饌，小心喜悅地把飯划入口裏，鄭重地用筷子夾起一塊塊的萊菔。

有一次，一位朋友送來的菜太鹹了，夏丏尊就說了一句：「太鹹了！」法師卻照舊吃得津津有味，說：「好的！鹹也有鹹的滋味，也好的！」

在法師的眼裏，生活中的一切都是好的，都是值得鄭重珍惜的。很破的席子、破舊的手巾、萊菔白菜、鹹苦的蔬菜等等，什麼都是那麼的有滋有味、值得品味，什麼都是那麼的真實可愛、令人愉悅。夏丏尊為此發出了由衷的欽佩：

這是何等的風光啊！宗教上的話且不說，瑣屑的日常生活到此境界，不是所謂生活的藝術化了嗎？人家說他在受苦，我卻要說他是享樂……藝術的生活，原是觀照享樂的生活。在這一點上，藝術和宗教實有同一的歸趨。凡為實利或成見所束縛，不能把日常生活咀嚼玩味的，那是與藝術無緣的人們。真的藝術，不限在詩裏，也不限在畫裏，到處都有，隨時可得。把他捕捉了用文字表現的是詩人，用形及色彩表現的是畫家。不會作詩，不會作畫，也不要緊，只要對於日常生活有觀照玩味的能力，無論誰何，都有權去享受藝術之神的恩寵。否則雖自號為詩人畫家，仍是俗物。（〈弘一法師的出家生活〉）

這種觀照、體味生活的態度，絕非常人所能理解；弘一法師的境界，更非常人所能企及。法師的昔日，從繁華的生活中走過，真正富裕的生活涵養了他從容裕如的人生底韻，使他既能在富貴的生活中如魚得水，又能在僧人的苦行中安貧樂道。其實不論富貴清貧，只要是真實的生活，就都會有真實的滋味，都可以從中體會、享受到真實的快樂。

現實中的問題解決了，豐子愷的思考卻沒有停止。長長的一段時間裏，他都沉浸在兒女的成長給他帶來的感慨中。他從中看到了很多，也想到了很多……

昔日上海小家庭中天真爛漫的小兒女生活曾佔據了豐子愷的心，讓他由衷的企羨，並因此而讚美童心，豔羨兒童世界的廣大。然而現在，兒女們卻都長大了。

有一年寒假裏的一天，豐子愷正在翻閱自己的畫冊，阿寶、軟軟、華瞻都站在他的身邊同看。當看到「軟軟新娘子，瞻瞻新官人，寶姐姐做媒人」這一幅時，幾個孩子都不自然起來。軟軟和華瞻的臉上現出忸怩的笑容，而阿寶則堅決地表示再也不做媒人了。

孩子們小的時候，每逢豐子愷出門，他們必定要哭鬧阻攔，不讓他走。這教豐子愷心裏充滿感動和慰藉，將此視作自己為孩子付出以後獲得的信任，孩子們從他這裏感受到了家庭的溫暖，「少不來一個爸爸」。誰料最近這次要出門的時候，阿寶卻來勸他儘管早早地快去，遲遲地晚歸，說她自己有種種的辦法可以讓弟妹們聽話，可以讓他們不阻攔爸爸的遠行，不給媽媽添亂。原來，她已從父母的對話中，聽出了爸爸此行有早去晚歸的必要，便懂事地決定為父母分擔生活的辛苦了。

> 我此行感覺輕快，但又感覺悲哀。因為我家將少卻了一個黃金時代的幸福兒。這個一味「要黃」❹而專門欺侮弱小的搗亂分子，今天在那裏犧牲自己的幸福來增殖弟妹們的幸福，使我看了覺得可笑，又覺得可悲。你往日的一切雄心和夢想已經宣告失敗，開始在遏制自己的要求，忍耐自己的欲望，而謀他人的幸福了；你已將走出惟我獨尊的黃金時代，開始在嘗人類之愛的辛味了。(〈送阿寶出黃金時代〉)

還是阿寶的事情。有一次在杭州，豐子愷帶著阿寶在路上走，春風吹起了陣陣柳絮，落在阿寶的頭上、臉上和嘴上。阿寶習慣地仰起頭來轉向父親的身旁，豐子愷便拿出手帕來替她拂拭。這在他們父女，本是極尋常的一件事，就像阿寶每天吃完飯，都是父親給她洗的臉。誰料此時卻引起了路人的注視，並對著他們竊笑，豐子愷領會這竊笑中的含義是：「這樣大的姑娘

---

❹ 阿寶吃雞蛋只要蛋黃、不要蛋白，並因此而將一切她所要的東西稱為「黃」。

兒，還在路上教父親摟住了拭臉孔！」他這才猛然醒悟：原來女兒已經長大了。

兒女的成長，在雙親的辛苦和操勞的生活層面上，帶給豐子愷很多的安慰，他對阿寶說：「你已在我的不知不覺間長成了一個少女，將快變為成人了。……我的辛苦和你母親的劬勞似乎有了成績，私心慶慰。」

然而就一個人個體的人生而言，走出了兒童生活的黃金時代的所謂成長，卻似乎不是一件可以慶慰的事了：

他們好比已經換了另一班人，不復是昔日的阿寶、軟軟和瞻瞻了。昔日我在上海的小家庭中所觀察欣賞而描寫的那群天真爛漫的孩子，現在早已不在人間了！他們現在都已疏遠家庭，做了學校的學生。他們的生活都受著校規的約束，社會制度的限制，和世智的拘束；他們的世界不復像昔日那樣廣大自由；他們早已不做房子沒有屋頂和眠床裏種花草的夢了。他們已不復是「快活的勞動者」，正在為分數而勞動，為名譽而勞動，為知識而勞動，為生活而勞動了。（〈談自己的畫〉）

這樣的勞動沒有快活可言，有的往往多是艱辛和磨難。豐子愷身處其間，「眼看見兒時伴侶中的英雄、好漢，一個個退縮、順從、妥協、屈服起來，到像綿羊的地步。我自己也是如此，

後之視今，亦猶今之視昔，你們不久也要走這條路呢！」（〈送阿寶出黃金時代〉）

現在，他們果然都走到這條路上來了，豐子愷自是心有不甘，卻也無可奈何。他盡可以在家中念誦著八指頭陀的詩：「吾愛童子身，蓮花不染塵。罵之唯解笑，打亦不生嗔。對境心常定，逢人語自新。可慨年既長，物欲蔽天真。」為孩子們的走出黃金時代而悲哀，為從此不得再見孩子們舊時的天真爛漫而歎惜，也為自己的步入中年而頗有落寞之感。然而時間卻是毫不留情地往前走，當年家中「羅馬三頭政治」中的領冑華瞻，也跟著姐姐們的腳步，考進了杭州的宗文中學。

四

悠閒地往來於石門緣緣堂和杭州別寓間的豐子愷，是一個慈父，是一個藝術生活的實踐者。不過在豐子愷的藝術生活裏，並不只是一味地向生活的索取，並不僅僅只是發現生活的美進而享受生活的美，更多的還是藝術的創造，這是他畢生從事且成就非凡的事業。

早在一九二五年回到上海後的數年間，豐子愷就是立達學園裏最為勤勉的藝術園丁，他為一年級講述藝術概論、二年級講述現代藝術、三年級講述西洋美術史。一九二九年，又為松江女中初一學生講述「為什麼學圖畫」、為高一學生講述「藝術鑒賞的態度」、「美與同情」等等。立達學園三種課的講義後來分別以《藝術概論》、《現代藝術十二講》、《西洋美術史》之名由開明書店出版，松江女中的講義則收載在《藝術趣味》一書中。

除這些由講義印行出版的藝術理論著述外，一九二五到一九三〇年間，豐子愷還出版了《藝術教育ABC》等五部藝術教育及美術專著、《音樂的常識》等四部音樂類專著、《苦悶的象徵》等五部譯著、《中文名歌五十曲》等二部編選類作品。勤勉教學、著述宏富，成為他一生藝術教育與理論研究的一個主要時期。

到一九三一至一九三七年間，據豐陳寶、豐一吟所編《豐子愷著譯書目》，豐子愷出版的畫集有《光明畫集》（一九三一年）、《學生漫畫》（一九三一年九月）、《兒童漫畫》（一九三二年一月）、《兒童生活漫畫》（一九三二年三月）、《雲霓》（一九三五年四月）、《人間相》（一九三五年八月）、《都市之音》（一九三五年九月）；藝術理論著作有《西洋名畫巡禮》（一九三一年六月）、《繪畫與文學》（一九三四年五月）、《近代藝術綱要》（一九三四年九月）、《藝術趣味》（一九三四年十一月）、《開明圖畫講義》（一九三四年十一月）、《藝術生活》（一九三五年十一月）、《繪畫概說》（一九三五年八月）、《西洋建築講話》（一九三五年十二月）、《藝術漫談》（一九三六年十月）；音樂類著作有《世界大音樂家與名曲》（一九三一年五月）、《西洋音樂楔子》（一九三二年十二月）、《開明音樂講義》（一九三四年十一月）；譯著有《初戀》（一九三一年四月）、《藝術教育》（一九三二年九月）、《自殺俱樂部》（一九三二年）、《音樂概論》（一九三二年）；另外還編選了《懷娥鈴演奏法》（一九三一年九月）、《懷娥鈴名曲選》（一九三一年）、《英文名歌百曲》（一九三二年）、《洋琴名曲選》（一九三二年）、《風琴名曲選》（一九三二年五月）、《開明音樂教本》（一九三五年）。

同時，豐子愷藝術生涯中與漫畫並美的隨筆創作，也於立達學園開始起步。數年之間，他在《一般》、《教育雜誌》、《新女性》、《小說周報》、《現代文學》等雜誌上發表了三十餘篇作品❺。許多反映作者心境、心態的名篇，如〈法味〉、〈緣〉、〈兒女〉、〈憶兒時〉、〈大賬簿〉、〈漸〉、〈秋〉等等，都是此時的作品。著名的《緣緣堂隨筆》，即由這一時期的作品彙集而成。加上同期出版的兩本漫畫集，藝術創作上耕耘的勤苦與收穫的豐厚，都是顯而易見的。

到了緣緣堂時期，豐子愷的隨筆已經形成自己十分獨特的風格。在以往以政治、軍事等革命文學為中心的現代文學史上，他沒有受到足夠的重視。但他獨具文化性靈的作品，卻一直受到讀者的歡迎。早在三十年代，日本評論家谷崎潤一郎就有言稱：「任何瑣屑輕微的事物，一到他的筆端，就有一種風韻，殊不可思議。」日本漢學家吉川幸次郎在翻譯了《緣緣堂隨筆》後寫道：「著者豐子愷，是現代中國最像藝術家的藝術家，這並不是因為他多才多藝……我所喜歡的，乃是他的像藝術家的真率，對於萬物的豐富的愛，和他的氣品、氣骨。如果在現代要想找尋陶淵明、王維那樣的人物，那麼，就是他了吧。他在龐雜詐偽的海派文人之中，有鶴立雞群之感。」（〔日〕谷崎潤一郎著、夏丏尊譯之〈讀《緣緣堂隨筆》〉）

❺ 這一時期出版發表的藝術理論等著述及隨筆的數量，據《豐子愷文集》統計。

在豐子愷的隨筆中，最讓我們難以忘懷的是作者袒露的心境和情懷。在這裏，我們可以看到他對時間空間的探尋，是他在窮究生命本原、宇宙根本中表露的對於人生的終極關懷；他對兒童世界的描寫，是為了從兒童與成人社會的對比中觀照自然人性的失落；他對佛門佛法的縈心虔誠，是他寄期望於哲學和宗教中尋求克服人生疑惑虛空的真實途徑；他對人性弱點的批判，是為了從這批判中昇華起一個更為完善和光明的社會；他對大眾藝術的倡導，是他作為一個藝術家的社會責任感的有效實踐。

豐子愷的隨筆中，沒有吶喊和呼嘯（抗戰時的隨筆作為一個特例除外）、沒有喧囂和浮躁、沒有驕矜和造作，從容裕如、自然醇厚。

豐子愷這些文學創作上的藝術特色，讀者自可從本書中筆者引錄的一些豐氏隨筆的片斷細加體味。

漫畫創作中，社會相的題材內容逐漸多了起來。早年的豐子愷不忍描寫社會的黑暗面，把它們從筆底抹殺了。後來，還是不能迴避，終於也開始正面描寫了。

至於描寫的動機，似乎與其他漫畫家不同：

我想，佛菩薩的說法，有「顯正」和「斥妄」兩途。西諺曰：「漫畫以笑語叱吒人間」，我為何專寫光明方面的美景，而不寫黑暗方面的醜態呢？於是我就當面細看社會上的苦

痛相、悲慘相、醜惡相、殘酷相，而為它們寫照。〈我的漫畫〉

於是，就有了肩負生活重擔的「頒白者」，「有情明月」之下的沙場白骨，「夫死戰場子在腹」的乞婦，不知處境悲慘的臉上依舊蕩漾著「笑渦」的棄兒。

即使是在這些題材的作品中，還是有他特有的古典文人情趣的流露。在選材上，他還是喜歡選取合適的古詩予以描畫，如「瓜車翻覆」、「大魚啖小魚」。在意境上，也不乏風中柳、沙場魂的古意，傷感、悽楚的情調。

一九三三年一月十六日，他在《論語》三十三期上發表了一幅「樹猶如此」，畫風中弱柳，迎風擺枝，枝頭有點點的淚珠灑落。樹下的草叢中，是熒熒的白骨。交錯的鐵絲網，表明這是一處戰場。林語堂為之題詩云：「脆脆風前柳，絲絲淚如雨。豈知我心憂，低頭默無語。脆脆風前柳，飄搖如戰慄。豈解我心憂，依希長太息。脆脆風前柳，葉葉報淒愴。春風吹不盡，絲絲離恨腸。」

如此選材、構圖和情調的作品，與其他以「吶喊」「憤怒」為基調揭露社會黑暗的作品相比，顯然有很大的不同。以佛教的「斥妄」之旨為出發點的豐子愷，創作的目的還是為了「顯正」，因此就與那些旨在社會改革、甚或呼籲暴力革命的作品不同，更顯溫情，卻較少震撼的衝擊力。

就是這樣的作品，叫豐子愷自己看了，有時還是不免會覺得觸目驚心：

恍悟「斥妄」之道，不宜多用，多用了感覺麻木，反而失效。於是我想，藝術畢竟是美的，人生畢竟是崇高的，自然畢竟是偉大的。我這些心酸悽楚的作品，其實不是正常的藝術，而是臨時的權變，古人說：「惡歲詩人無好語。」我現在正是惡歲畫家……（〈我的漫畫〉）

粗粗地去看，豐子愷的漫畫作品是一個特色鮮明的整體，然而細細地品味起來，他的創作從題材、寓意到藝術表現都是一直處在變化之中。而這個變化的趨勢，是隨著豐子愷藝術思想的不斷成熟和發展而發展的。認同詩畫同源、強調以詩入畫，堅信繪畫與文學之間具有密切的內在聯繫，並在自己的藝術修煉中，將兩者充分地糅合，在自己的藝術創作中，將兩者充分地融會，應該是豐子愷藝術思想中的一個主要方面，決定他創作的一個主導觀點。因此即使是在與現實社會關聯密切的社會相漫畫中，他也念念不忘於含蓄蘊藉的意境，不忘於詩意的表達。這種情況在他以後的創作中，還將會有更明顯的表現，讀者不妨拭目以待。

在這種藝術思想的指導下，我們在豐子愷的隨筆中，可以看到、欣賞到許多栩栩如生、宛在眼前的生動畫面；而在他的漫畫中，則可以讀到、品味到濃郁的詩詞意境。結果就是，在以往以革命文學、重大題材和宏大敘事為記述主體的現代文學史上，豐子愷沒有佔到他應有的位置，雖然他一直受到社會大眾的廣泛歡迎。

豐子愷受到大眾歡迎的另一方面的原因，在於他藝術創作中的一個重要和頗具特色的內容，就是將社會大眾藝術生活情趣和品味的普及與提高，視為自己義不容辭的職責。

一九三六年十一月，豐子愷重新制訂了他畫作的潤例，第一項為：「冊頁或扇面四元。」而在當時的書畫界中，畫價定為數十元乃至數百元的，大有人在。豐子愷對此十分不以為然，甚至指斥這些人「如此斂財，罪大惡極，豈藝術界所能容？」

在豐子愷自己的藝術世界裏，他一直堅持認為：「賤賣藝術品為今日畫家之義務。」為什麼呢？

蓋藝術品猶米麥醫藥，米麥賤賣可使大眾皆得療饑，醫藥賤賣可使大眾皆得療疾，藝術品賤賣亦可使大眾皆得欣賞。米麥與醫藥決不因賤賣而失卻其營養與治療之效能，藝術品亦決不因賤賣而降低其藝術的價值。蓋「藝術的價值」與「藝術品價值」原是兩件事也。（一九三六年十一月十六日〈致謝頌羔信〉）

畫作之外，豐子愷撰寫的大量藝術評論和欣賞的著作論文，以及多篇膾炙人口的散文隨筆，貫穿其中的一個重要的創作意圖，就是「曲好和眾」這個藝術觀念的實踐。他一直認為：「藝術不是孤獨的，必須與人生相關聯。美不是形式的，必須與真善相鼎立。」（《教師日記》一九

三九年二月二十八日）

在大師級的經典作品與老百姓的欣賞趣味之間，作一座溝通的橋梁，用歷代積累而成的高尚、優美的人類文明、智慧和情感的結晶，去滋潤大眾的心靈，由此提高整個社會的文明程度和審美情趣。這是豐子愷畢生從事的事業，也是他事業獲取成功的獨特緣由之所在。

第八章　藝術家的流亡

緣緣堂外的世界——為了「精神的空氣」而流亡——冬日負暄——路途險阻——緣緣堂被焚毀

一

緣緣堂內，是一個精緻的藝術天地。緣緣堂外，卻早已是炮火連天了。

一九三七年七月七日，侵華日軍精心策劃蘆溝橋事變，開始大舉入侵中國。八月十三日，日軍對上海發動進攻，中國軍隊奮起反抗，淞滬抗戰開始。自此，全中國進入抗擊日本帝國主義侵略的民族革命戰爭。

「八一三」事變後，杭州時有日機空襲，在杭上學的孩子們都已停課回鄉。為安全起見，豐子愷把原本留守杭州「別寓」的女工叫回了石門，鎖閉了「別寓」。後來杭州的火車站城站被炸，杭州人紛紛逃避鄉下。豐子愷便取消了「別寓」，派人將寓中的各色書籍、家居、器皿等等，用船載回了緣緣堂。

這些物品的加入，使得緣緣堂裏又添了一番熱鬧。全家人費了好幾天的時間，在堂中整理書籍，佈置家居，把緣緣堂徹徹底底地裝設一新。房間裏鮮花滿瓶，好書滿架，爐香繚繞，畫盈四壁，大家興高采烈，忙得不亦樂乎。

鎮上的鄉鄰也都跟著高興，在緣緣堂裏來往穿梭，有的幫忙，有的添亂。從來沒有看見過沙發的，特地趕過來坐一坐，試一試；染坊店裏的夥計沒有見過開關熱水瓶，還當它是個寶鼎。

一邊整理，一邊閒談，話題自然離不開外面的局勢。與槍林彈雨中的上海、敵機頻襲下的杭州相比，石門簡直就是太平盛世了。上海、杭州、松江、嘉興等地都有許多人來此避難，更叫小鎮上的人覺得自己家鄉的安全可靠。一致的看法是認為石門遠離鐵路公路，不會遭兵火。再說鎮又這麼小，沒有軍隊設防，飛機也不會來炸。

一人從經濟的角度分析說：「真的！炸彈很貴。即使請他來炸，他也不肯來的！」

另一人則是軍事家的立場：「他們打到了松江、嘉興，一定向北走蘇嘉路，與滬寧路夾攻南京。嘉興以南，他們不會打過來。杭州不過是風景地，取得了沒有用。所以我們這裏是不要緊的。」

更有人發表吃齋念佛者的見解：「杭州每年香火無量，西湖底裏全是香灰！這佛地是決不會遭殃的。只要杭州無事，我們這裏就安。」

豐子愷倒還不至於如此糊塗。早些時候，他在漢口和四川的朋友都寫信給他說，戰事必致擴大，浙江絕非安全之地，勸他早日率眷到大後方去。他經過數日的考慮，也已經決定了遷移之策。

但是，石門一直平安，豐子愷就猶豫起來。畢竟，誰不眷戀故土？誰又喜歡逃難呢？家鄉有華屋堂皇如此，有親情深厚如此，根深蒂固的桑梓之情，豈是說拋就能拋的呢？於是便抱著僥倖心理耽擱了下來。

十月二十八日（農曆九月二十六日），是豐子愷的四十歲生辰。雖然此時松江已經失守，咫尺之遙的嘉興也已被炸，家裏還是照常開筵做壽。來赴壽宴的遠親近鄰坐了滿滿的一堂，紅燭高照，壽桃紛獻，舉杯頻頻，賀語連連。

席間的談話依舊離不開戰事。

從上海逃出來的戚友報告著他們的親身經歷：南市已成火海，難民們無家可歸，日夜站在法租界緊閉的鐵柵門外乞食。南站的火車為避敵機轟炸，突然開動，以致車棚頂上的人紛紛墜落，有的被碾於車輪之下。

一個本家自大轟炸下的嘉興逃出，他講了一件親眼目睹的慘事，聽得滿座歎息。一日轟炸時，一位婦女躲在牆邊給嬰兒餵奶。不料一個炸彈落下，彈片削去了那婦女的頭顱，而她卻抱著嬰孩，並未倒下，嬰孩照舊吃奶。

聽到這裏，豐子愷想起原先聽到過的一個故事，便講給大家聽：

有一個獵人，進山打獵。看見一隻大熊坐在水邊，他連發數槍，皆中要害，而熊卻一直坐而不倒。他走近去看，發現熊確已死，之所以危坐不倒，是因為牠的兩隻前腳抱著一塊大石頭。仔細看去，發現在此大石頭下的澗水中，有三隻小熊正在飲水。如果大熊鬆手而倒，大石落下，必定砸死牠的三個兒女，所以死也不倒。直到獵人取下了牠腳中的石頭，牠方才倒下。獵人從此改業，再不打獵了。

在座各位聽了，無不唏噓歎息。

豐子愷也被自己的故事所感動，他看著堂上祝壽的紅燭，感念著世間人類的仁慈與光明，心想：仁能克暴。動物尚且有此仁慈之愛，何況人乎！

然而，人性之兇殘，實有更勝於禽獸者。殘酷的戰爭局勢，絕非善良的意願可以左右。一九三七年十一月六日，豐子愷親眼目睹了無辜生靈慘遭荼毒。

那天上午，緣緣堂樓上樓下的幾百塊窗玻璃一連數次地同時震動，發出遠鐘似的聲音。豐子愷心中頗覺異常，但並不清楚到底是怎麼回事。

吃午飯時，有飛機低低飛過。聽到聲音，很多人都走出家門，仰頭觀看，但都是看熱鬧地看，並無警惕。豐子愷看出這是一架日本偵察機，聯想到上午的震響，心知不妙。但他還是沒有任何躲避的行動，因為仍舊心存僥倖，希望飛機只是來偵察此地有無軍隊設防的，偵察之後，發現並無軍隊駐紮，也就不來轟炸了。

下午二時，飛機聲再次響起。接著就是「砰」、「砰」兩聲巨響，門窗震動。牆外頓起嘈雜呼叫之聲，家裏人則都齊集在東屋的樓梯下，靜默無言。豐子愷以家長的慣性，連聲說「不要緊！不要緊！」但是連他自己都聽出了聲音裏的虛空。此時，即使他化身而為那隻赴死救子的大熊，那塊致命的巨石，也並非操控在他的手中！更何況還有最小的一對兒女，尚在目不可及的家屋之外，他們的生死，愈加的不可護衛了！

狂轟濫炸整整持續了兩個小時，當場炸死三十餘人，受傷者無數（傷者中，數日內又死去三十餘人）。豐子愷全家總算無一傷亡，逃過一劫。

已死的母熊
獵人入山，以槍擊母
熊，中要害，端坐不倒。
近視之，熊死，是抱巨
石，石下溪中有小熊
三，戲於水。所以死而
不倒者，正恐石落傷
其子也。獵人感動，遂
終身不復獵。

《護生畫集・已死的母熊》。其中題字者為弘一法師。

妹夫蔣茂春聽到石門鎮上的轟炸聲，立刻同弟弟繼春搖船來到緣緣堂，邀請他們遷居鄉下避難。於是一家人收拾衣服，傍晚即匆匆辭別緣緣堂，登舟入鄉。船行河中，只見石門鎮上家家閉戶，處處鎖門；河中船行如織，都是遷往鄉下逃難去的。繁華熱鬧的石門鎮頓成死市。

舟抵南沈浜，當夜便租住在蔣氏族人蔣金康新建的樓屋中。

夜晚席地而臥時，豐子愷回想白天的浩劫，才感到了自己的不識時務。然而即使事已至此，他仍然還是「懶得去鄉國」。不過這次倒不是一味地盲目樂觀，或是還抱著僥倖心理不放了。他給自己畫了一條決定去留的界線，就是：「嘉興失守，方才出走；嘉興不失，決計不走。」

這樣地決定了以後，就在蔣家的樓屋安頓了下來。

富裕的江南，素有魚米之鄉、絲（綢）茶（葉）之府的美譽，石門不僅魚米絲茶樣樣兼具，更是著名的「杭白菊」的出產地。深秋的鄉村，正是收割晚稻、採摘茶葉和白菊花的季節。

孩子們跟著茂春姑夫走向田野，豐子愷也饒有興趣地同往。來到田間，放眼望去，一望無際的大平原上，大片大片的都是金色的稻浪，綠色的茶園，白色的菊海，間或點綴著各色蔬菜、雜糧和經濟作物，五彩交織，漫溢著清新、漫溢著生命，漫溢著亙古不變的希望。

孩子們在各色莊稼之間穿梭，飽嘗田野之趣。豐子愷則仰臥在一棵高大的銀杏樹下，浮想聯翩。

豐子愷十二三歲時，曾經來過此地，就在這大樹底下，與小夥伴們嬉戲遊玩。如今彈指一揮間，三十年的光陰匆匆而過，人已老去，而樹猶如昔。人事多變幻，天地自悠悠，人生的短暫和脆弱，在光陰的眼中，簡直就是比一粒宇宙塵埃都微不足道的存在了。

這麼想著想著，豐子愷又進入了他超脫淡定地觀照人生的境界，覺得什麼戰爭啊、逃難啊，實在渺小無謂，根本不足介意了。

然而渺小雖然渺小，不介意卻總歸是不行的。畢竟這個人，還是要做下去的。

石門遭受空襲後，鎮上的人都疏散在附近的鄉村中。郵路不通，外面的局勢便不得知曉。為此，豐子愷便以每日大洋五角的工錢，聘鄉鄰超三伯，到離村十五里的練市鎮的二姐夫家借報紙看。他每天都把報上的重要消息抄寫出來，貼在門口，供大家觀看。

這樣一來，豐子愷住在南沈浜的消息就傳開了。親友故舊紛紛前來探望，豐子愷也不絕地去訪。幼時的老師沈蕙蓀、族叔豐雲濱、七十餘歲的老姑母、身處困境的外甥女鏡涵……個個都是悽悽惶惶、心神不定的模樣。

家中的染坊老店被炸，店員們原已各自回鄉，現在也來看望東家。他們說是夥計，但都在豐家做了幾十年，早已是老友的身分了。近些年來，豐子愷的生活已經無需依靠此店維持，他繼續開著染坊的道理，完全是為了維持五位店員的生計，因此在同業之中有「家養店」的名聲。豐子愷是一心要把此店養下去的，因為它與老屋惇德堂一樣，點點滴滴的光影之中，都閃爍著昔日生活的印記，老屋庇護了他，染坊養活了他。為此，他要養著老屋，養著染坊。然而，現在卻是無法再養下去了。豐子愷把店裏剩餘的錢款都分給了店員，供他們各自安排生活。

嘉興尚未失守，而炮火卻日益逼近。鄉居的生活雖然還算平靜，但終非長久之計。對於十分看重精神生活的豐子愷來說，「千百年來稱為繁華富庶，文雅風流的江南佳麗之地，充滿了硫磺氣、炸藥氣、厲氣和殺氣，書卷氣與藝術香早已隱去。我們缺乏精神的空氣，不能再在這裏生存了。」就在此時，接到了馬一浮的來信。信中馬先生告訴他，為避兵火，自己已從杭州遷往桐廬居住了。信中還另附了馬一浮的近作〈將避兵桐廬留別杭州諸友〉五言古詩一首。

這封信和這首詩帶來了一種芬芳之氣，散佈在將死的石門灣市空，把硫磺氣、炸藥氣、厲氣、殺氣都消解了。數月來不得呼吸精神的空氣而窒息待斃的我，至此方得抽一口大氣。我決定向空氣新鮮的地方走。於是決定先赴杭州，再走桐廬。（〈桐廬負暄〉）

對此決定，豐子愷一九三九年曾寫七絕一首記之，詩云：

江南春盡日西斜，血雨腥風捲落花。我有馨香攜滿袖，將求麟鳳向天涯。

詩中的「麟鳳」，即指馬一浮。

十二月二十日，族弟平玉帶著表親周丙潮，來探問豐子愷的去留。

周丙潮家住離此九里外的吳興悅鴻村，與豐子愷也有連帶的親戚關係。他一向酷愛書畫，更是豐子愷的私淑者。知道豐子愷有離鄉避寇的想法，便搖船來邀，願與妻子三人隨豐子愷一起去流亡。

船在當時已是十分難得的交通工具了。一則水鄉行路離不開船，二者軍隊已經進駐，開始拉夫徵船，所有的民船都由軍隊查封控制，老百姓已沒有自己的船可用了。豐子愷從心底裏感激這個天賜的良機，不然，老老小小的這麼一大家子人，還真不知道怎麼走呢。他們當即商定了行動方案，丙潮就先回去了。

晚上，大家聚在一起商談，老姑母不願遠行，仍回自己家去。雪雪夫婦上有高堂，也不能離家。店裏的夥計章桂年輕幹練，他願意隨往，豐子愷自是喜歡，一路上也可多個幫手。

人員定下以後，便開始打點行裝。這才發現，出門在外最重要的東西——錢，居然毫無準備！除了幾張用不來的銀行存摺，手頭一共只有幾十元的現錢。豐子愷急得直怨自己糊塗：「家累如此，時局如彼，居然從未想到要領出些現錢來以備萬一！」這可如何是好？

「我們有！」危難時刻，孩子們挺身而出。

原來，寵愛孩子的豐子愷，每逢他們過生日，都要送一個封著與年歲相當的錢數的紅包，上寫「長命康樂」，以示慶賀。孩子們生活裕如有餘，樣樣要求爸爸都能滿足，從來不需拆錢來用，所以就都存著。不料今天派上了大用，也可說是慈父之心得到了最好的回報。

大家一起拆開，有四百多元，豐子愷大大地鬆了一口氣。他嫌其中的數十元硬幣帶著太重，就給了雪雪，其他的錢各人分了藏在身邊。至此，逃難的一切工作總算都準備停當。

一九三七年十一月二十一日下午一時，豐子愷全家十人（豐子愷夫婦、豐滿及子女六人，再加岳母）、平玉、章桂共十二人，乘船離開石門灣，向十里外的悅鴻村進發。茂春夫婦為他們送行，一直送到他們上船。豐子愷想像著炮火迫近他們時的情境，不禁心如刀割。然而臉上還是強自鎮定，反覆地叮囑著他們：「趕快築防空壕。我們後會不遠。」

其實到了此時，防空壕已經不管用了。桐鄉縣裏，已經有了地面的交火，石門也已擺上了機槍和大炮。豐子愷這才明白，原來日寇並未直接進攻嘉興，而是從背面迂迴，取桐鄉、石門而夾攻嘉興。豐子愷到底不是軍事家，坐在屋中瞎自盤算，差一點就成了刀下之俎！

整個上午，都在與村子裏的人告別。言談之中，很多人都流露出了欲走不能的苦楚。豐子愷知道，鄉鄰們的生活，都托根在本地，經濟的、人事的、鄉土的種種制約和牽念，使他們邁不開說走就能走的腳步。而最根本的原因，還在於生活的觀念：祖祖輩輩的相沿相承，已把他們生活的根，深深地紮進了這塊土地中。「聽天由命」是他們祖傳的信念，「逃不動，只得不逃！」「逃出去，也是餓死！」既是他們自慰的理由，也完全是一種可能。

藝術的天空比土地的耕作更廣闊、更自由，藝術家豐子愷既托根於故土，又有外面廣闊的世界可以去闖蕩。所以他會毅然決然地拋棄家業，為了精神的空氣而流浪遠方。然而亂世之中，藝術又怎麼敵得過兇險的世道和兇殘的人心。豐子愷懷著一腔救世濟眾的熱血，「恨不得有一隻大船，盡載了石門灣及世間一切眾生，到永遠太平的地方」，卻終究是空。流亡的路上，如果沒有平玉與章桂，就連自己家的這個「流亡團體」，他都根本無法保證它的順利行進。

二

二十一日夜半時分，大家起身下船，大小十五人，行李七、八件，這個豐子愷所稱的「流亡團體」，自此開始了他們的流亡生活。

船在大運河裏行駛。這段往昔帶給豐子愷無限享受、被他稱為富有詩趣的旅途，現在卻是充滿了種種的恐怖。

白天是不敢行船的，怕成為敵機轟炸的目標。於是在上午八九點鐘左右，他們便在一棵大樹下泊了船，在一座破舊的「白雲庵」裏暫息。不料，緊跟著就來了四個穿黑衣的壯年男子。他們在豐家的身邊徘徊，交頭接耳，竊竊私語。平玉暗暗地給豐子愷遞眼色，要他當心。就這樣又疑又懼地好不容易挨到了下午二點多鐘，趕緊上船一走了之。

正行之間，忽聽得有人大喊：「停船！停船！」仔細一看，卻是一隻兵船。船家不禁大叫：「要拉船了！」於是不予理睬，拚命地搖船逃命。豐子愷探頭望去，見那船上的兵士已在舉槍瞄準，大驚失色，趕緊命船家停了手。兵船靠了上來，原來只是拉夫，將他們船上雇來把大櫓的男工給拉走了。

經此一嚇，大家越加不敢怠慢，拼了命地用盡全力往前趕。沿途兩岸的商店，都已變成了兵營。許多的兵站在岸邊，對著他們的船覬覦，如果他們不是以飛一樣的速度掠過，船是一定被他們拉走了。

夜半時分，到了杭州的拱宸橋。大家無他處可覓，便在船中過夜。

心事重重的豐子愷思東想西，總也睡不著。忽然想起包裹裏還有一本蔣堅忍所著的《日本帝國主義侵略中國史》和他自己據此書而作的《漫畫日本侵華史》。

這是他在緣緣堂裏畫的。「八一三」事變後，豐子愷有一個計畫，他想以《護生畫集》那樣的形式，把每個日本侵華事件繪成一頁圖畫，旁邊加以簡單的說明，以使圖文對照，讓文盲也能看懂。然後仍照《護生畫集》之法，照印本賤賣，使小學生也有購買力。石門遭到轟炸的那天，豐子愷正是在書房裏起草此稿。因為尚未完成，就隨身帶了出來。

豐子愷覺得現在這種情形下，隨身帶著這書和畫稿，十分危險。萬一被日軍追上，搜查出來，船裏的人都將沒命。於是便將書和畫稿翻檢出來，丟進了河裏。

將凝聚著自己無數心血的畫稿親手拋棄，豐子愷真是心痛不已。事出無奈，他也只好安慰自己：「但願它順流而東，流到我的故鄉，生根在緣緣堂畔的木場橋邊，一部分化作無數魚雷，驅逐一切妖魔；一部分開作無數自由花，重新裝點江南的佳麗。」

天亮以後，船與船工就此別過，自回家去。豐子愷找不到另外的交通工具，一行人只得步行。一陣行走之後，西湖在望。

這告別不久又重見面的西湖，曾經是他悠哉遊哉的勝地，藝術創作的靈感。不意現在的重見，卻讓他流下了熱淚：

> 這分明就是往日星期六我同兒女們從功德林散出時所見的西湖，也就是陪著良朋登山臨水時所見的西湖，也就是背著畫箱探幽覽勝時所見的西湖。如今在倉皇出奔中再見它，在顛沛流離中和它告別，我覺得非常慚愧，不敢仰起頭來正面看它。我摸出一塊手帕來遮住了臉，偷偷地滴下許多熱淚來。辭家以來，從沒有流過淚。今天遇於一哀而出涕，竊怪涕之無從。我們平日的自然觀照，大都感情移入自然之中，故我喜，自然亦喜，我愁，自然亦愁。但我當時的自然觀照，心理並不如此。我當時把西湖這自然美景當作一個天真爛漫的嬰兒看。他不理解環境的變遷，不識得人事的滄桑，向人常作笑顏，使人常覺可愛，令人越是傷心。我的涕淚即由此而來。（〈桐廬負暄〉）

步行了三十六華里，直到下午二時許，才到得錢塘江邊的六和塔。

到桐廬的公共汽車早就沒有了，還是得找船。

他們又飢又疲，在江邊唯一一家還開著門的小茶館裏歇腳，向茶館老闆打聽找船的事。誰料此人卻是一個乘人之危發逃難財的傢伙。他與老闆娘唱起了雙簧，連哄帶騙加嘲弄地要把一隻船高價租給他們。

豐子愷識破了他的奸計，派平玉與章桂出去找船，自己護著一群老弱坐在店裏，喝茶等待。喝茶是付了茶錢的，本可悠閒地喝去，無人可以干涉。但老闆的外財發不成，便發起了脾氣。不多一會兒，逐客令就來了：

「喂，你們這一大批人究竟怎樣？坐了大半天還不走！座位都被你們佔殺了！」

豐子愷好言相求：「我們沒辦法，只得再坐一下。你再泡幾碗茶來，我奉送加倍的錢！」

老闆冷笑道：「我們要關門了！有船你們不坐，老坐在我這店裏幹什麼呢？」

他又指著這一群難民，回頭對旁邊的人說：「你們看，這店好像是他們開的了！」

仍舊回過來對著豐子愷：「我們要關門了！你們馬路旁邊坐吧！」

眾目睽睽之下，豐子愷真是無地自容。如此地公然遭人奚落戲弄，甚至還將被掃地出門，他又哪裏經受過？

還好平玉、章桂及時趕回，將他救出。他們帶來了一個船戶，是一個警察做的仲介，將自己機關裏暫時不用的船借他們，說好付船戶二十五元工錢，送他們到桐廬。

大家連忙逃出那家可怕的茶館，紛紛下船。豐子愷留在後面，去付茶錢。老闆臉上凶神惡煞的神氣已經不見了，換成的是一副頹唐的臉色。豐子愷心想：「他可能已經為剛才的不仁之舉後悔了。」一低頭，看見老闆的棉衣襤褸，又進而推測：「大約他的不仁，是貧困所強迫而成的。」他最後肯定了自己的推測，徹底原諒了這不仁的老闆：「人世是一大苦海！我在這裏不見諸惡，只見眾苦！」

然而，苦難卻可以結出惡之果。豐子愷同情苦難，不願指責貧困的罪惡。而這樣的罪惡，卻已如東郭先生書袋中的那隻狼一樣，綠眼熒熒地盯視著他了。

上船的時候，有軍隊借他們的船去江中取物。這些士兵告訴他們，近日在湖州境內的平望，打了一個大勝仗，日寇是決不可能向杭州進犯的了，豐子愷一行不禁拍起手來。平望離石門很近，他們想，這樣的話，石門也一定不會淪陷，說不定避幾天之後，就可回家了。

船沿著錢塘江開去，豐子愷心裏很感輕鬆。他又恢復了藝術地觀照生活的心境，欣賞起江岸的景色來。

他邊看邊想：「自然永遠調和，圓滿，而美麗。惟人生常有不調和，缺陷與醜惡的表演。然而人生的醜，終不能影響大自然之美。你看：人間有暴徒正在從事屠殺，錢江的勝景不但依舊，又正像西施得了嫫母的對照，愈加顯示其美麗了。」此時的六和塔與上午所見的寶俶塔，感覺完全不同，又是賞心悅目的佳景了。

大家吃著油炸粽子，權當晚飯。豐子愷分到一個，覺得真是味美無比。他一粒一粒地品味，又一粒一粒地欣賞，結果又有心得：

由此發見了人類社會的禍苗：這美味，分明不在粽子上，而在我的舌上。可知味的美惡無絕對價值，全視舌的感覺而定。大饑大荒，則樹皮草根味美於粱肉；窮奢極欲，則粱肉味同糟粕，而必另求山珍海味。得十求百，得百求千，得千求萬……這人欲的深淵沒有底止。人類社會中一切禍亂，都是這種人欲橫流而成！（〈桐廬負暄〉）

遐想之中的豐子愷漸漸睡去，船在沉沉的夜色中靜靜地行進……

朦朧之中，豐子愷聽到有人在說話。醒來一聽，原來是平玉和船老大在爭執，船已經停下不開了。

「你們要到桐廬，給我多少工錢？」這是船老大的聲音。

「不是講好二十五塊嗎？」平玉的口氣很詫異。

「哪個講好的？二十五塊錢能到桐廬的？」

「那個警察不是和你講好的嗎？我們當場就付了你十五塊，說定到桐廬再付十塊。」

「那是你們跟他講的，同我無關。二十五塊錢？不看看現在都什麼時候了，我不去了！」

黑暗中，一條黑影上了岸，與幾株樹的黑影合在一起。

船老大的無賴行徑激起了豐子愷的滿腔憤懣，禁不住地對著那團黑影大講道理，批評起他的信用觀念來：「我們明明講好的，你怎麼沒信用！你想敲竹槓，欺負我們逃難的人！你……」

正在滔滔不絕之際，被平玉攔住了。豐子愷大惑不解，卻見平玉低聲下氣地開了口：

「喂，船老大，有話好講！現在的確不比平常時候，你要多少，總可商量。不過我們家裏已被鬼子打掉，現在只剩這幾條命了。你要多少，我們到了桐廬一定向親戚朋友借來送你。不過你既然載了我們，請你一定送到，總算救救我們的命！」

這一番言談，真教豐子愷佩服得不得了，總算醒悟到了自己的迂腐。大道理在現在這麼緊張的非常時期，不但無用，反倒有可能惹惱了對方，弄出更大的亂子來。於是他趕緊學著平玉的語氣，也說了些好話。

船老大不要好話，要鈔票。他陰陽怪氣地對船上的人說：

「我撐不動了。鍋子裏有飯，你們吃吃飽吧！」

這話儼然地叫他們想起了《水滸傳》裏的一些情節，「月黑風高夜，殺人放火天。」一股陰氣霎時籠罩全船，涼到每個人的心底。

平玉穿鞋，上岸。豐子愷只見他一手抓著一棵樹，同船老大低聲談判。

過了好長的一段時間，總算盼到談判結束。平玉陪著笑臉，帶著滿嘴的好話，伴著船老大回到了船上。談判的結果是，六和塔下付的十五元錢不可再作計較，另付工錢四十五元。只是平玉堅持身邊沒有現錢，要到了桐廬之後再付。船老大無奈之下，也就同意了。

船又繼續前行。大家再也無心入睡，靜悄悄地坐著，無人出聲。

平玉坐在豐子愷的身邊，向他耳語：「我已用草柴在小樹上打了一個圈。萬一有事，我們可向這記號的地方去追究。他的夥伴一定在這地方。」

平玉真不愧是個老江湖！豐子愷是做夢都想不到這種計策的。

天終於亮了，危險解除。

昨晚事過之後，豐子愷一直在思索這個船老大的問題。他覺得船老大絕對是一個魔鬼，不過卻是魔鬼中的有道君子。因為他沒有用武力脅迫，正是阿Q一樣的「君子動口不動手」者，他敲詐不求現金交易，相信平玉，同意到桐廬後再收款，足見「盜亦有道」，實在還是一個可憐的人。為了保護他尚存的這一線「信義」，豐子愷決定到桐廬後，四十五元照付。畢竟心靈的問題大於金錢的問題。

然而平玉不答應。整整一天，他的臉上都有忿忿不平之色。豐子愷開玩笑地說他這個「平玉」，已經變成一塊「不平之玉」了。平玉不理會他的玩笑，只說：「我有辦法，到桐廬發表。」

二十四日晚十時半左右，終於安抵桐廬。但是當地旅館都已住滿，無奈之中，豐子愷敲開了馬一浮居住的迎薰坊。馬先生立刻邀請他們馬上上岸，到他家投宿。

驚擾了馬先生的清夢，佔據了他的樓屋，豐子愷本已頗感唐突愧疚，不料平玉的辦法，又偏偏在此時發表。

老老少少和不多的幾件行李都到了馬家，船老大也跟進來，站在堂前等著工錢。卻見平玉剎那之間便換了一副臉色，當胸一把抓住船老大的衣服，雷鳴一般地叫罵起來：

「你這王八，半夜裏敲詐良民，我拉你公安局去！」

說著，拖了就走。

豐子愷大吃一驚。原以為他在船上只是說說而已，誰想居然真的「發表」起來。昨日夜裏這老大沒有叫他們吃刀子、綁繩子或是浸到冰冷的河水裏去，已經萬幸了。而且為了他的「盜亦有道」，豐子愷也已決定了照價付款。現在看見他在平玉的一抓之下，短小破舊的棉襖全都縮在了胸前，露出半截身體，更覺可憐。於是趕緊勸住平玉，讓他放了手。

這邊，平玉正在向馬先生述說這船老大的可惡行徑；那邊，船老大已經當庭跪下了。局勢的這一番乾坤顛倒的變化，讓豐子愷覺得十分有趣。於是，他又像個局外人似的，站在那裏分析起來：

現在的這個場面，真是像極了義大利畫家米開朗琪羅的名作「最後的審判」中的情景。

慈祥、安定而嚴肅的馬先生，憤憤不平地訴說著的平玉，還有那個跪地求饒的船老大。到底是什麼樣的一種神力，能使昨晚那樣兇狠的一個魔鬼，變成了現在這樣馴良的一個人了呢？平玉的武力，絕對做不到這些。那麼就一定是馬先生的感化力了。馬先生站在這裏，叫那船老大看了，一定是認做了「皇天在上」，而自知「到此難瞞」了，於是便跪著懺悔了。

豐子愷覺得這真是十分動人的一幕。

在大家的勸說下，平玉終於放棄了將船老大送交公安局的念頭，照最初的約定付了他十塊錢了事。

豐子愷對馬一浮，始終懷有發自內心的深深的崇敬，這種崇敬甚至到了奉若神明的程度。戰前他在杭州的別寓裏做寓公時，就是馬一浮的近鄰。那時他卻很少到馬先生家去訪談，要去也只選擇陰雨的天氣，因為他怕晴天去訪，會驚擾先生的研究、詩興和遊興，自覺沒有這樣越禮的權利。他每次訪問馬先生的感受，都似乎是吸了一次新鮮空氣，可以讓他有數天的清醒與健康。而數天之後，又為環境中的惡濁空氣所圍，萎靡不振起來。「八一三」之後，豐子愷取消了杭州的別寓，回到石門後，便不曾再吸過這種新鮮空氣了。

現在好了，豐子愷與馬一浮都遷居到了離城二十里的陽山坂。他住河頭上，馬先生住湯莊，兩地相距不過一里。時局不定，為了互通消息及慰問，他去湯莊訪談，似乎不是驚擾而反是盡禮，不是權利而反是義務了。於是至多隔一二天，豐子愷必定去訪問一次。這種訪談的情景，豐子愷有詳盡的記述：

> 馬先生平時對於像我這樣誠敬地拜訪的人，都親切地接見，諄諄地賜教。山中朋友稀少，我的獲教就比平時更多。這時候正是隆冬，而風和日暖。我上午去訪問，馬先生就要我和星賢同去負暄❶。僮僕搬了幾只椅子，捧了一把茶壺，去安放在籬門口的竹林旁邊。這把茶壺我見慣了：圓而矮的紫砂茶壺，擱在方形的銅炭爐上，壺裏的普洱茶常常在滾。茶壺旁有一筒香煙，是請客的，馬先生自己捧著水煙筒，和我們談天，有時放下水煙筒，也拿支香煙來吸。有時香煙吸畢，又拿起旱煙筒來吸「元奇」。彌高彌堅，忽前忽後，而亦莊亦諧的談論，就在水煙換香煙，香煙換旱煙之間源源地吐出來。我是每小時平均要吸三四支香煙的人。但在馬先生面前吸得很少。並非客氣，只因為我的心被引入高遠之境，吸煙這種低級欲望自然不會起來了。有時正在負暄閒談，另有客人來參加了。於是馬先生另換一套新的話興來繼續閒談，而話題也完全翻新。無論什麼問題，關於世間或出世間的，馬先生都有最高遠最源本的見解。他引證古人的話，無論什麼書，都背誦出

❶ 負暄：即曬太陽之意。

原文來。（〈桐廬負暄〉）

這樣的冬日負暄，帶給豐子愷無限的快樂。他在事後感慨地回味道：

「逃難」把重門深院統統打開，使深居簡出的人統統出門。這好比是一個盛大的展覽會。平日不易見到的傑作，這時候都出品。有時這些傑作竟會同你自己的拙作並列在一塊。我在桐廬避難，而得常親馬先生的教益，便是一個適例。（〈桐廬負暄〉）

豐子愷在桐廬冬日的陽光下聆聽馬先生的教益，暢談藝術、宗教和哲學。他的故鄉石門，則在炮火之中掙扎。中央軍與日軍在石門激戰數日，四進四出。最後終於放棄了石門，日寇便向杭州進犯。

三

一天傍晚，一支部隊開進莌來，在他們的家中借宿，說是明日即要赴杭州作戰。部隊的紀律很好，為首的長官也與豐子愷談得來。閒談之中，知道他們是石門人，長官便告訴他們，自己正是從石門撤退至此的，親眼見證石門已成焦土。並勸告他們，此處也非久留之地，說不定馬上就要放棄了，還是趁早往遠處或大山裏去吧。

第二天一早，部隊開拔了。看著被他們掃得了無雜物的空地，豐子愷的心裏也覺得空蕩蕩的。既然故鄉已成焦土，不可能再回去，留在這裏也是徒然，看來只得再去流浪了。

他趕到馬先生家裏，勸他同走。馬一浮雖是孑然一身，但有親戚僮僕相從，十餘人同走行路困難，而他又不願獨善其身，因此不想再作遠行了。日寇來了，大不了做成古時的伯夷叔齊，餓死在首陽山上。

馬先生不願走，豐子愷只好率領自家的難民隊伍獨行到長沙去。

局勢已是十分的危急和混亂了。各種不利的消息紛紛傳來，比較確定的說法是，杭州一破，浙江即全線失守。衢州、江山局面緊張，到江西、湖南去的路途交通斷絕，要去就只有步行了。

豐子愷的流亡團體中，平玉因為家中上有年近古稀的父母，下有妻女，不能遠行。在他們離開桐廬前，已經回鄉去了。岳母老太太已是七十餘歲的高齡，她怎麼承受得起路途險惡的千里奔波？豐子愷反覆考慮，在和徐力民商量之後，又徵得了老太太的同意，就把她託付給了河頭上小學裏的美術教師黃賓鴻。黃家在離此二十五里外的一座高山——船形嶺的頂上，家中也有老人，都是善良淳樸的山民，是一處比較安全和合適的居處。

章桂護送著老太太去了，妻子兒女都在暗暗抹淚。豐子愷的難過之中，更有一種慚愧，覺得自己在此危難之際，卻把一位應該供養的老人委棄在了深山！

意料不到的是，這一次的行路，卻是異常的順利。十二月二十一日一早，他們起程坐船至桐廬。到了以後，不久就雇到一隻大船，下午即行出發，一帆風順，開往蘭溪。

但是船中的氣氛，卻是異常的沉鬱。大家默不作聲，都是一種悵然若失的神情，徐力民尤其更甚。

終於，一個孩子忍耐不住，大聲地說出：「外婆悔不同了來！」四下裏頓時響起一片贊同之聲。

豐子愷何嘗沒有同感。他想起在桐廬時，分明看見還有公共汽車。可見交通斷絕的消息，並不確實。於是，便下了決心。他派章桂立即下船，要他趕回船形嶺，接了老太太後，再從桐廬坐公共汽車到蘭溪，與大部隊會合。

章桂領命而去，而這決定卻是十足的冒險。當時，杭州已近失守，富陽、桐廬的交通極其混亂。戰時形勢瞬息萬變，章桂來回地奔走，又要花去不少時間，等他帶了老太太趕到桐廬，天知道還會不會有公共汽車。豐子愷全家一路惴惴不安，擔心著章桂如何完成這個艱鉅的任務，擔心著老外婆是否經受得了這番折騰。

船一靠岸，徐力民與陳寶就向汽車站的方向飛奔而去。大約一小時後，她們回來了，站在岸上向著船裏通報：「外婆失而復得！」聞聽此言，孩子們不禁歡呼起來。

章桂極其幹練。他在混亂的局面中，帶著一位七十多歲的老太太，擠上了最後一班公共汽車，安全而又快速地趕到了蘭溪，只比大部隊晚了半小時。

看著這一幕人間喜劇的豐子愷，感激著蒼天的厚愛。他想，現在真是連天也看到了難民的苦，而要教他們團聚。

他們當晚住宿在臨江旅館，在此，豐子愷遇到了浙一師時的同學曹聚仁。

曹聚仁與豐子愷既是同學，也是朋友。豐子愷全家逃難至浙江蘭溪時，他已是軍裝在身、握筆從戎的中央通訊社東南戰區特派員。他在旅客登記簿上看到「豐潤」的名字，知是豐子愷來到，忙來相見。他對豐子愷因怕暴露身分而用「豐潤」這個舊名的做法，表示反對。他勸豐子愷說，在這樣一個非常時期，為了在途中能得到各方協助，順利到達大後方，一定要把「豐子愷」三個字打出去。豐子愷接受了他的建議後，他又幫著用急件印製了名片。這絕對是一個明智的決定，當時在蘭溪就立即生效：在杭州因沒有保人領不出來的銀行存款，此時僅憑「豐子愷」三字就順利取到了。

豐子愷為了前途未卜，就告訴他自己要到長沙去，向他打聽江西、湖南的交通情況。曹聚仁一聽就搖頭，說：

「你們要到長沙、漢口，不能！我們單身軍人，可搭軍用車的，尚且不容易去，何況你帶了老幼十餘人！你去了一定半途折回。我為你計，還是到浙江的永康或仙居。那裏路近，生活程度又低。設或有警，我會通知你。」

豐子愷覺得他的話很對，便接受了他的好意安排，打消了西行的念頭，準備第二天與他一起到仙居去。

曹聚仁作為當地人而願盡地主之誼，晚上要在聚豐園設宴招待豐子愷全家。豐子愷推辭不過，就和豐滿帶著四個孩子去赴宴。

席間，兩人就形勢、戰局、家庭、兒女乃至藝術等等，免不了有一番敘談。曹聚仁不愧是著名的戰地記者，他繪聲繪色地講述著前方戰場上的情景，讓他們頗有身臨其境的感覺。

曹聚仁第二天便下鄉去了。豐子愷與他約好，等他回來後，一起到仙居去。但是，豐子愷與豐滿、丙潮等人反覆商量之下，覺得還是西行長沙更好。於是便留了一張紙條，託旅館老闆轉交曹聚仁，就雇船向著衢州去了。

以後的日子裏，他們先後經浙江的蘭溪、衢州、常山，江西的上饒、南昌，以至萍鄉，此時已至一九三七年的舊曆年底。

豐子愷在萍鄉幸遇立達學園的學生蕭而化、吳裕珍夫婦，在他們的挽留下，來到萍鄉鄉下暇鴨塘的蕭氏祠堂內住下，度過了逃難中的第一個春節。

暇鴨塘的環境十分寂靜，鄉鄰們更是熱情好客，生活似乎又從灰頭土臉的顛沛流離之中回過神來，轉入了平靜，鄉思便也隨之悄悄地爬上了心頭。連天的陰雨、空虛的四壁、蕭條的行物、苦寂的枯坐，無不令他們回念起緣緣堂裏的種種情景，掛念著它的安危存亡。

一天夜裏，次女林先從夢中笑醒，豐子愷問她笑什麼，她說在夢中回到了緣緣堂，看見堂中一切如舊，小皮箱裏的明星照片一張也不少，歡喜之餘，不覺笑了醒來。一番敘述，牽引起豐子愷的無限鄉思，他便以林先的口吻作了一首感傷的小詩：

兒家住近古錢塘，也有朱欄映粉牆；三五良宵團聚樂，春秋佳日嬉遊忙。清平未識流離苦，生小偏遭破國殃；昨夜客窗春夢好，不知身在水萍鄉。

據華瞻後來的回憶，這是豐子愷平生所作的第一首詩。此詩在環境的逼迫之下，自內心發出，既如口語般的流利，又有蘊藉的內涵，清新自然。

豐家的兒女都生得容貌俏麗，林先尤其愛美，平時最為關心衣飾。他們全家逃出石門灣時，除了身上的一套冬衣外，幾乎都是僅以身免。二個多月穿下來，袖子都磨得破碎了。林先將破碎的袖子舉到父親眼前，說：「爸爸，我的棉袍破成這樣了！我想換一件駱駝絨袍子。可是它在緣緣堂樓上的櫥裏，不知什麼時候可以去拿得來。我們真苦，每人只有身上的一套衣裳！可惡的日本鬼子！」

豐子愷聽了，心中是一番的惆悵，又加一番的憤怒。這種情緒自逃難以來，已經有過多次了。

豐子愷熱愛家庭，是一位十分疼愛兒女的慈父。和平時期，他不僅為兒女築起了可謂養尊處優的緣緣堂，更為了上寄宿中學的兒女能在週末回到父親的身邊，而在杭州另置別寓。戰爭爆發，倉皇出逃至桐廬的第一夜，孩子們因夜晚睡覺時無墊被而號寒，豐子愷聽在耳中，異常悽楚：

我家雖貧賤，這群孩子從來未曾受過真正的凍餒，今日寇相追，使我家的孩子們身受凍餒之苦，我豈能坐視？我立刻赴市買了墊被回來給他們。我臉上的悲憤之色，終日不消。

（〈桐廬負暄〉）

緣緣堂中的駱駝絨袍子終究是取不回來了。二月九日傍晚，章桂從萍鄉城裏拿信回來，也帶來一個令大家傷心的消息：

「新房子燒掉了！」章桂神情嚴肅地說。

聞聽此言，家中一片痛苦和憤怒的聲討之聲，惟有豐子愷默默不語。

丙潮見此以為他正在傷心，便從旁好言寬慰。其實豐子愷卻是別有一番滋味在心頭。他將這一切都記入了〈還我緣緣堂〉一文中：

> 我離家後一日在途中聞知石門灣失守，早把緣緣堂置之度外，隨後陸續聽到這地方四得四失，便想像它已變成一片焦土，正懷念著許多親戚朋友的安危存亡，更無餘暇去憐惜自己的房屋了。況且，沿途看報某處陣亡數千人，某處被敵虐殺數百人，像我們全家逃出戰區，比較起他們來已是萬幸，身外之物又何足惜！我雖老弱，但只要不轉乎溝壑，還可憑五寸不爛之筆來對抗暴敵，我的前途尚有希望，我決不為房屋被焚而傷心，不但如此，房屋被焚了，在我反覺輕快，此猶破釜沉舟，斷絕後路，才能一心向前，勇猛精進。（〈還我緣緣堂〉）

話雖如此，每當月上柳梢、夜闌酒醒之時，總免不了地要想起緣緣堂來。

豐子愷雖是個超脫的人，但緣緣堂熔鑄的是他全部的心血，承載的是他全部的精神寄託。他曾對緣緣堂寄託了終老此生的殷切之願：「你是我的安息之所。你是我的歸宿之處。我正想在你的懷裏度我的晚年，我準備在你的正寢裏壽終。」現在卻是不可能的了。

緣緣堂中的身外之物，實是他智慧和血汗的結晶，實與他的心靈相融，怎麼可能不令他痛惜、不令他傷心？

緣緣堂裏，原本有數千卷的圖書，珍貴的名人字畫，和各種文人雅玩閒賞的小玩意兒。連城的價值先不要說，僅是收集、珍藏所費的心力，就難以細數。現在一把火成了灰燼，也從此絕了豐子愷收藏的興趣和念頭。自此之後，他在家中就再無這樣的收藏雅好了。

緣緣堂被毀，傷心痛惜的並非只有豐子愷自己和家人。朋友的惋惜，也是一樣的深切。在上海的忠厚長者夏丏尊聞聽此事，稱之為「惡消息」。想到自己的學生赤手空拳地帶著一家老弱流離失所，心裏真有無限的牽掛和擔憂，倍感悵惘。自覺無以可慰豐子愷者，便在家中取了豐子愷的漫畫「幾人相憶在江樓」，掛在壁上，「日夕觀望，聊寄遐想，默禱平安而已。」

在萍鄉住了一個多月後，豐子愷又起意西行。萍鄉雖然安靜，但江浙滬等地的許多文化界人士和他的許多朋友都早已到達長沙、漢口，自己在此離群索居，終非長久之計。正好長沙開明書店的陸聯棠寫信來邀，豐子愷便辭別萍鄉父老，繼續乘船向長沙出發。

第九章　大後方

抗戰愛國的熱情——藝術教育家——宗教的逃難——弘一法師圓寂——新的畫風——沙坪小屋的閒居

一

一九三八年三月十二日，豐子愷一行到達長沙，在南門外天鵝塘旭鳴里附一號的蕭而化叔父家，租屋住了下來。此後不久，豐子愷即應漢口開明書店之邀，帶著兩個女兒陳寶和林先到了漢口，住在書店倉庫的樓上。女兒在此求學，丙潮和章桂則由豐子愷介紹到開明書店工作。

開明書店成立於一九二六年，創辦人章錫琛，店徽商標為豐子愷設計。一九二八年，由夏丏尊、劉叔琴、豐子愷等人發起，改組為股份有限公司。葉聖陶、邵力子、徐調孚、賈祖璋、傅彬然、周振甫、宋雲彬、王伯祥、錢君匋、趙景深、方光燾、金仲華、范壽康、范洗人、索非、章克標、周予同、王統照、郭紹虞等人，都在開明工作過。

開明書店秉承立達學風，嚴肅正派，穩健踏實，以科學的態度教育青年。出版了許多好刊好書，如《新女性》，立達學會創辦的《一般》月刊和《中學生》，豐子愷擔任主編的《新少年》半月刊，《文學周報》從第四卷起也歸開明出版，此外還有《月報》、《國文月刊》、《英文月刊》、《進步青年》等。開明出版的書有《十萬個為什麼》、《寶島》、《木偶奇遇記》、《愛的教育》、《格林童話》、《安徒生童話》、《母》、《人間》等譯本；有葉聖陶的《稻草人》、《古代英雄的石像》、《倪煥之》，巴金的《滅亡》、《家》、《春》、《秋》，以及《聞一多全集》等等。

豐子愷的畫冊、音樂美術理論、隨筆，以及編譯的書，由開明出版的，計有《子愷漫畫》、《子愷畫集》、《緣緣堂隨筆》、《緣緣堂再筆》、《西洋畫派十二講》、《藝術趣味》、《音樂入門》、《近世十大音樂家》、《藝術概論》、《初戀》、《中文名歌五十曲》、《開明音樂講義》等約四十七種之多。豐子愷不僅在開明出版自己的書，還為開明設計封面，如《愛的教育》、《木偶奇遇記》等，並為林語堂的《開明第一英文讀本》繪製封面和插圖。

開明在經濟上也很照顧作者，從來不拖欠稿費。豐子愷是開明的股東之一，每年的紅利是一筆不小的收入。在三四十年代時，豐子愷的生活仰仗開明書店甚多。尤其在抗戰期間，每到一個地方，只要有開明分店，在生活上便得到許多便利，猶如遊子有了歸宿一般。從開明一九二六年創立之日起，直到它一九五三年和青年出版社合併，組成中國青年出版社為止，豐子愷與開明書店保持了二十八年的親密關係❶。

流亡路上的豐子愷，歷時既久，又消息阻絕，自稱「彷彿酣睡了兩三個月」。一到漢口，回到熟悉的朋友和生活氛圍中間，一下子就清醒了。就如同魚入大海，虎歸深山，有了自己的用武之地。

漢口民眾高漲的抗日熱情，朋友們為抗日而奔走呼號的匆匆腳步，都令豐子愷的精神振奮。他也十分急切地想拿起自己那五寸不爛之筆，來參加抗戰。可是，熱鬧的環境和自己振奮的情緒，卻讓他一時之間還坐不下來。於是就決定先出門去逛逛長沙的街市，聽聽朋友的談論，看看民眾的活動，讀讀新出的書報。

有一天下午，天上下著小雨。豐子愷漫步到了輪船碼頭的附近。前面聚了一大群的人，豐子愷擠進去一看，原來中間站著一個小孩。大家圍著他，正在議論紛紛。

小孩穿著一件破爛不堪的夾襖，腳上的鞋子兩頭開花，露出了腳趾。寒冷的斜風細雨中，單薄的小身子瑟瑟發抖。圍觀的眾人你一言、我一語地詢問著小孩各種問題，然而由於語言不同，交流困難，大都無法明瞭。豐子愷兩邊的話都懂，便主動站出來做了翻譯。

小孩只有九歲，是來自上海昆山的難民。日寇入侵上海，父母帶著他出來逃難，卻被日寇炸死，只剩他一個。同行的鄉人收留了他，帶他到了湖南湘潭。誰想這鄉親既窮，最近又得了病。孩子知道難以久留，便向他借了幾毛錢，獨自來到了長沙，現在就靠乞討度日。

❶ 參引自豐一吟著《瀟灑風神——我的父親豐子愷》，頁一〇六—一〇九。

孩子悲慘的遭遇得到了大家的同情，紛紛掏錢接濟。豐子愷不但掏了錢，在大家散後，還留下來幫他數錢，一共有二元三角和數十個銅板。

錢暫時是有了，但這麼小的孩子，人地生疏，言語不通，又怎麼使用這錢，怎麼生活呢？豐子愷正在替他擔憂時，卻見來了四個十五六歲的少年。他們原本一直站在人群裏觀看，也為這小孩捐了錢，現在又熱心地來操持他的生活了。

「他自己不會買，我們來替他買吧。」一位少年對豐子愷說。

然後他們就計畫起來，先要買一件棉襖，再買一雙鞋。鞋呢，要買球鞋，這樣一雙就夠了，下雨、晴天都能穿。

定好了買物的事宜，又商議起他的住處。有的說要送他到難民收留所，有的說可以送到某人的家裏去。

一切計議停當之後，他們就帶著小孩去了。臨走時，他們向豐子愷告別，說：「您老人家回去吧，我們會給他想法子的！」

豐子愷目送著他們遠去，想起了自己曾為夏丏尊先生翻譯的《愛的教育》所畫的插圖。他覺得今天的這一幕，正是一幅最好的插圖。回家之後，一篇〈愛護同胞〉的隨筆，就從筆端沙沙地寫出：

同是受暴敵的欺凌，相逢何必曾相識？所以我國民族觀念之深和團結力之強，於現今為最烈！這是很可慶慰的事。少年們富有熱情，且出於天真，故其言行最易動人。希望大家利用這國難的機會，努力愛護同胞，團結內部。古語云：「眾志成城。」我們四百兆人團結所成的城，是任何種炮火所不得攻破的！

走出了緣緣堂、翻越了萬水千山的豐子愷，於局勢、社會、生活和民間的萬眾百姓，都有了真實切近的接觸和瞭解，這給他的精神面貌和處世態度帶來了巨大的轉變。昔年立達學園那個連鄰居的房門都不會輕易去敲的豐子愷，現在不僅走上街頭，體察民情民意，熱心地奉獻自己的一己之力，而且就連不相識的攜了鉅款在國外悠閒度日的中國資本家，都成了他呼籲抗戰的對象：「趕快多拿出些錢來救國！」一九三二年時閒居在家的豐子愷，「對於展開在窗際的『一二八』戰爭的炮火的痕跡，不能興起『抗日救國』的憤慨，而獨仰望天際散佈的秋雲，甜蜜地聯想到松江的胡桃雲片。也想把胡桃雲片隱藏在心裏，而在嘴上說抗日救國。但虛偽還不如慚愧些吧。」（〈胡桃雲片〉）現在，切身的毀家流離之痛、大片的國土淪陷之恨，都使抗日的憤慨和救國的急切，成為他最最迫切的願望，並發出深深的自責：「我悔不早點站起來！」

抗戰激發出豐子愷極大的愛國熱情。一九三八年裏，豐子愷寫了大量反映抗戰內容的隨筆。在一九三八年七月由漢口大路書店出版的《漫文漫畫》集裏，我們看到緣緣堂裏那個平和超脫的豐子愷，終於發出了義憤填膺、慷慨激昂的呼喊，文風畫風均隨之而大變。在文中，他譴責日本侵略者的暴行，嘲諷他們搬起石頭砸自己的腳的愚蠢；他歌頌抗戰的士兵，唾棄賣國的漢奸；他同情深受戰爭之苦的民眾，呼籲他們為抗日而戰；他厭惡戰爭販子的惡行，歡迎和平之神的到來。〈我悔不早點站起來〉、〈傳單是炸彈的種子〉、〈全面抗戰〉、〈志士與漢奸〉、〈開出一條平正的大路來〉、〈漫畫是筆桿抗戰的先鋒〉、〈我們四百人〉（歌詞）等等，僅從這些篇名，就已經可以使我們感受到豐子愷不同往昔的面貌。

三月二十七日，中華全國文藝界抗敵協會於漢口成立，選出郭沫若、茅盾、許地山、巴金、朱自清、鄭振鐸等四十五人為理事，周恩來為名譽理事。四月，該協會籌備出版會報《抗戰文藝》，成立了編委會。多年以來一直賦閒在家的豐子愷，成為三個編輯委員之一。該刊於五月四日創刊，豐子愷封面題簽，並在以後的幾期中發表了多幅抗日漫畫。

關於抗日漫畫，豐子愷曾有過一個很大的計劃，緣緣堂時起稿的《漫畫日本侵華史》，已成的數十幅草稿在逃難至杭州拱宸橋時，被他投入了河中。到漢口後，很想重做此事。開明書店漢口分店負責人章雪舟知道後，就在武昌的舊書攤上為他買到了蔣堅忍的《日本帝國主義侵略中國史》。當時負責抗戰宣傳工作的第三廳第六處處長張志讓，也有意請他作此畫冊。但終因事務繁忙，加之二三百幅的計劃也過於龐大，而未得實現。

漢口兩個月的作為，如火如荼，豐子愷的愛國情懷和熱情，得到了最為集中的表達。可是，隨著江西九江的失守，武漢頓時陷入危地，開始疏散人口。豐子愷帶著兩個女兒回到長沙，又開始與家人計議流亡之路。恰在此時，廣西桂林師範的校長唐現之來信，聘請豐子愷去該校任教，於是他便欣然應聘，攜眷前往。

六月二十四日，豐子愷一行到達桂林，任教於桂林師範。從此，他們終於有了固定的職業和較為安定的生活環境，半年多來漂泊不定、居無定所的流亡生活，從此有了改變。

二

五月間，桂林教育局曾來函，聘請豐子愷到桂林去擔任廣西全省中學藝術教師暑期訓練班的課。因此，必須在放暑假前就赴桂林。六月二十三日，豐子愷率全家於早上八時出發，下午三時抵達桂林。

桂林開明書店的經理陸聯棠，替豐子愷在馬皇背租了三間平房，又替他定製了一些竹器家具，全家人就住了下來。

在藝術教師暑期訓練班上，豐子愷開了一些藝術講座。這些內容後來寫成了〈桂林藝術講話之一〉、〈桂林藝術講話之二〉、〈桂林藝術講話之三〉和〈藝術必能建國〉。這些文章和寫於這時期前後的其他數文，成為闡述他藝術觀的重要文章。「藝術以仁為本」、「護生就是護心」、「藝術必能建國」都是其中最能反映豐子愷風格的思想。

「藝術以仁為本」的思想，來源於孟子的「仁者無敵」，而豐子愷的特色，在於從美術的角度加以論證。他在論述時，以靜物寫生、或以風景描繪為例，指出畫家對於它們的看法都應與平常不同：要把它們當作活的事物看待，想像它們都是與畫家自己一樣有生命有感情的人。因此在佈置畫面時，就要煞費苦心：

佈置蘋果時，必須當它們是三個好友晤談一室中，大家相對，沒有一人向隅；大家集中，沒有一人離心。這樣，才是安定妥貼的佈置，才能作成美滿的畫。

佈置一把茶壺與兩只茶杯時，想像茶壺是一位坐著的母親，兩只茶杯是母親膝下的兩小兒。兩小兒擠得太近了，怕母親不舒服；兩小兒離得太遠了，怕母親不放心。必使恰好依依膝前，才是安定妥貼的景象，才能作成美滿的畫。

描寫風景時，也必把山水亭臺當作活物看，才能作成美好的畫。

「仁能克暴」

所有這一番番用心，在中國就叫做「經營置陳」、「遷想妙得」，在西洋就叫做「構圖」、「擬人化」、「感情移入」。就其實質，就是把世間一切現象都看作是與人同類平等的事物，將同情心

推而及於一切被造物，體現的正是「萬物一體」的世界觀。因此藝術的同情心就特別豐富，藝術以仁為本。

藝術如此，那麼藝術家以藝術為生活，就必須用處理藝術的態度來處理人生，用寫生畫的看法來觀看世間，因此藝術家的博愛心就特別廣大，藝術家必為仁者，藝術家必惜物護生。而藝術家的護生，就是仁者的護生。

仁者的護生，不是護物的本身，是護人自己的心。故仁者有「仁術」。仁術就是不拘泥於事物，而知權變，能活用的辦法。能活用護生，即能愛人。「恩足以及禽獸而功不至於百姓」的齊宣王，還是某種鄉里吃素老太太之流，乃循流忘源，逐末忘本之徒。護生的本源，便是護心。

（〈桂林藝術講話之一〉）

護生就是護心的觀點，體現了豐子愷儒釋相通的思想。

早一九二七年，上海青年佛教學者李圓淨居士建議豐子愷繪製一批戒殺護生的漫畫，結集出版。豐子愷十分贊同，同時想到兩年後是弘一法師五十大壽，正好以此為法師祝壽。

這個想法得到了弘一法師的支持。他們商

《護生畫集》封面

定由豐子愷繪畫五十幅，由法師為每幅畫配一篇說明文字，並親筆書寫，定名《護生畫集》。目的是：「蓋以藝術作方便，人道主義為宗趣。」（弘一法師一九二八年農曆九月初四致豐子愷信）

畫集於一九二九年二月法師五十壽辰前由開明書店出版，馬一浮作序。《護生畫集》中，畫面、題詞都是愛護生靈的內容，刊出以後，受到普遍的歡迎，但也聽到了種種的非難。有的人說：護生是不可能真正做到的，因為如果用顯微鏡看，一滴水裏就有無數的微生物。又有人說：照護生的說法，那麼就連蒼蠅都要供養了。供養蒼蠅做什麼呢？難道讓它傳染疾病嗎？還有的人則怨豐子愷不替窮人喊救命，而為禽獸護生。豐子愷到漢口後，還聽說曹聚仁也認為《護生畫集》可以燒毀了。所有這些都使豐子愷覺得極有必要強調護生就是護心的觀點：

他們都是但看皮毛，未加深思；因而拘泥小節，不知大體的。《護生畫集》的序文中分明是說：「護生」就是「護心」。愛護生靈，勸戒殘殺，可以涵養人心的「仁愛」，可以誘致世界的「和平」。故我們所愛護的，其實不是禽獸魚蟲的本身（小節），而是自己的心（大體）。換言之，救護禽獸魚蟲是手段，倡導仁愛和平是目的。再換言之，護生是「事」，護心是「理」。……

最後，豐子愷從藝術的思辨回到了現實：

「《護生畫集》可以燒毀了！」這就是說現在「不要護生」的意思。換言之，就是說現在提倡「救國殺生」的意思。這思想，我期期以為不然。從皮毛上看，我們現在的確在鼓勵「殺敵」。這麼慘無人道的狗彘豺狼一般的侵略者，非「殺」不可。我們開出許多軍隊，帶了許多軍火，到前線去，為的是要「殺敵」。但是，這件事不可但看皮毛，須得再深思一下：我們為什麼要「殺敵」？因為敵不講公道，侵略我國；違背人道，荼毒生靈，所以要「殺」。故我們是為公理而抗戰，為正義而抗戰，為人道而抗戰，為和平而抗戰。我們是「以殺止殺」，不是鼓勵殺生，我們是為護生而抗戰。

針對曹聚仁的話，豐子愷還特意寫了這樣一段：

從前我們研究繪畫時，曾把畫人分為兩種：具有藝術思想，能表現人生觀的，稱為「畫家」，是可敬佩的。沒有思想，只有技巧的，稱為「畫匠」，是鄙賤的。我以為軍人也可分為兩種：為和平而奮鬥，為人道而抗戰，以戰非戰，以殺止殺的，稱為「戰士」，是我敬佩的。撫劍疾視，好勇鬥狠，以力服人，以暴易暴的，稱為「戰匠」，是應該服上刑的。……杜詩云：「天下尚未寧，健兒勝腐儒。」在目前，健兒的確勝於腐儒。有槍的能上前線去殺敵。穿軍裝的逃起難來比穿長衫的便宜。但「威天下，不以兵甲之利」。最後的勝利，不是健兒所能獨得的！「仁者無敵」，請兄勿疑！我曾在流難中，受聚仁兄一飯之恩。無以為報，於心終不忘。寫這篇日記，聊作答謝云耳。（以上引文均見〈一飯之恩〉）

豐子愷是真的生氣了。然而曹聚仁又何嘗不生氣呢？他接著豐子愷，寫了〈一飯之？〉、〈朋友與我〉等文章，表明自己的態度：

後來，我從江西轉到了桂林，那時，開明書店在那兒復業，宋雲彬兄也把《中學生》復刊了。他邀我寫稿，我就把旅途碰到了子愷兄的事，還說了他們沿途所見的日軍殘暴事跡，血淋淋的慘狀，一一都記了下去，也說了子愷兄的憤恨之情。大概，我引申了他的話：『「慈悲」這一種觀念，對敵人是不該留存著了。』我的報告，相當生動，雲彬兄頗為滿意。哪知，這一本《中學生》到了上海，子愷兄看了大為憤怒，說我歪曲了他的話，侮辱了佛家的菩薩性子。他寫了一篇文章罵我，說悔不該吃我那頓晚飯。好似連朋友都不要做了。過了好久，我才轉折看到這一篇文章，也曾寫了一篇〈一飯之？〉刊在上海社會日報上，他一定看到的。不過，我決定非由他向我正式道歉，我決不再承認他是我的朋友了。（〈朋友與我〉）

豐、曹二人對《護生畫集》的不同態度是顯而易見的，仁者見仁，智者見智，本也正常。只是兩人會走到絕交的路上，其中卻似乎有些誤解的成分。

在蘭溪聚餐時，生性豪爽、說話「毅然決然」（豐子愷語）的曹聚仁，言談之中不拘小節，讓溫文細膩的豐子愷頗有不快之處；將藝術奉若神明的豐子愷對曹聚仁談到藝術時的不屑之態更是感到反感。

在席間，曹聚仁曾突然向豐子愷發問：「你的孩子中有幾人喜歡藝術？」

豐子愷遺憾地答道：「一個也沒有！」

不料曹聚仁聽了這話，居然大叫一聲：「很好！」

豐子愷實在想不通這「很好」的道理，到底在哪裏？

但這也不是什麼了不得的事，不至於會弄到失和的地步。

當時他們會面時的確切詳情，我們並不盡知。從這些文章來看，曹聚仁認為：豐子愷是因為他引用了「『慈悲』這一種觀念，對敵人是不該留存著了」這句話「侮辱了佛家的菩薩性子」而憤怒。但我們在〈一飯之恩〉中，卻並沒有看到這個意思。其實豐子愷在文章中，恰恰強調了「『慈悲』這一種觀念，對敵人是不該留存著了」的觀點，他說：

> 這麼慘無人道的狗彘豺狼一般的侵略者，非「殺」不可。我們開出許多軍隊，帶了許多

軍火，到前線去，為的是要「殺敵」。……因為敵不講公道，侵略我國；違背人道，荼毒生靈，所以要「殺」。

非但不可再講「慈悲」，而且「非『殺』不可」。因此，他又怎麼會單單為了這句話而憤怒呢？宋雲彬就不相信會是這樣，所以他說：「要是那句話得罪了子愷，我還會刊出來嗎？」

豐子愷憤怒的是曹聚仁說的「《護生畫集》可以燒毀了」這個觀點。豐子愷的言「殺」主「戰」，「是為公理而抗戰，為正義而抗戰，為人道而抗戰，為和平而抗戰。我們是『以殺止殺』，不是鼓勵殺生，我們是為護生而抗戰。」因此與他一貫倡導堅持的佛家「護生」的菩薩性子非但不矛盾，還從看似對立的另一方面，對「護生」作了更為深刻的強調。所以當他聽說曹聚仁講「《護生畫集》可以燒毀了」，也就是「不要護生」時，自然十分憤怒了。

所以，真正引起豐子愷憤怒的，並非曹聚仁報告所記他們蘭溪會面時的種種言談，而是豐子愷在漢口時聽人轉述的曹聚仁「燒毀畫集」的那個觀點。蘭溪會晤時的敘談，固然有讓豐子愷不快之處，但至多也只是不快而已，是絕不至於怒形於文而弄到絕交的地步。

「藝術必能建國」的思想，則出於孔孟關於「禮」的儒家學說。當年辜鴻銘英譯《論語》時，將「禮之用，和為貴」一句中的「禮」字譯作了 arts（藝術）。豐子愷說：「可見他的見解：藝術就是禮。」而豐子愷對藝術就是禮的進一步理解是：

> 道德與藝術異途同歸。所差異者，道德出於意志，藝術出於感情。故「立意」做合乎天理的事，便是「道德」。「情願」做合乎天理的事，便是「藝術」。有子曰：「禮之用，和為貴。」先賢注釋曰：「禮之為體雖嚴，然皆出於自然，故其為用必從容不迫，乃為可貴。」出於自然，從容不迫，便是「情願」做，便是藝術的條件。故禮便是藝術。

因為藝術是人們出於自願而心甘情願去做的事情，因此它就能自然地克制人的物質欲望，提高人的精神生活。對於物質與精神生活的價值取向，孟子曾有一段非常著名的論述：「魚，我所欲也；熊掌，亦我所欲也；二者不可得兼，舍魚而取熊掌者也。生，亦我所欲也；義，亦我所欲也；二者不可得兼，舍生而取義者也。」可見精神生活有時比物質生活更為重要。豐子愷據此得出一個重要的結論，那就是：

> 我們現在抗戰建國，最重要的事是精誠團結。四萬萬五千萬人大家重精神生活而輕物質生活，大家能克制私欲而保持天理，大家好禮，換言之，大家有藝術，則抗戰必勝，建國必成。所以我敢說：「藝術必能建國。」（以上引文均見〈藝術必能建國〉）

豐子愷的這些觀點，既產生於孔孟之學，也直接地來源於當代大儒馬一浮的影響。桐廬負暄時，豐子愷曾從王星賢的記錄中抄錄過一段馬先生的談話：

十二月七日豐君子愷來，先生語之曰：辜鴻銘譯禮為 arts（藝術），用字頗好。Arts 所包者廣。憶足下論藝術之文，有所謂多樣的統一者。善會此義，可以悟得禮樂……善會此義而用之於藝術，亦便是最高藝術。（〈桐廬負暄〉）

豐子愷在儒學上的造詣雖不能與馬先生的宏富廣博相比，卻十分認真地照著馬先生的指教去領悟實行，最後走出了一條儒釋相通的頗具個性特色的思想軌跡。

暑期訓練班結束後，豐子愷即赴桂林師範任教。

自十月武漢淪陷、長沙自焚以來，知識界人士逐漸雲集到桂林，使這個蕭條的城市一下子熱鬧起來，與重慶、昆明成為鼎足西南大後方的三大城市之一，被冠以「文化城」的名稱。馬一浮、胡愈之、宋雲彬、王魯彥、賈祖璋、巴金、王西彥等許多新朋舊友或在桂林城中從事文化工作，或來往於三地，為宣傳抗戰而奔波。老友王星賢以及浙一師同學、開明書店同事傅彬然、賈祖璋先後與豐子愷一起執教於桂林師範，大家你來我往，在工作、生活各個方面互相扶持，共度難關，在危難之中結下了深厚的情意。

桂林師範的校舍在離桂林七十華里的兩江圩上，離城甚遠。而此時徐力民又即將臨產，不能住在偏僻的鄉間，只能由陳寶、一吟相伴留住桂林城中馬皇背。豐子愷託友人在離兩江圩五華里的小村泮塘嶺，租了房子，以便兩邊照顧。

徐力民多年不育，卻在流亡中懷了孕，於一九三八年十月二十四日生下一子。豐子愷十分高興，他取「大樹被斬伐，生機並不絕。春來怒抽條，氣象何蓬勃」之詩義，給孩子取名「新枚」，又特意寫下〈未來的國民——新枚〉一文，表明自己由衷的欣喜之情：

> 大肚皮逃難，在流亡中生兒子，人皆以為不幸，我卻引為歡慶。我以為這不過麻煩一點而已。當此神聖抗戰的時候，倘使產母從這生氣蓬勃的環境中受了胎教，生下來的孩子一定是個好國民，可為未來新中國的力強的基礎分子。麻煩不可怕。現在的中國人倘怕麻煩，只有把家族殺死幾個，或者遺棄幾個給敵人玩弄。充其極致，還是自殺了，根本地免了麻煩，倘中國統是抱這種思想的人，現在早已全國淪亡在敵人手裏，免卻抗戰的麻煩了！……十年不育，忽然懷胎，事情有點希奇。一定是這回的抗戰中，黃帝子孫壯烈犧牲者太多；但天意不亡中國，故教老妻也來懷孕，為復興新中國增添國民。

初到桂林與校長唐現之見面時，豐子愷就得知了該校「以藝術興學」、「以禮樂治校」的辦學宗旨，十分欣賞，認為有立達之風，它的意義比抗戰建國更高遠。在他看來，凡是武力的入侵，必定不能長久。將來抗戰勝利、重新建國的時候，百廢待興，就好比一個人大病初愈，需要大量的牛奶來營養調理，才能恢復健康。「以藝術興學」、「以禮樂治校」的桂林師範，就是這樣的一種牛奶，對於民心民智的滋潤啟迪，將有不可估量的作用。

在後來為桂林師範譜寫的校歌中，豐子愷充分地表達了這樣的思想：

百年之計樹人，教育根本在心。
桂林師範仁為訓，克己復禮泛愛群。
洛水之濱，大嶺心村，
心地播耘，普雨悉皆萌。

這樣的教育思想，同時也被豐子愷實行貫穿在實際的藝術教學工作中。

在桂林師範，他擔任簡師、高師的國文、美術、音樂課程。

簡師學生的國文程度極差，第一次的作文卷子批閱下來，居然沒有一個是通順的。錯字特多，標點、文法的大錯特錯就更不必說了。豐子愷看過以後，總的印象就是連家中十一歲的兒子元草，也比他們寫得好。

任教之初，因為長久沒有做教師了，又是初次做國文教師，恐學生知識水平的程度高，很擔心自己能否勝任。選了日本文學家廚川白村的小品文來做教材，結果是一些學生聽不懂，一些似乎聽懂了的，也沒有什麼興趣。想想可能是自己把握不準，教材選得不夠合適。現在明白乃是學生的程度實在太差，不免得大失所望。心想：這樣的文章要教他通來，我哪裏來這股神力？

話雖如此，課堂上還是要耐著性子改錯字、講標點、修正文法。每每都是弄得頭昏腦漲地下了課，就趕緊回家去看新生的小兒新枚，藉以調劑心情、放鬆情緒。

高師學生的國文程度相對較好些，還有一些高才生，能在教學中與豐子愷有交流共鳴，這讓他上起課來就頗有些興趣了。有一天，他暫時放下教材裏的課文，自己選了十二首白居易的詩，又選了二十首詞，想讓學生們領略一下中國古典文學的風采。班裏的學生讀過唐詩的人不多，而知道「詞」的就更寥寥無幾了。想到自己幼時初入私塾，即頌讀古詩詞，比較今日學生的程度，不禁起了一代不如一代的感歎：「中國文化遺產若山陵，而中國青年不能承受。可惜可痛，莫甚於此。」

豐子愷在桂林師範的主要工作，還是藝術教育。雖然已有十年未在學校教藝術課程了，但他對一直以來的藝術教育的弊端，還是十分清楚的：

> 就藝術教育而言，過去之繪畫音樂教育，生吞活剝，刻劃模仿，游離人生。教育者徒以

死工作相授受，而不知反本。此直可稱之為「畫八股」，「樂八股」。今後非痛改不可。國內藝術界翩翩諸公，對此各無異言。不亦異乎！

諸公對此無異言，豐子愷卻不肯姑息這樣的藝術「八股」在他的課堂上留存，他有自己的藝術教育的主張：

我教藝術科，主張不求直接效果。不求學生能做直接有用之畫，但求涵養其愛美之心。能用作畫一樣的心來處理生活，對付人世，則生活美化，人世和平。此為藝術的最大效用。

藝術不是孤獨的，必須與人生相關聯。美不是形式的，必須與真善相鼎立。

我欲使中國藝術教育開闢一新紀元：掃除從前一切幼稚、生硬、空虛、孤立等流弊，務使與中國人生活密切關聯，而在中國全般教育中為一有機體。

從這樣的藝術教育主張出發，他認為即使是在現在這樣的非常時期，圖畫科的教學，也不必專重抗戰畫。

在課堂教學中，他全力實施著自己的藝術主張。在國文課中，有意識地選取足以涵養學生藝術之心的內容。詩詞之外，有一次他特意選了《孟子》中的「見牛」和「許子」兩章，講解「善推其所為」、「舉斯心加之彼」，以明推廣藝術之心而及於廣大生活之境的道理。

但是，培養一顆純真善良的藝術之心，又談何容易。這比教一些寫生識譜的具體技巧，既費心得多，又難以見效。何況只有時間有限的課堂上的理論教導，就更難有立竿見影的效果了。因此，豐子愷有時也不得不拋開和風細雨的教誨，而輔之以疾言厲色的直接訓斥了。

十一月十九日晚，高師的一個學生因病去世。兩天後，是豐子愷的高師美術科。他一上課，就說到了此事：「最近我們很不幸，損失了一位同學。」想表示一下惋惜和勉勵的意思。不料才說一句，學生之中就有笑聲發出，弄得他不明所以，很是奇怪。

接下去是簡師的圖畫科，他照例先講這一番話，不料又有人竊笑。豐子愷不禁生怒，正想指斥他們，忽聽門外報告：「敵機來了！」於是大家四散躲避，此事也就了了。

數日之後，豐子愷與王星賢一起輔導壁報漫畫組的學生。他將自己的幾幅宣傳畫貼在牆上，正待開言，忽然聽到學生爆發出哄堂大笑。兩位老師莫名其妙，不知他們笑從何來。王星賢那日正好穿著一件新衣服，便懷疑是否此衣有何不妥之處，引起笑聲。豐子愷則趕忙回頭檢查畫幅，以為是自己把畫掛倒了的緣故。結果，都不是。細問之下，有學生回答說：「沒得頭。」原來所掛的畫中，有一幅描寫的是敵機轟炸的慘狀：嬰兒的頭已被彈片削去，母親卻還不知，背著那無頭的嬰兒向著防空洞狂奔。正是這無頭的嬰兒，引起了滿堂的大笑！

面對這樣的學生，豐子愷真是義憤填膺了。此畫是他根據廣州轟炸中發生的真實事件而作，當時在他自己，真是觸目驚心！不被感動已是木石心腸了，哪裏還能笑得出來？

就在這天，桂林遭到轟炸：自上午十時至下午三時，四十架日機輪番轟炸，省政府全毀，房屋數百間被焚，死傷二百餘人。第二天，消息傳到學校，傅彬然、王星賢立即趕去慰問朋友。豐子愷正好上午八時有一個「漫畫宣傳藝術」的講演，為了學生的幾番哄笑，他本已有憤懣在胸，現在更是怒不可遏，上臺即作了一番嚴厲的訓斥：

「昨天下午，你們那組人正在對著所畫的無頭嬰兒哄堂大笑的時候，七十里外的桂林城中，正在實演這種慘劇，也許比我所畫的更慘，四五里寬廣的小城市中，擠著十八萬住民。向這人煙稠密的城中投下無數炸彈和燒夷彈！城中的慘狀請你們去想像！現在你們還能哄堂大笑嗎？……今天要我來講漫畫宣傳技法。但我覺得對你們這種人，畫的技法還講不到，第一先要矯正人的態度。一切宣傳，不誠意不能動人。自己對抗戰尚無切身之感，如何能使別人感動？……」

嚴厲地批評了學生的錯誤以後，豐子愷才開始自己的演講。演講完畢，他選了五位同學，讓他們複製自己的宣傳漫畫。學校為宣傳保衛大廣西，組織學生成立了宣傳隊，分赴臨近的鄉村宣傳抗戰。為了加強宣傳效果，決定以石印印製豐子愷的抗戰漫畫，隨隊招貼。不僅自己學校如此，還轉送了許多給其他學校用。學校也給藝術科的學生佈置了繪製抗戰漫畫的任務，由豐子愷指導完成。但到交卷時，一共只有五六幅，而且皆不能用。所以豐子愷只好自己繪製，由學生仿作了。

第二天，豐子愷正在家中作畫，又聽到了猛烈的轟炸聲。估摸一下方位，似乎又是桂林，便走出家來細聽。

站在他身邊一起的，是一位懷抱小孩的村夫。他聽著炸彈的轟響，擔心地詢問豐子愷：

「日本鬼會打進廣西嗎？」

豐子愷安慰他說：「敵人尚在千里之外，侵犯廣西他們是不敢的。我們只須防備他的飛機轟炸，就可以了。但是鄉下是不會被炸的。你看現在，桂林城裏在受難，你們鄉下這裏就很好。」

誰知那人卻搖搖頭說：「要大家好才好！」

說完，就管自抱著孩子走了。

豐子愷用十分尊敬的目光送他遠去，心裏暗道：「真是仁者之言啊！」

這是一位連小學校的門都沒有進過的鄉野村夫，卻有如此廓大的仁者胸懷。豐子愷感歎之餘，對照自己學生的行為，忽然感到了教育的無用，自己徒居教師之位，「慚何如」！

教育不是無用，而是很難即教即顯功效。「十年樹木，百年樹人」，尤其是這種修身養性的素質教育，更非一朝一夕就能求取實用的了。其實豐子愷最不應該懷疑教育的作用了，在自己子女的教育上，他不是已經取得了可喜的成效了嗎？

因為戰爭，子女們隨他飄零流亡後，學業受到影響。豐子愷一向重視子女的家庭教育，早在撤離緣緣堂時，大家知道行路難，行李竭力簡單，除了身上的一套冬衣外，就只有被褥和洗漱用具了。豐子愷自己的書籍文具一概沒拿，但孩子們的英文、數學書卻都隨身帶走。到了杭州拱宸橋時，找不到挑夫，只好再次精簡行李，兩條極好的絲綿被與幾件很新的衣服都減掉了，數學書還是照舊放在包中。流亡途中無處上學，就在家中自學。小的孩子由豐滿執教，大的孩子由豐子愷輔導他們的國文課。

豐子愷一九三九年二月二十五日日記中記：

夜授諸兒 Bacon: Essay of Studies 一篇（培根：《論說文集》中之〈論學問〉）。十七世紀之英國小品文，簡勁可喜。限諸兒三天後背誦。

三月十三日記：

選宋人詩教諸兒。內有一詩云：「青山不識我姓氏，我亦不識青山名。飛來白鳥似相識，對我對山三兩聲。」此詩用以叫人藝術的觀照，最有效用。能於理智與實用的世界以外另闢一眼界，則世間萬物常新，處處皆美的世界。

三月二十日記：

夜授諸兒英譯《論語》「冠者五六人」一章。

後來在宜山時，聘了浙大的學生給孩子們上數學，又請王星賢補習英語。雖未正式上學，孩子們卻對詩詞書畫、經籍典故、文言白話、中文外文都有涉獵。豐子愷的嚴格要求，使孩子具有極好的知識基礎、語言才能和文學藝術的修養，水平素質自非一般的同齡者可以比擬。

不久，王星賢追隨其師馬一浮至時在宜山的浙大擔任教職。後來，馬一浮又正式來信，說浙江大學教務長鄭曉滄託他轉告，浙大要聘豐子愷為藝術指導。又言他已在城外覓得土地一畝，上有茅屋三間，空地上尚可再建兩間屋，擬與王星賢、豐子愷兩家結鄰。

其實早先鄭曉滄經過桂林時，就對豐子愷談及此意。當時豐子愷感於唐現之校長的誠懇，未便失信於他。現在，豐子愷追隨馬先生心切，三家接鄰而居的美景頗使他想起心中懷念不已的桐廬負暄。而浙大作為自己家鄉的學府，對他也有極大的吸引力。於是，便向唐校長提出辭呈，接受了浙大的聘請。

二月二十八日下午，學校為豐子愷舉行了歡送會、茶點會和宴會，至晚六時結束，唐校長親自將他送回家中。唐現之為人誠懇寬厚，在禮樂興學、藝術教育諸觀點上，都與豐子愷相共鳴。豐子愷認為桂林師範得此校長，大有希望。對於唐校長對他個人的善待和禮遇，更覺「今後永不能忘」。

鄭曉滄一月裏的聘電中，請豐子愷擔任浙江大學師院的講師和訓導。三月二日，接到浙大師院主任孟憲成的信，請他在藝術教育、藝術欣賞和兒童文學中任選二種，又邀他儘早成行。豐子愷就選了前兩種，共五個課時，答應即日啟程。

同在這一天，還接到謝頌羔的來信，告訴他上海《申報》上，經常刊登一位署名「次愷」的人的漫畫，其畫與字酷似豐子愷，不知是否他的弟子。兩日後，恰好上海《文匯報》的高柯靈來信索稿，也言及此事，還寄來了一幅次愷作品的剪報。

豐子愷初見此畫，真以為是自己的作品，字畫酷似，比自己的入室弟子鮑慧和還要像得逼真。臨摹仿造豐子愷漫畫的，一直不乏其人，最得豐子愷喜愛的惟有鮑慧和。現在又有此次愷者，不僅臨摹畫作惟妙惟肖，更以署名中的一個「次」字，顯示謙謙君子之風，更叫豐子愷覺得難能可貴：「今此君似我甚於慧和，則吾畫派中又得一有力分子，殊可喜也。」他很想知道此人的真實姓名和身分，可得聯絡和會面，卻一直未能如願。

次愷的事引起了豐子愷對鮑慧和的牽念。他淪陷在家鄉嘉興，也不知後會是否有期。想到這裏，極感悵然。

也許真的是緣分到了，正想著他，他就來了。第二天，豐子愷去桂林參加開明書店的宴會，竟於途中接到了一直少有通信的鮑慧和的來信，信中更言他已在桂林，盼望會晤！

鮑慧和是嘉興人，出生於一九一二年。一九三〇年，豐子愷寓居嘉興時，他正好高中畢業，登門拜師學畫。豐子愷發現他不僅具有繪畫的天賦，還十分刻苦用功，便收下了這個徒弟，還聘請他擔任了自己子女的數學家庭教師。

豐子愷沒有直接教他漫畫，而是讓他進了上海美術專科學校西畫系學習，打好繪畫的功底，同時教授他漫畫的技法。他於一九三一年秋進校，一九三四年夏畢業，此時已經能夠獨立創作漫畫，字畫皆與豐子愷神似。一九三五年起，陸續在上海的《太白》、《宇宙風》、《時事新報》、《立報》上面發表作品。豐子愷對他十分賞識，認為他的模仿自己，純是出於自然，絕非那種模仿皮毛的普通之作可以比擬。

豐子愷在桂林三十一集團軍辦事處見到了鮑慧和。師徒久別重逢，相談甚歡。鮑慧和詳細敘述了日佔區的種種情形和自己一家的遭遇，豐子愷的感受則是：「見鮑慧和，乃我流離後快事之一。此人疏財仗義，而又厚道可風。」

為了解決鮑慧和的工作問題，豐子愷為他介紹了梧州中學的美術教師之職。因為學校遠在深山之中的藤縣，未能成行。後來，又介紹他到了負責抗戰宣傳的宋雲彬處工作。

丙潮與章桂一直跟著豐子愷，一切的生活工作問題，均由他幫助解決。最早是介紹他們到開明書店做店員，後來乾脆由豐子愷出資，於一九三八年九月一日，在桂林幫丙潮開了一家崇德書店，章桂等人皆在店中工作。豐子愷的目的，就是為了解決他們的生活。開張四個月來，生意不錯，完全可以保證他們幾人的生活。到了十二月二十八日，桂林遭空襲，書店被毀。豐子愷的本錢盡毀，他倒並不在乎，只是幾個人的工作，又成了問題。後來，章桂又受開明書店的雇請，至柳州工作。丙潮則尚無著落，就跟著豐子愷。

這次豐子愷即將離桂林師範而去，唐校長告別之際，對豐子愷提出，想請丙潮擔任學校的繕寫，月薪十八元。豐子愷原本一直在為丙潮的工作謀畫。他瞭解丙潮，知道他這人不適宜經商，不論店員還是老闆，都不合他的趣味。他其實是個書呆子，最合性情的工作，就是文墨之事了。唐校長的提議在豐子愷看來，與丙潮十分合適，於是便替他答應了下來。

丙潮卻不願意，他想跟著豐子愷到宜山去。理由是萬一桂林失守，逃難無人可跟，自己沒有能力獨行。對於這個理由，豐子愷絕不答應。他對丙潮說，即使要到宜山來，也要你自己帶了家人來。你應該練習逃難的本領，不能專求依賴別人，而磨滅了自己的獨立能力。他在當天的日記中說：「此次我決不許其相隨，俾得此機會練習獨立。君子不以姑息愛人。丙潮今日或許怨我，但日後必感謝我也。」

其實，對丙潮，豐子愷還算是護在身邊管得多的一位。丙潮是全心全意跟著他，從家鄉流亡出來的，有妻有子，又不像章桂那樣敢闖敢幹，豐子愷對他懷有一種責任感，自然就護著他多一點兒了。就是自己的兒女，年紀都比丙潮小，豐子愷也早就放飛了。不論是家中跑腿的事，還是後來隨著浙大一路逃難，阿寶、軟軟、華瞻幾個大孩子，都是自己想辦法解決困難的。他們甚至比豐子愷還要走得順利，到得快。

三

雖然答應了孟主任即日啟程，但為尋找、等待交通工具，直到四月五日才得離開桂林。豐子愷便利用這段時間重作了《漫畫阿Q正傳》，共計五十四幅。

此畫冊已是第三次重作。第一次作於一九三七年，印刷時正逢「八一三」事起，鋅版及原稿盡毀於戰火。一九三八年春抵漢口時，學生錢君匋從廣州來信，為《文叢》索此稿，於是重作，陸續畫成數幅，寄去發表。不料才登二幅，又遇廣州大轟炸，《文叢》停刊，於是豐子愷也就不再續作了。到桂林後，《文叢》復刊，錢君匋在上海也新辦了《文藝新潮》，均屢以函電索稿。豐子愷當時身任桂師教職，自覺無「餘暇與餘興」顧及於此，因此均未應允。

現在有了空，正好用來重作《漫畫阿Q正傳》，也可分散焦急等待浙大校車的煩惱。因為原先已經畫過，駕輕就熟，三月十九日始作，至二十五日即告完成。豐子愷自己也覺快速可喜，「可見炮火只能毀吾之稿，不能奪吾之志。只要有志，失者必可復得，亡者必可復興。此事雖小，可以喻大。」

這部連環漫畫早先的畫稿中，豐子愷雖知「此畫之背景應是紹興，離吾鄉崇德二三百里」，但因「我只經行其地一二次，全未熟悉紹興風物。故畫中背景，或據幼時在崇德所見（因為崇德也有阿Q），或憑主觀猜擬，並未加以考據」。因此此次重畫，他便有意識地根據張梓生、章錫珊兩位紹興人的指教，在背景上作了一些修改，但也仍未全取紹興背景：

宣统三年九月十四日……三更四点，有一只大乌篷船到了赵府上的河埠头。这船从黑魆魆中荡来……据探头探脑的调查来的结果，知道那竟是举人老爷的船！那船便将大不安载给了未庄，不到正午，全村的人心就很摇动。船的使命，赵家本来是很秘密的，但茶坊酒肆里却都说，革命党要进城，举人老爷到我们乡下来逃难了。……至于革命党，有的说是便在这一夜进了城，个个白盔白甲：穿着崇祯皇帝的素。阿Q……以为革命党便是造反，造反便是与他为难，所以一向是"深恶而痛绝之"的。殊不料这却使百里闻名的举人老爷有这样怕，于是他未免也有些"神往"了，况且未庄的一群鸟男女的慌张的神情，也使阿Q更快意。

《漫畫阿Q正傳》之一。

因據諸友人說，魯迅先生原文中所寫，未必全是紹興所有。（例如赴法場之「沒有篷的車子」，可坐數人者，紹興並無此物。殺犯一向是用黃包車載送法場的。）可知此小說不限定一地方的寫實，正如「阿Q相」集人間相之大成一樣。然則但求能表示「阿Q相」，背景之不寫實，似無大礙。我亦懶惰無心學考據了。（《漫畫阿Q正傳》初版序言）

豐子愷曾說：「我們對於宗教上的事情，不可拘泥其『事』，應該觀察其『理』。」其實生活中，也不乏情同此理之事。

一九三九年七月，《漫畫阿Q正傳》由開明書店出版。

浙江大學接他們的校車一直未至，他們自己想方設法覓車覓船，也均無結果。幾番將走而不能走，一開始時，弄得大家心緒繚亂，不免焦躁。時間一長，卻似乎又成習慣、安之若素了。走也好，不走也好，兩江即宜山，宜山即兩江，天涯處處是我家。不僅豐子愷作此想，家人也都如此。反倒是朋友們覺得有些不可思議，不知他們這等良好的修養功夫從何而來。豐子愷開玩笑地回答他們：「我是讀了數行佛經，諸兒則是讀了一篇〈養生主〉，所以就有了這樣的功夫。」

一九三九年四月五日上午十時，校車終於開到。在這一段時間內，校車問題已經成了校友村人大家共有的一段心事。因此，一見校車，陸聯棠就疾走推門高呼而入：「校車來了！」

隨車校役帶來總務長的一封信函，原來校車上個月早已來過，聽人傳言豐子愷已經啟程，便開回了宜山。等到接到豐子愷催車的電報，才知發生誤會，再次放車過來，所以就拖到了今日。

下午二時，豐子愷一行終於離開桂林，經過一番路途顛簸，於八日下午抵達宜山。

到了宜山，豐子愷在城裏開明書店的樓上，租下了房間。但那時空襲十分頻繁，城裏很不安全。於是就將老弱人口安排住在郊外的龍岡園，自己帶著幾個大孩子住在城中，同時兩邊照顧。後來由於宜山警報不斷，躲避轟炸很是煩人，他就將徐力民、豐滿、老岳母、元草、一吟和新枚送到了百餘里外的思恩學生家中。自己和阿寶、林先、軟軟、華瞻仍舊住在宜山城中，教課的教課，讀書的讀書。

浙江大學是一所以理工科為主的學校，現在開設藝術類課程，自然受到青年學生的歡迎。有一次，豐子愷上藝術欣賞課。課前，他正在休息室裏小憩，只看見窗外學生匆匆趕往教室，還互相招呼：「欣賞藝術去！」豐子愷在房內不禁失笑，又感到現在限於時局，沒有必要的設備，又不教技法，只是空口談藝，實在有負於「藝術欣賞」的課名。

但是實際上，豐子愷的課內容豐富，形象生動。他以理論的講解為主，輔以作品的欣賞品評。中國陳師曾、日本葛飾北齋的漫畫，俄國托爾斯泰、德國尼采的藝術主張，法國米勒的名作，都是他的講課內容。古今中外的文學、美術、音樂融會貫通，從中道出他自己的藝術觀點：

西洋學日本，日本學中國。如此看來，中國文化始終優越。中國藝術在近世豈止為先生而已，實為歐洲各國之太先生。

讀《樂記》，至「大樂必簡，大禮必易」，憶托爾斯泰及尼采。此二人皆反對「曲高和寡」而主張「曲好和眾」者。今世音樂，技術已成畸形發達，循流而忘源矣。

藝術心——廣大同情心（萬物一體）。

藝術——心為主，技為從（善巧兼備）。
藝術教育——藝術精神的應用（溫柔敦厚、文質彬彬）。

這些課受到學生們的熱烈歡迎。盡可容二三十人的教室，卻有百餘人之多的聽眾，豐子愷只得要求學校註冊處另行安排教室。

在宜山時，豐子愷還完成了《護生畫續集》的創作。續集是為祝弘一法師六十壽辰而作的，故繪畫六十幅。與初集相比較，少了那些令人觸目驚心的殘酷畫面和粗暴文字，更多和平之氣。為續集作序的是夏丏尊，他在文中對此作了闡述：

蓋初集多著眼於斥妄即戒殺，續集多著眼於顯正即護生。戒殺與護生，乃一善行之兩面。戒殺是方便，護生始為究竟也。（夏丏尊：《護生畫續集・序》）。

續集畫好後，豐子愷即寄往福建泉州弘一法師處，請他書寫。法師對豐子愷的工作十分贊同並予合作。他為續集寫了幾則題偈，書寫了全部文字，並提出了更為宏大的設想：

朽人七十歲時，請仁者作護生畫第三集，共七十幅；八十歲時，作第四集，共八十幅；

九十歲時，作第五集，共九十幅；百歲時，作第六集，共百幅。護生畫集功德於此圓滿。

當時，豐子愷正處於逃難流亡之中，得悉法師的這個囑託，非常惶恐，十分擔心辜負了恩師的重託。但恩師之囑，豈能推託？於是回信說：「世壽所許，定當遵囑。」君子一諾千金，在以後的人生道路上，豐子愷集一生之力，實踐了自己的諾言。

不久，日軍在廣西南寧登陸，進而賓陽又告淪陷，浙大教職員工紛紛逃往貴州。豐子愷一家又一次經歷逃難，前後費時約一個月。其中由河池至都勻一段，富於傳奇色彩，被朋友們稱為「藝術的逃難」。

逃難的局面極度的緊張和混亂，交通的難，真正的是難於上青天。豐子愷一家十一口，只得分頭行進。四個大孩子帶著輕便的行李各自找車，從宜山直奔都勻；原先住在思恩的家屬，坐著滑杆趕到德勝等候豐子愷；豐子愷卻找不到車，只得在一日之內步行了九十餘里，趕到德勝。還是因為找不到車，老老少少的七個人又從德勝坐滑杆，經過三天的翻山越嶺，到了河池。豐滿與元草在河池由浙大學生幫忙帶走，行李卻不能跟著走。剩下豐子愷、徐力民、老岳母和十歲的一吟、一歲多的新枚，再加行李十餘件，留在人地生疏的河池的一家旅館裏。

接連幾天裏，豐子愷都在破曉時分即趕到車站找車，但都沒有結果。豐子愷心急如焚，一家老弱流落異地，萬一敵寇來犯，可如何是好？旅館老闆是個讀書人，久聞豐子愷的大名，招待得很周到客氣。他雖無法幫忙解決汽車問題，卻主動提出：「我有家在山中，可請先生同去避難。」

豐子愷感激地說：「你真是義士！我多蒙照拂了。但流亡之人，何以為報呢？」他說：「若是先生到鄉，趁避亂之暇，寫些書畫，給我子孫世代寶藏，我便受賜不淺了！」聽了他的話，豐子愷的心稍稍放寬了一些，甚至都決定了，到時就跟著他們到山中去。

第二天，老闆拿來一副大紅的對聯，請豐子愷為他父親寫一副祝壽聯，以表孝心。豐子愷滿口答應，提筆即成一副慶壽的八言聯。由於紙不吸水，他們就將此聯抬到門外的太陽下晾曬。豐子愷無事可做，就上樓回房間去了。

不一會兒，老闆親自上樓來通報，說有一位姓趙的客人求見。幾乎同時，客人也到了門口。他緊握豐子愷的手，連稱「久仰」、「難得」，一口無錫、常州一帶的鄉音，叫豐子愷聽了頓覺親切，忙邀了進房敘談。

原來他是此地汽車加油站的站長，剛才經過旅館，看見那副對聯上的署名，又見墨跡未乾，料定豐子愷一定在此旅居，便來拜訪。

言談之中，知道了豐子愷的處境，他卻毫無難色，說：「我有辦法。也是先生運道太好。明天正好有一輛運汽油的車子開往都勻。所有的空位，都是給我運送家眷的。現在我讓先生先走，你只說是我的眷屬就行了。」

「那你自己呢？」

「我另有辦法。戰事尚未十分逼近，我是要到最後才能走的。」

豐子愷驚喜得幾乎要跳起來了。

晚上，趙先生就帶著司機來了。幫著他們雙方做好了交接，又叮囑了一番，事情就算說定了。最後，趙先生拿出一卷紙來，請豐子愷為他作畫留念。豐子愷就在燈光之下，為他作了一幅墨畫。

次日清早，趙先生親來送行。豐子愷老弱五人，行李十二件，至此終於坐上了汽車，下午即到都勻。十二月一日，一家十一人在離散了十六天之後，重得團圓。晚上聚餐時，豐子愷暢飲茅臺而至大醉。

這樣的一段經歷，一時被大家傳為美談，「藝術的逃難」，即由此而來。豐子愷自己對此卻沒有多少藝術的體味，反而認為這是極無藝術意味的一件事。在他看來，藝術之所以為藝術，就在於它是與一切功利的目的相絕緣的。創作的時候，只有摒棄了一切的人情、金錢等等利益之心，為創作而創作，才是藝術品，才會有藝術的意味。趙先生捨己利人，危難時刻慷慨地伸出援助之手。事成之後，請豐子愷為他作畫留念，絕對合情合理，豐子愷當然十分樂意地欣然從命。但是如果要把此事說到藝術上去的話，就是一件「最苦痛，最不合理的事」了。畢竟，事情的起因還是在於交換一輛汽車的功利目的。

與此藝術的話題相比較，豐子愷自己則將此次經歷理解為是「宗教的逃難」。他說：

> 一個普通平民，要在戰時緊張的區域內舒泰地運出老幼五人和十餘件行李，確是難得的事。我全靠一副對聯的因緣，居然得到了這權利。……人真是可憐的動物！極細微的一個「緣」，例如曬對聯，可以左右你的命運，操縱你的生死。而這些「緣」都是天造地設，全非人力所能把握的。寒山子詩云：「碌碌群漢子，萬事由天公。」人生的最高境界，只有宗教。所以我說，我的逃難，與其說是「藝術的」，不如說是「宗教的」。人的一切生活，都可說是「宗教的」。（《藝術的逃難》）

在遵義，幾經搬遷之後，豐子愷遷居到了新城獅子橋畔南壇巷的熊家新房子內。此地環境僻靜，窗外望出去就是湘江，夜晚憑窗眺望，滿天的繁星映著江流，頗有詩情畫意。生活情趣一向濃厚的豐子愷便據蘇東坡「時見疏星渡河漢」之意，名此屋為「星漢樓」。

遵義在當時是比較安定的大後方，星漢樓中度過的歲月，是逃難以來比較安定的時期。因此在教課之餘，豐子愷又有時間從事繪畫和寫作了。這一時期他出版了《藝術修養基礎》、《子愷近作漫畫集》、《子愷近作散文集》。一九四一年，《客窗漫畫》也問世了，此外還由大路書店出版了豐子愷與蕭而化合編的《抗戰歌選》第一、二冊。在宜山時，豐子愷曾把抗戰以來所作的一些漫畫編成一本畫冊，名為《大樹畫冊》，也於此時由文藝新潮社出版了。

在星漢樓上，豐子愷編繪了一部《子愷漫畫全集》，於一九四五年由上海開明書店出版。這是豐子愷對自己以往漫畫創作的一個系統整理。

抗戰以前，豐子愷結集出版過八冊畫集，即《子愷漫畫》、《子愷畫集》、《護生畫集》、《學生漫畫》、《兒童漫畫》、《都會之音》、《雲霓》、《人間相》。抗戰發生後，這八冊畫集的版子和原稿均毀於炮火而絕版。為此，開明書店的徐調孚曾多次給豐子愷來信，告訴他常有讀者說及此事，希望能有重版。因此要求豐子愷將那七冊畫集重新編繪，以便早日復刊。豐子愷自己也有心重繪，但身在流亡途中，居無定所，自是無暇顧及於此。

抗戰期間在「星漢樓」。

在相對安定的星漢樓上，豐子愷終於可以靜下心來畫畫了。他先將《護生畫集》重繪了一遍，又新作《護生畫續集》一冊，為弘一法師祝六十之壽。這樣，就有了兩冊《護生畫集》。

另外的七冊畫集共有六百幅畫，都要重繪一遍，實在是一項浩繁的工程，沒有相對集中的時間和決心，還真不易完成，因此遲遲不敢動手。到了一九四一年的農曆二月十五日，也就是豐子愷喜歡的「花朝日」（民俗中的「百花生日」），他終於發興開始重繪。重繪不是照舊行事，而是有刪有增。六百幅舊作被他刪去了約有一半，選存的三百餘幅則加修改重繪，又加入了流亡以後所作的百餘幅新作。一共花了三十八天的時間，共得四百二十四幅，分編為六冊：寫詩意的八十四幅為一冊，名曰《古詩新畫》。寫兒童生活的八十四幅為一冊，名曰《兒童相》。寫學生生活的六十四幅為一冊，名曰《學生相》。寫民間生活的六十四幅為一冊，名曰《民間相》。寫都市狀態的六十四幅為一冊，名曰《都市相》。抗戰後流亡中所作六十四幅為一冊，名曰《戰時相》。

經過這樣的一番整理，原先各自獨立的幾部舊畫集，就變成了一部有系統的新畫集。豐子愷十分滿意，他在為此畫集所作的序言中說：

> 畫集好比兒女。現在，我的心靈的兒女就是這齊齊整整的八人：兩冊《護生畫集》好比在外的兩個大男，一部全集猶似在家的六個兒女（《子愷漫畫全集・序》）。

相對安定的生活環境，也為兒女們的學習帶來了較好的條件。此時，元草和一吟在城裏進了豫章中學，每天早出晚歸。陳寶、寧馨和華瞻已因成績優秀，保送到浙江大學上學。但豐子愷還是沒有放鬆對他們的家庭教育。據一吟說，在遵義羅莊時，豐子愷想出一種學習兼娛樂的辦法來，即每個週末的晚上舉行一次家庭聯歡會。從城裏買來五元食品，給孩子們在會上吃。

孩子們一邊吃，一邊聽父親講故事。過後，必須把這故事寫成作文。豐子愷稱這家庭聯歡為「和諧會」（江南口音「五元會」的諧音）。後來物價漲了，買食品需要十元，便改稱為「慈賢會」（江南口音「十元會」的諧音）。

一九四一年秋，豐子愷在浙大升為副教授。

一九四二年十月十八日，豐子愷接到福建泉州開元寺性常法師的電報，得知弘一法師已於農曆九月四日（公曆十月十三日）圓寂。此時，豐子愷因受國立藝專之聘，正在收拾行裝，欲往重慶。接此消息，他只是在窗前沉默了幾十分鐘，發了一個為法師畫像一百幅、分寄各省信士勒石紀念的願，然後照舊吃早飯、整行裝、覓車子。對此，當時有許多人來信怪他，認為以他與弘一法師的關係之深，何以法師死了卻沒有一點表示。

其實，看似冷淡的表象之下，積聚著最熱烈的情感和最虔誠的敬愛。

一九四三年三月，在弘一法師逝世後的第一百六十七日，豐子愷寫出了〈為青年說弘一法師〉一文，文中寫道：

豐子愷繪「弘一大師遺像」。

> 一月中，我實行了我的前願。為弘一法師造像。連作十尊，分寄福建、河南諸信士。還有九十尊，正在接洽中，定當後續作。為欲勒石，用線條描寫，不許有濃淡光影。所以不容易描得像。幸而法師的線條畫像，看的人都說「像」。大概是他的相貌不凡，特點容易捉住之故。但是還有一個原因：他在我心目中印象太深之故。我自己覺得，為他畫像的時候，我的心最虔誠，我的情最熱烈，遠在驚惶慟哭及發起追悼會、出版紀念刊物之上。其實百年之後，刻像會模糊起來，石碑會破爛的。千萬年之後，人類會絕滅，地球會死亡的。人間哪有絕對「永久」的事！我的畫像勒石立碑，也不過比驚惶慟哭、追悼會、紀念刊稍稍永久一點而已。

因此，對豐子愷、對弘一法師，任何表面的、形式的追悼或紀念，都不足以真正表達出兩個靈魂在精神氣質上的相契相融。即使是豐子愷自己，領悟恩師的人生價值與意義，也需得經過一段長長的思索。

四

豐子愷整裝前往重慶的目的，是應國立藝術專科學校校長陳之佛之邀，前去任教的。國立藝術專科學校由國立北平藝專和國立杭州藝專合併而來。這原是國內兩所著名的國立高等藝專，戰爭的炮火迫使兩校走上了流亡之途。數千里輾轉遷徙的結果，是當他們於一九三八年在湖南沅陵會合時，兩校師生總共只有二百餘人。於是便縮併而為國立藝術專科學校，成為當時全國唯一的國立高等藝專。隨著炮火的逼近，又取道貴陽內遷昆明，一年後又撤到四川璧山，最後遷至重慶沙坪壩的磐溪龍脊山麓。

一方面是戰爭帶來的顛沛流離，一方面是時局人事造成的學潮波瀾，短短幾年間，藝專校長頻繁更替，到此時的陳之佛，已是林風眠、滕固、呂鳳子之後的第四任校長了。豐子愷在藝專擔任教務主任之職，開設「藝術概論」等課程。

初到沙坪壩時，豐子愷先是住在陳之佛家中，後來幾次擇居搬遷，都不甚稱意。他覺得老是這麼遷來搬去的，總不是長久之計；而抗戰的勝利，也不像原先想像的那樣指日可待；加之重慶這座大後方的山城，給他的印象很好，於是便決定在重慶沙坪壩建屋定居。

一九四二年底初到重慶時，為籌措生活費用，豐子愷曾在夫子廟舉行過一次個人畫展。展出的都是流亡途中新作的以山水為主的彩色畫，畫幅較大。

在豐子愷的繪畫藝術道路上，這次畫展有較為特殊的意義。一方面，這是他自已親自操持、到場的第一次個人畫展；另一方面，這是豐子愷繪畫風格發生重大轉變的一個時期，而畫展則充分地體現了這種轉變。關於這一點，豐子愷在〈畫展自序〉中分析、表達的十分詳盡：

我生長在江南，體弱不喜旅行，抗戰前常居滬杭一帶。平原沃野，繁華富庶，人煙稠密，都市連綿。那時我張開眼睛，所見的都是人物相、社會相，卻難得看到山景，從來沒有見過崇山峻嶺之美。所以抗戰以前，我的畫以人物描寫為主，而且為欲抒發感興，大都只是寥寥數筆的小幅。這些畫都用毛筆寫成，都可照相縮小鑄版刊印。

……

抗戰軍興，我暫別江南，率眷西行。一到浙南，就看見高山大水。經過江西湖南，所見的又都是山。到了桂林，就看見所謂「甲天下」的山水。從此，我的眼光漸由人物移注到山水上。我的筆底下也漸漸有山水畫出現。我的畫紙漸漸放大起來，我的用筆漸漸繁多起來。最初是人物為主，山水為背景。後來居然也寫山水為主人物點景的畫了。最初用墨水畫，後來也居然用色彩作畫了。好事的朋友，看見我畫山水，拿古人來相比：這像石濤，這像雲林。其實我一向畫現代人物，以目前的現實為師，根本沒有研究或臨摹過古人的畫。我的畫山水，還是以目前的現實——黔桂一帶山水——為師。古人說：「畫不師古，如夜行無燭。」我不師古，恐怕全在暗中摸索？但摸了數年，摸得著路，也就摸下去。——如上所說，我的畫以抗戰軍興為轉機，已由人物為主變為山水為主，由小幅變為較大幅，由簡筆變為較繁筆，由單色變為彩色了。

豐子愷從重慶畫展賣畫所得的五萬元法幣中，拿出四萬元在沙坪壩正街以西的廟灣，親自設計建造了一所住屋。他用竹籬圍了二十方丈土地，在籬內六方丈土地上造了四間平屋。屋朝南，四個房間好比一個「田」字。「田」字的西邊另外搭出一個披屋來，隔成前後兩間，前間可住人，後間為廚房。院子的西北角築一間小小的廁所。牆壁十分單薄，只是在竹片編成的平面上塗以堊土。到了夏天，上午九時後東壁炙手可熱。儘管如此，豐子愷還是很喜歡這所屋子，名之為「沙坪小屋」。院子裏的泥層很薄，下邊盡是岩石，不能種樹木。風生書店的老闆周世予特地挖了很高的芭蕉，扛到沙坪小屋來替豐子愷種在院子的東北角裏。另外，豐子愷家自己種些番茄、蠶豆、蔦蘿之類的植物。這所小屋是孤零零的，竹籬之外，坡岩起伏，盡是荒郊。遠遠望來，小屋猶如一個亭子，所以豐子愷把自己比作「亭長」。

二女兒林先已於一九四一年秋天，由蘇步青證婚與浙江大學畢業的宋慕法結婚，自行別居。豐子愷有了這一方屬於自己的小院，便想到了出嫁的女兒，他在沙坪小屋的設計圖上，特意標出一塊，留給林先，等她來後建屋共居。

沙坪小屋建成後，豐子愷便辭去藝專的教職，重新過起了寫文賣畫的賦閒生活。

豐子愷喜歡賦閒家居、以寫文賣畫的自由職業為生。這既是他的個性使然，更是社會環境使然。時世的動蕩、處世的不易、謀生的艱難、人事的糾紛，都令他對社會、對人事存有戒心。緣緣堂時如此，此時仍舊如此。豐子愷此時認識了一位新朋友，名叫夏宗禹。他覺得這位年輕人年紀雖小，卻與自己人生觀相似，個性脾氣尤為投合，因此引為無話不說的知己。在與他的通信中，豐子愷常常是實話實說：

> 老實說，我的確看不起世人。古人有「科頭箕踞長松下，白眼看他世上人」的，我有時也常以白眼看人，我笑世人都很淺薄，大都為名利恭敬虛度一生。能看到人生真諦的，少有其人。我所崇拜的，是像弘一法師的人。（一九四五年六月三日〈致夏宗禹信〉）

但人總是生活在社會上的。因此，一方面，他追求在宗教與哲學的層次探究人生的究竟：

> 讀者只要窮究自身的意義，便可相信這話。譬如：為什麼入學校？為了欲得教養。為什麼欲得教養？為了要做事業。為什麼要做事業？為了滿足你的人生欲望。再問下去，為什麼要滿足你的人生欲望？你想了一想，一時找不到根據，而難於答復。你再想一想，就會感到疑惑與虛空。你三想的時候，也許會感到苦悶與悲哀。這時候你就要請教「哲學」，和他的老兄「宗教」。這時候你才相信真正的佛教高於一切。（〈為青年說弘一法師〉）

這樣的追求使他看不起世間那些貪婪無恥的追名逐利之徒。

而另一方面，人生畢竟是現實的，社會畢竟是世俗的。高遠的理想、高尚的品格、凜然的正氣、真誠的品質，我們可以涵養於心，卻往往不能見容於世。現實的社會中他惹不起那些虛偽狡詐的勢利小人，更不屑與他們同流合污，於是退避三舍便成了他的最佳選擇。他對夏宗禹說：

我勸你理想不可太高，處事不可太認真。因為社會總是這麼一個社會。理想太高，處事太認真，徒然多碰釘子，自討苦吃。這社會直是教人冷酷，教人虛偽。但我們不得不勉為其難。我怕此難（不肯二重人格），所以戰前十年閒居，戰時也已賦閒三年。但此不足為法。決不願別人效我。願你勉為其難，對社會「沉著應戰」，必有偉大成功。（一九四六年二月七日〈致夏宗禹信〉）

豐子愷的賦閒家居，當然不是誰都可以效法的。因為在賦閒的同時，還須擔負得起一大家子人的生活重擔。賦閒之初，家中兒女除小兒新枚承歡膝下、次女林先結婚別居外，其餘均尚在校就讀。家中十餘口人，照舊都靠豐子愷供養。因此擔在肩上的家累，並未比年輕時有所減輕。豐子愷依舊要靠他的一己之力，養家活口。

還是得靠寫文賣畫，一如緣緣堂時。但不同於緣緣堂的是，此時豐子愷除在報刊發表畫作外，還舉辦了多次畫展。

當年豐子愷趕到宜山浙大時，馬先生已受政府聘請，赴樂山去辦復性書院了。一九四三年早春，豐子愷前往樂山拜訪馬一浮先生，目的是請馬先生為弘一法師作傳。在去樂山途經五通橋時，舉行了一次畫展。

一九四四年二月至三月，豐子愷率一吟遊川東長壽、涪陵、豐都，並在這三地各舉行一次畫展。

一九四四年十二月，豐子愷隻身赴川北。從重慶到合川，後至南充。南充有開明書店代銷處，老友朱光潛也住在這裏。豐子愷因有這兩層關係，在此也舉行了一次畫展。

豐子愷在南充認識了蔣閬仙。他是南充人，但家住閬中。他建議豐子愷再到閬中去開畫展，由他陪去。於是，就在閬中又辦了一次畫展。

一九四五年六月，豐子愷專程去重慶以西的隆昌參加立達學園成立二十週年紀念，並在當地舉行畫展。自從「八一三」以後，立達的學生在陶載良率領下逃到四川隆昌復了校。雖然這時的立達師生已不是原班人馬，但豐子愷仍任校董。豐子愷便於六月十五日動身。途經青木關時應友人紅豆詩人俞友清之邀，舉行了預展。六月二十三至二十六日，在立達學園的幫助下，在隆昌正式展出四天。離開隆昌後，與陶載良一同北上，經內江，於七月十二日抵成都，參加國際救濟會的手工藝討論會。在成都又舉行了一次畫展，並為杜甫草堂書寫杜甫〈茅屋為秋風所破歌〉。

畫展上大量的訂畫帶給他豐厚的收入，養家之外，尚有盈餘，這為他的賦閒生活打下了穩定的經濟基礎。

畫作之外，豐子愷還寫了不少隨筆和藝術理論文章。主要的出版物有《畫中有詩》（一九四三年）、《漫畫的描法》（一九四三年）、《藝術學習法及其他》（一九四四年）、《教師日記》（一九四四年）、《人生漫畫》（一九四四年）以及《子愷漫畫全集》（一九四五年）。一部分隨筆後來收載在一九四六年十月萬葉書店出版的《率真集》中。

在沙坪小屋，豐子愷除寫文作畫外，還常常出門旅遊，或帶了阿寶、一吟到重慶去看京戲、訪朋友。當時的交往中，豐子愷常去拜訪的是重慶長安寺的太虛法師。開明書店的范洗人、葉聖陶、傅彬然，在日本時結識的畫家關良等等，都是往來頻繁的朋友，他們或到酒店喝酒，或至沙坪小屋聚會。藝專的學生，也常常三五成群地來請教豐子愷。另外與徐悲鴻、巴金、茅盾等，也有接觸。

沙坪小屋的閒居生活，帶給豐子愷無限的滿足。他以一介書生之力，在離亂的戰爭歲月、在幾千里之遙的異鄉，為自己、為家庭築起了一處遮風擋雨的安居之所，這怎麼會不令他歡喜慶幸呢？重享家庭團聚的和睦與溫馨，帶給豐子愷無窮的興味，於是每天的晚酌，成為他最大的人生享受：

> 沙坪的晚酌，回想起來頗有興味。那時候我的兒女五人，正在大學或專科或高中求學，晚上回家，報告學校的事情，討論學業的問題。他們的身體在我的晚酌中漸漸地高大起來。我在晚酌中看他們升級，看他們畢業，看他們任職，就差一個沒有看他們結婚。在晚酌中看成群的兒女長大成人，照一般的人生觀說來是「福氣」，照我的人生觀說來只是「興味」。這好比飲酒賞春，眼看花草樹木，欣欣向榮；自然的美，造物的用意，神的恩寵，我在晚酌中歷歷地感到了。（〈沙坪的酒〉）

熱愛兒女，熱愛家庭的豐子愷，在家人的團聚中獲得無限的幸福，他便癡心地想要讓這來自不易的團聚長長久久地延續下去。因此當幾個大孩子畢業尋找工作時，他便嚴格地限制他們只能在沙坪（至多重慶）範圍內供職，以致一時間使得覓職頗為不易。他自己也知道這樣做並不明智，自稱「是一種癡想」，但卻不能改變。

真是可憐天下父母心。好在豐子愷的兒女都頗能體諒父親的苦心，他們一直陪伴在豐子愷的身邊，直到重回江南。

一九四四年中秋節，豐家團聚在沙坪小屋。豐子愷眼見雖然流亡幾千里，歷時七餘載，除卻老岳母因年邁體病去世外，全家終究得以團圓，自是慶幸歡喜。他為此開懷暢飲，以至大醉，沒有賞月就酣睡了。早上醒來，在枕上寫就一曲〈賀新涼〉：

七載飄零久。喜中秋巴山客裏，全家聚首。去日孩童皆長大，添得嬌兒一口。都會得奉觴進酒。今夜月明人盡望，但團圓骨肉幾家有？天於我，相當厚。　故園焦土蹂躪後。幸聯軍痛飲黃龍，快到時候。來日盟機千萬架，掃蕩中原暴寇。便還我河山依舊。漫卷詩書歸去也，問群兒戀此山城否？言未畢，齊搖手。

第二年中秋，抗戰果然勝利，詞中之預言成了現實。豐子愷喜不自禁，「漫卷詩書歸去也」，成了他迫切的心願。

其實，就豐子愷及他家當時的實際情況而言，長住重慶未嘗不是一個更好的選擇。因為故鄉的緣緣堂以及其他幾間老屋和市房，已全部被毀無存，實已無家可歸。而在重慶卻有沙坪小屋可蔽風雨。再說豐子愷當時並未擔任公職，多年來閒居在重慶沙坪壩的小屋裏賣畫為生，沒有職業的牽累，全無急急復員的必要。最主要的陳寶、軟軟、華瞻都已在重慶當公教人員，而四川當局歡迎下江教師留渝，報酬特別優厚。為他們考慮，也不必辛苦地回到「人浮於事」的下江去另找飯碗。

但是，即使如此，豐子愷還是一定要回江南。原因就是他的老觀點：「不為無益之事，何以遣有涯之生？」江南是他的故鄉，是他感情、意氣、趣味所嚮往的地方，所以他一定要回去。

對於即將離別的重慶，對於數年來給了他安寧生活的這座山城，豐子愷滿懷留戀和感激之情：

重慶的臨去秋波，非常可愛！那正是清和的四月，我賣脫了沙坪的小屋，遷居到城裏凱旋路來等候歸舟。凱旋路這名詞已夠好了，何況這房子站在山坡上，開窗俯瞰嘉陵江，對岸遙望海棠溪。水光山色，悅目賞心……這真是一個可留戀的地方。可惜如馬一浮先生贈詩所說：「清和四月巴山路，定有行人憶六橋。」我苦憶六橋，不得不離開這清和四月的巴山而回到杭州去。臨別滿懷感謝之情！數年來全靠這山城的庇護，使我免於披髮左衽。謝謝重慶！（〈謝謝重慶〉）

第十章　亂世孤雁

現代中國最像藝術家的藝術家——悼丐師——回家的路，是那樣漫長——蔓草荒煙裏的故鄉——又見西湖——南遊——何處是我家？

一

豐子愷為籌措重返江南的路費，於一九四五年十一月一日至七日，在重慶舉行了第二次畫展，展出地點在重慶兩路口社會服務處。

畫展辦得非常成功。因為抗戰勝利，四川當地人士都料定豐子愷必定出川回鄉，因此紛紛求購他的畫作，並請他「結緣減潤」。而豐子愷也認為抗戰既已勝利，物價不久一定會大跌，便聽允了求畫者的請求，將畫價減低至「漫畫四千元半方尺左右」。這個畫作潤例在當時的重慶，屬最低的一種，因此訂畫者如雲，達三百六十人之多。致使豐子愷自謂成了一架「造畫機」，為償還畫債，一連數日從上午八時至下午五時埋頭作畫。

次年一月，又在沙坪壩以及重慶七星崗江蘇同鄉會續展。

一九四六年四月二十日，豐子愷廉價賣去沙坪小屋，遷居重慶凱旋路等待歸舟。期間，寫了〈讀「讀緣緣堂隨筆」〉一文。

大約還是在一九四四年的時候，第六十七期《中學生》上，刊登了日本人谷崎潤一郎所作、夏丏尊翻譯的〈讀緣緣堂隨筆〉一文。文中評價豐子愷的文學成就說：「如果說胡適的《四十自述》是學者的著作，那麼這本隨筆可以說是藝術家的著作。他所取的題材，原並不是什麼有實用或深奧的東西，任何瑣屑輕微的事物，一到他的筆端，就有一種風韻，殊不可思議。」又引用了豐子愷《緣緣堂隨筆》的日文翻譯者吉川幸次郎的話，評價豐子愷說：「我覺得，著者豐子愷，是現代中國最像藝術家的藝術家，這並不是因為他多才多藝，會彈鋼琴、作漫畫、寫隨筆的緣故，我所喜歡的，乃是他的像藝術家的真率，對於萬物的豐富的愛，和他的氣品、氣骨。如果在現代要想找尋陶淵明、王維那樣的人物，那麼，就是他了吧。他在龐雜詐偽的海派文人之中，有鶴立雞群之感。」

夏先生在譯文前的短序中寫道：「余不見子愷倏逾六年，音訊久疏，相思頗苦。子愷已由黔入川，任教以外，賴賣畫以自活。此異國人士之評論，或因余之迻譯有緣得見，不知作何感想也。」

當時，豐子愷在重慶，開明書店將雜誌寄給了他。葉聖陶隨即來信，囑他就此文寫一篇讀後感。豐子愷覺得在此戰爭時期，為一個敵國人而談藝術感想，很不協調，於是就沒有寫。現在，抗戰已經勝利，為了「補應聖陶兄的雅囑」、「答復夏先生的雅望」，就寫了這篇讀後感。因為谷崎潤一郎的文章是評論豐子愷的藝術創作的，所以在讀後感中，豐子愷也就比較仔細地檢視了自己的藝術創作心態和見解。

文藝是苦悶的象徵。

為了檢視自己文學創作的根源，豐子愷先對自己的人格作了深入的剖析：

> 我是一個二重人格的人。一方面是一個已近知天命之年的、三男四女俱已長大的、虛偽的、冷酷的、實利的老人（我敢說，凡成人，沒有一個不虛偽、冷酷、實利）；另一方面又是一個天真的、熱情的、好奇的、不通世故的孩子。這兩種人格，常常在我的心中交戰。雖然有時或勝或敗，或起或伏，但總歸是勢均力敵，不相上下，始終在我心中對峙著。為了這兩者的侵略與抗爭，我精神上受了不少的苦痛。

豐子愷翻譯過日本文藝批評家廚川白村的名著《苦悶的象徵》，書中說：文藝是苦悶的象徵。文藝好比做夢，現實中的苦悶，可以在夢境中發洩。豐子愷對此深表贊同，他據此認為，自己的文章，正是他二重人格的苦悶的象徵。我們結合豐子愷十分喜愛並翻譯的另一位日本文學家夏目漱石的《旅宿》中的文字：「人的世界是難處的。越來越難處，就希望遷居到容易處的地方去。到了相信任何地方都難處的時候，就發生詩，就產生畫。」不難看出，豐子愷的文藝思想，是深受日本文藝思潮的影響的。

藝術無國界。

豐子愷自認是個四十九歲的孩子，因此寫的文章畫的畫，都是「真率的」、「瑣屑的」、「輕微的」、「不深奧的」、「沒有什麼實用的」東西，這在「大人化」、「虛偽化」、「冷酷化」、「實利化」的中國，就很難有人注重他的作品了，而在日本，卻有了知音。由此可見，藝術是沒有國界的。為此，豐子愷覺得人類實在不宜依疆土分國，而應該以趣味來分國。他自己與谷崎潤一郎、吉川幸次郎、夏丏尊、葉聖陶以及所有喜愛他作品的人，就不但是一國之民，更算得上是同鄉了。

藝術是沒有功利心的。

對於藝術，豐子愷一直有一個「絕緣」說，藝術的可貴，正在於它是與世間一切的功名利祿相絕緣的。就繪畫而言，無用的繪畫，才是真正的美術的繪畫。因為藝術的本質在於美，而美是感情的，不是知識的；美是欣賞的，不是實用的。畫家的職責，是表現他在社會、自然和人生中所發現的美，而不是教人知識；觀眾也只能用感情去欣賞繪畫中的美，而不可運用自己的知識去探究它的實用性。真正的繪畫，除了表現與欣賞之外，不會有任何實際的目的。然而，無用卻是大用。繪畫既然是感情的產物，它就能對人生產生慰藉與安撫，以潛移默化的方式改善和提升人類的情感境界。試想，如果人類沒有感情，將會如何的機械和冷酷，世界沒有美術，人生又將如何的寂寥和枯燥。這，就是繪畫的超越了世俗功利之心的大用。

在文章的最後，豐子愷的筆下，又流露出了他所特有的風韻：

吉川君說我在海派文人中好比「鶴立雞群」。這一比也比得不錯。雞是可以殺來吃的、營養的、滋補的、功用很大的。而鶴呢，除了看看而外，毫無用處！倘有「煮鶴焚琴」的人，定要派牠實用，而想殺牠來吃，牠就嘎然長鳴，沖霄飛去，不知所至了！

豈料到了二十三日，就獲悉了夏丏尊逝世的消息。

抗戰期間，夏丏尊居住在上海。豐子愷、葉聖陶等一班在大後方的老朋友，深深惦念著蟄居上海的夏丏尊，為他的處境、生活和多愁善憂的性格擔心。一九三九年二月二十三日，豐子愷在《教師日記》中寫道：「吾有子女七人，均未成立。但以一雙空手，糊口四方。而漠然泰然，自得其樂。在夏先生視之，真鋌而走險者也。設使夏先生與吾易地，則夏先生必積憂成疾，而將羽化登仙矣。」

上海的日子確實過得非常艱難。日寇鐵蹄之下的孤島，精神的壓抑與心境的鬱悶自不待言，文化人的處境更是十分危險。夏丏尊就曾被日本特務機關逮捕，留學日本、精通日語的夏丏尊在被捕期間，堅持不說日語，保持了高貴的民族氣節，也因此遭受非人的折磨，身心俱遭重創。同時，高昂的物價更使生活不易。一九四〇年十一月十五日，夏丏尊致信豐子愷說：

> 米每石七十餘元。青菜一角五至二角。肉二元餘。舍下五人每月開銷須三百元以上（娘姨已不用）。薪水本來無幾，湊以版稅，不足則借貸支撐。浙東不通如故，欲歸不得。在上海也恐活不下去，只好不去想他，得過且過再說矣。煙、酒、瓶花，結習未除，三者每日約耗一元（一人）。酒每餐飲一玻璃杯，煙已吸至平常不吸之劣牌子，花瓶無一存者，以瓦茶壺插花供案頭。

本來抱著抗日救國的決心，寄希望於勝利後的幸福，倒也尚可咬緊牙關忍受。豈料勝利之後的日子反而更加艱難。抗戰時期，汪偽政府強迫人民使用他們發行的偽中儲券，抗戰勝利後，用法幣兌換偽中儲券是勢在必行的措施。一九四五年九月二十八日，國民政府公佈的偽幣法幣兌換率為二〇〇：一，而當時偽幣法幣的實際比值大約是五〇：一。無力收藏黃金美鈔、珠寶首飾、米糧物資的升斗小民，手中的偽幣霎時成了一把廢紙；而「重慶人」帶來的法幣卻一下子身價百倍，成了市場上的驕子。上海市場立即掀起了大浪，中下層市民是首當其衝的受害者。

不僅二〇〇：一的兌率以近乎沒收的方式掠奪了他們可能擁有的微薄積蓄，隨之而來的物價狂漲，更使他們的生活水準一落千丈。從一九四五年九月到十一月，以法幣計，黃金每兩從四萬餘元漲到十一萬元，大米每擔從四千元漲到一萬元，食鹽每斤從七元漲到五十六元，細布每尺從六十六元漲到五百五十一元……房租漲得更凶，一幢較上等的住宅，每月租金從七千餘元偽幣猛增到八千餘元法幣，足足漲了二百多倍！原來三萬元偽幣尚可勉強維持一個人全月的生活，而兌換成法幣後，這點錢只夠付一次理髮費。一家報紙寫道：「好容易等到『天亮』了，食糧、布匹，一切日用品卻漲得沒有止境。寒風料峭，隔宿無糧，此後四個月怎樣熬得過去呢？……現在蜷伏在大街小巷的屋檐底下和鐵門前面的可憐蟲，正有增無減。」❶

夏丏尊就是在這樣的情形，貧病交加，再加上憤恨難抑的心情，終於走到了生命的盡頭。一九四六年四月二十三日，他對著前去探望的親家翁葉聖陶，發出了悲憤不平的呼聲：「勝利？到底啥人勝利——無從說起！」

夏丏尊去世後，豐子愷寫下了〈悼丏師〉一文，文中寫道：

> 猶憶二十六（一九三七）年秋，蘆溝橋事變之際，我從南京回杭州，中途在上海下車，到梧州路去看夏先生。先生滿面憂愁，說一句話，歎一口氣。我因為要乘當天的夜車返

❶ 參引自朱華等著《上海一百年》，頁二六二，上海人民出版社一九九九年三月出版。

杭，匆匆告別。我說：「夏先生再見。」夏先生好像罵我一般憤然地答道：「不曉得能不能再見！」同時又用凝注的眼光，站立在門口目送我。我回頭對他發笑。因為夏先生老是善愁，而我總是笑他多憂。豈知這一次正是我們的最後一面，果然這一別「不能再見」了！

……

八年來水深火熱的上海生活，不知為夏先生增添了幾十萬斛的憂愁！憂能傷人，夏先生之死，是供給憂愁材料的社會所致使，日本侵略者所促成的！

以往我每逢寫一篇文章，寫完之後，總要想：「不知這篇東西夏先生看了怎麼說。」因為我的寫文，是在夏先生的指導鼓勵之下學起來的。今天寫完了這篇文章，我又本能地想：「不知這篇東西夏先生看了怎麼說。」兩行熱淚，一齊沉重地落在這原稿紙上。

上海的接收，重慶的東歸，絲毫沒有凱旋的豪氣與暢達。當時，要出川返家的達官貴人、接收大員人數眾多，以至霸佔了所有的飛機、輪船，一般百姓根本無緣搭乘。萬般無奈之下，葉聖陶等開明同仁及眷屬五十多人，只好雇用了兩艘毫無安全保障的木船，從長江東流而歸。葉聖陶曾有文詳記當時情景：

要坐輪船坐飛機，自然也有辦法。只要往各方去請託、找關係，或者乾脆買張黑票，先說黑票，且不談付出超過定額的錢，力有不及，心有不甘，單單一個「黑」字，就叫你不願領教。「黑」字表示作弊，表示越出常軌，你買黑票，無異幫同作弊，贊助越出常軌。一個人既不能獨個兒轉移風氣，也該在消極方面有所自守，幫同作弊，贊助越出常軌的事兒，總可以免了吧。——這自然是書生之見，不值通達的人一笑。

再說請託找關係，聽人家說他們的經驗，簡直與謀差使一樣的麻煩。在傳達室恭候，在會客室恭候，……跑了不知多少回，總算有眉目了，又得往這一處簽字，那一處蓋章，看種種的臉色，候種種的傳喚，為的是得一份充分的證據，可以去換一張票子。票子到手，身份可改變了，什麼機關的部屬，什麼長的秘書，什麼人的本人或是父親，或者姓名仍舊，或者必須改名換姓，總之要與你自己暫時脫離關係。最有味的是冒充什麼部的士兵，非但改名換姓，還得穿上灰布棉軍服，腰間束一條皮帶。我聽了這些，就死了請託找關係的念頭。即使餓得要死，也不定要去奉承顏色謀差使，為了一張票子去求教人家，不說我自己犯不著，人家也太費心了。重慶的路又那麼難走，公共汽車站排隊往往等上一個半個鐘頭，天天為了票子去奔跑實在吃不消。再說與自己暫時脫離關係，換上別人的身分，雖然人家不大愛惜名器，我可不願濫用那些名器。我不是部屬，不是秘書，不是某人，不是某人的父親，我是我。我毫無成就，樣樣不長進，我可不願與任何人易

地而處，無論長期或是暫時。……這一套又是書生之見。（葉聖陶：〈我坐了木船〉）

同樣書生意氣的豐子愷，同樣無緣搭乘飛機輪船。他一直盤桓到一九四六年七月上旬，才得離開重慶，開始了千里東歸的漫漫長路。其間兩個多月的艱辛曲折，直令豐子愷焦頭爛額，心急如焚。我們且看一吟對這段生活的回憶記述：

不得已，只能走隴海路，繞道回江南。一九四六年七月上旬，在勝利後將近一年時，豐子愷率眷七人，才得離開山城，坐長途汽車前往綿陽。在綿陽等候擺渡，一等等了四天。然後經劍閣，於七月十四日抵廣元。由廣元換車，經漢中到寶雞。從寶雞搭上火車，原打算走隴海路直達江蘇徐州，再由徐州下江南。豈料車到河南開封，因前方蘭封（今蘭考）正在打內戰，道中有阻，不得不在開封耽擱下來。豐子愷流落在異鄉，況且盤川即將告罄，心急如焚，急出一場病來。在開封耽擱了十二天，慕豐子愷名而前來拜訪的人很多，作畫應酬，豐子愷疲勞之極。次日早晨，總算到了火車站。這回不是往東前進，而是往西倒退，退回到了鄭州。火車抵鄭州時，已是夜深，全城「戒嚴」，不可能去找旅館，只得在街頭露宿一夜。這「復員」的一路上，車輛食宿之困難，竟與逃難無異。且由於盤川拮据，比逃難更加狼狽。

往武漢的火車，根本談不上買票。能擠上車的人，不是憑權勢，便是憑力氣。豐子愷夫婦和元草、一吟、新枚，哪裏擠得過人家。每天帶了行李到火車站，總是失望而歸，就這樣在鄭州耽擱了好幾天。如再住下去，生活將成問題，豐子愷急得焦頭爛額。這一天，一家人在火車站的站臺上正急得團團轉時，忽然出現了生機！原來豐子愷怕行李與別人混錯，在自己的行李上貼有白紙，上寫「豐子愷」三個醒目的毛筆字，此時被早已擠上車廂的一群年輕人看見了。他們久仰豐子愷的大名，欣然讓出一塊空地，幫助豐子愷一行人翻過貨車車廂的高壁，坐到了車上。

總算到達了武漢。這裏有開明書店的分店，就好比到了娘家，豐子愷鬆了一口氣。這裏熟朋友很多，豐子愷在漢口和武昌各舉行了一次畫展，以解決生活和盤川的問題。

豐滿和幾個已經立業的子女，比豐子愷遲一步離開重慶。他們總算買到了輪船票，由重慶溯江而下。在漢口上岸，正值豐子愷一行滯留在此。匆匆見了一面，他們便繼續上船前進。不久，豐子愷一行也買到了船票，搭了江輪，往江南進發。船到南京後，上岸改搭火車。

一九四六年九月二十五日，豐子愷總算踏上了闊別十年的上海。他在〈勝利還鄉記〉一文中回憶當時的情況說：「我從京滬火車跨到月臺上的時候，第一腳特別踏得重些，好比同它握手。」

二

到上海後，先已回滬的學生鮑慧和接待了老師一家，留他們住在自己家中。幾天之後，豐子愷便領著家人離開了上海，他要去家鄉石門，憑弔自己的緣緣堂。

十年流亡，十年思鄉，十年不絕地〈望江南〉：「青春伴，一旦忽分離。隔著雲煙三千里，東西兩地各思惟。何日更重攜？」如今終於重回故鄉，卻再也無法與它相攜，「我十年歸來，第一腳踏上故鄉的土地的時候，感覺並不比上海親切。因為十年以來，它不斷地裝著舊時的姿態而入我的客夢；而如今我所踏到的，並不是客夢中所慣見的故鄉！」

豐子愷一家沿著運河向前走，一路所見都是草棚、廢墟，以及許多不相識的人。抗戰時期，石門灣是游擊區，約近百分之八十的房屋毀敗無存，居民則大半流離死亡。他們憑著記憶中的印象，一一猜測和判斷著：

「這裏就是楊家米店。」

「這裏大約是殷家弄了！」

旁邊的人看到這麼一大幫說著純正石門話的陌生人，都覺得很驚奇。其中有幾位便留意細看，一會兒後，就有人竊竊私語起來：

「是豐子愷！」

「豐子愷回來了！」

然而豐子愷卻不認識他們。從年齡推斷，十年前，這些人還都只是孩童或少年，他當然是不認識的了。豐子愷邊走邊歎：「兒童相見不相識，笑問客從何處來」，自己居然成了這齣古劇中的主角了。

他們憑著方向與距離，走到了木場橋。原來熟悉的石橋，變成了一座平平的木橋，橋堍旁，是一片片的荒草。

雖然早已知道緣緣堂被毀，卻沒有料到毀得這麼徹底。在桂林時，老姑母還寫信來告訴他：「緣緣堂雖已全毀，但煙囪尚完好，矗立於瓦場中。此是火食不斷之像，將來還可做人家。」現在，就連這麼一點美好的遺跡和慰藉都蕩然無存了，只有河邊石岸上的一塊石頭，與那僅存的一排牆腳石，向他指示著店與堂曾經的所在。這塊石頭上，有豐子愷一幕幕的兒時憶念，「如今百事皆非，而這塊石頭依然如故。這一帶地方的盛衰滄桑，染坊店、緣緣堂的興廢，以及我童年時的事，這塊石頭一一親眼看到，詳細知道。我很想請它講一點給我聽。但它默默不語，管自突出在石岸上。」

豐子愷由牆腳石按距離推測，在荒草地上約略認定了書齋的地址。「一株野生樹木，立在我的書桌的地方，比我的身體高到一倍。許多荊棘，生在書齋的窗的地方。」他也找到了灶間的位置，「但見一片荒地，草長過膝。」

對著這片荒涼的土地，豐子愷並沒有很多的傷感。經歷了十年崎嶇的跋涉和多難的時局的磨練，原本就深諳生活的藝術的豐子愷，更加的樂天知命、達觀超脫了。煙囪雖倒，而豐家的煙火卻延續不斷。「我帶了六個孩子（二男四女）逃出去，帶回來時變了六個成人，又添了一個八歲的抗戰兒子。倘使緣緣堂存在，它當日放出六個小的，今朝收進六個大的，又加一個小的作利息，這筆生意著實不錯！」

華瞻在一尺多深的地方，掘到了一塊焦木頭，將它藏進了火柴匣裏，以作永久的紀念。

這一晚，他們投宿於族人家中。豐子愷痛飲數十鍾，酣然入睡，夢也不做一個。次日就離開這裏，到杭州去覓新巢了。

豐子愷一生與杭州有緣。他生活中一些重要的片段，如浙一師的求學時代，李叔同的虎跑寺出家，馬一浮的陋巷三訪，都發生在杭州。

現在，豐子愷終於又見西湖，西湖風光依舊。他寫信給夏宗禹說：「杭州山水秀美如昔，我走遍中國，覺得杭州住家最好……」於是在這一片湖光山色之中，豐子愷又一次租屋而居。

秋時，豐子愷曾在上海舉辦過一次畫展，得法幣五百萬元左右。次年二月，為替立達學園籌募復校基金，在上海續展，所得一半畫款捐贈給立達。後來又在南京、無錫兩地展覽。

他用這些畫展所得的錢款在西湖邊的靜江路（今北山路）八十五號租了一所小平房，有正屋三間，天井的東西側則各有廂屋一間。此屋地處葛嶺之下，與孤山隔湖相對，開門即見湖清水秀，木榮山幽，正是西湖邊的一塊寶地。豐子愷初看屋時，見此佳境，不禁脫口而吟：「門對孤山放鶴亭。」後來章錫琛為之補對上聯「居臨葛嶺招賢寺」，成了一副上好的對聯。

豐子愷為此小屋取名「湖畔小屋」，裝修大約花了三四百萬，加上一切家具都得新買新做，總共花費了七八百萬，終於修繕完畢，於一九四七年三月十一日，全家遷入。

豐子愷到杭州，原本有執教浙江大學的計劃，那是在上海時答應浙大的。到了杭州，看到了好山好水，又想到做教師要按時上課、還要開會等等，自己閒散慣了，怕是不能適應，便又打起了退堂鼓。他估摸了一下，湖畔小屋每月所需的花費約在一百二三十萬左右，自己寫稿、賣畫、抽版稅，基本上也過得去，就更不願去教書了。況且做教授，也只五六十萬的月薪，根本養不活全家。

湖畔小屋的一年半，豐子愷筆耕甚勤，收穫良多。

上海萬葉書店老闆錢君匋，在豐子愷的第一次上海畫展後就提出，要為老師出版一本彩色畫冊。桂林師範時，豐子愷曾在上課之餘，選取抗戰以來所作較滿意的畫稿，一概用四尺玉版宣一開十二之尺頁予以重畫，並蓋上「緣緣堂毀後所蓄」圖章，供自己保藏。畫到一九四六年，共得二百餘幅。從一九四二年開始，豐子愷到各地舉行畫展時，常用這一批畫。原作從來不賣，凡有定購者，皆在展覽閉會後另畫。雖曾有意刊印成冊，終

湖畔小屋。

是沒有機會。現在錢君匋有意出版，豐子愷當然允諾。他與錢君匋等人從中挑選了三十六幅，印成《子愷漫畫選》一冊，於一九四六年十二月由萬葉書店出版，這是豐子愷的第一冊彩色漫畫集。

此外，他於一九四七年出版《又生畫集》、《劫餘漫畫》、《幼幼畫集》、《音樂十課》等。一九四八年出版《豐子愷畫存》第一、二冊。

豐子愷雖然喜歡辭職家居，過沒有拘束的悠閒生活，但悠閒的同時，免不了的會有一些寂寞。雖然家中常有故鄉的戚友來往，十分熱鬧，但精神生活上志同道合者的交流，是他不可或缺的需求。

早在沙坪小屋時，豐子愷也是時有寂寞的。一九四四年的秋天，葉聖陶從成都到了重慶。豐子愷知道後，特意趕進城去看望了他。六天以後的九月十二日，葉聖陶和賀昌群一起，到沙坪小屋去回訪。賀昌群與豐子愷同在浙江大學做過教師，時有詩詞唱和，也是一位老友。

群山雲封，雨意濃濃。葉聖陶他們行走在泥濘的小道上，遠遠地看見了一座孤立郊野的小屋，旁有一樹芭蕉，簷有鴿籠高掛，心想：便是這裏了。

入得門去，見豐子愷正臥床看書。兒女們見有客來臨，都十分地歡喜。大家環坐一室，歡聲笑談。就連陽光也微微地露出了臉來，讓這晚晴的訪談，增加了溫暖的氣息。

晚餐上，豐子愷頻頻斟酒，他們聽著留聲機裏的昆曲唱片，談宗教、談藝術、談人生，話如泉湧，流觴不斷。三個人喝完了四瓶酒，豐子愷已然有了醉意。這一夕的佳會，猶如十年的聚首，是多麼的得之不易啊！葉聖陶在那日的日記裏記道：「余知子愷有寂寞之感矣。」那一日印象的深刻，令葉聖陶經久難忘。

寂寞的豐子愷在湖畔小屋的家中，用蘇東坡的句子寫了一副對聯：「酒賤常愁客少，月明都被雲妨。」好在湖畔小屋的時光中，也有這樣的老友歡聚。

一日晚上，四位來西湖遊春的朋友，在湖畔小屋裏與豐子愷喝酒。酒闌人散，送客出門。豐子愷捨不得那湖上的春月，便向湖畔散步去了。

回家之後，才知鄭振鐸來訪不遇。第二天黃昏，鄭振鐸重登小屋，闊別十年的老友終於重逢。在這位昔日上海共相豪飲的朋友面前，豐子愷已然落肚的一斤酒便消解得乾乾淨淨：「我們再吃酒！」

> 窗外有些微雨，月色朦朧。西湖不像昨夜的開顏發豔，卻有另一種輕顰淺笑，溫潤靜穆的姿態。昨夜宜於到湖邊散步，今夜宜於在燈前和老友共飲。……闊別十年，身經浩劫。他淪陷在孤島上，我奔走於萬山中。可驚可喜，可歌可泣的話，越談越多。談到酒酣耳熱的時候，話聲都變了呼號叫嘯，把睡在隔壁房裏的人都驚醒。（〈湖畔夜飲〉）

故舊知交，劫後餘生，重逢話舊，自然免不了地會有一番「驚呼熱中腸」的感歎。這一晚的湖畔夜飲，正是一個生動的寫照。

西湖畢竟不是世外桃源，豐子愷更不是獨善其身的超然出世者。時局的黑暗、世道的不平、百姓的痛苦、生活的艱辛，都被他看在眼裏，記在心中，寫在筆下。這一時期，他發表了一系列針砭時弊的漫畫：如「亂世做人羨狗貓」、「一種團圓月，照愁復照歡」、「屋漏偏遭連夜雨」、「卻羨蝸牛自有家」、「賣兒郎」、「魚游沸水中」、「萬方多難此登臨」、「菊花會不會結饅頭」、「感時花濺淚」、「再漲要破了！」等等。漫畫之外，童話《伍元的話》，寫一張本來可以買一擔白米的五元鈔票，因通貨膨脹，終於成為墊桌腳的廢紙。隨筆《口中剿匪記》則把蛀牙比作貪贓枉法的官匪：「原來我口中的國土內，養了一大批官匪，若不把這批人物殺光，國家永遠不得安寧，民生永遠不得幸福。」

三

一九四八年九月，章錫琛要到臺灣去察看開明的分店，邀請豐子愷同遊，豐子愷欣然同意。一吟恰好在國立藝術專科學校畢業，便隨父親同往。

他們在臺灣住了五十六天。臺北有豐子愷的不少新朋舊友。學生蕭而化、老友錢歌川、開明書店的劉甫琴等人，往來酬唱，熱鬧愉快。在臺北中山堂，豐子愷舉行了一次畫展。十月十三日晚，在臺北電臺以「中國藝術」為題作了一次廣播演講：

臺灣同胞在過去五十餘年中，一定看慣了日本藝術。日本一切文化源出於中國。其藝術亦只是中國藝術的一小支流。今天我就把中國藝術的偉大性為臺灣同胞略說略說一番：世界藝術，分為西洋與東洋兩大類。西洋藝術重「寫實」：例如西洋畫，大都畫得形象逼真，與照相近似。東洋藝術重「象徵」：例如中國畫，但用線條表出人物的神氣，與實際完全不同。西洋畫是重形似的，東洋畫是重神氣的。前者好比話劇，注重背景，凡事逼真。後者好比平劇，開門騎馬，只做手勢；服飾臉譜，奇形怪狀，而神情活現。所以西洋畫的肖像容易使人誤認為真人；而中國畫則全不逼真：例如仕女則削肩細腰，壽星則頭大身矮，山水則重重疊疊，像飛機中所見。然而美女與老翁的姿態的特點，山外青山樓外樓的詩境，神情活現在紙上。故西洋藝術有「冒充實物」的嫌疑；而中國藝術則坦白大膽，分明表出這是畫。這正是中國藝術獨得的特色。故中國藝術在世界藝壇，佔有特殊的地位。二十世紀西洋畫壇最主要的畫風，叫做「後期印象派」。這畫派的創導人自己說，是模仿中國藝術而創成這畫風的。故中國藝術非常偉大。臺灣天時地利都優勝，是理想的文藝領域。臺灣的藝術同志倘能認明中國藝術的偉大性，而努力研究，一定能使中國藝術發揚光大。

在這篇演講中，豐子愷重申了他一貫堅持的「中國文化優勝」的觀點：「西洋學日本，日本學中國。如此看來，中國文化始終優越。中國藝術在近世豈止為先生而已，實為歐洲各國之太先生。」

以深入淺出的語言，言簡意賅而又生動形象地說明一個複雜的道理或觀點，是豐子愷所十分擅長的本領。臺灣一直被日本佔據，當時收復不久，從建築、習俗乃至語言上，都留有日本文化的深刻痕跡。豐子愷與一吟到餐廳用餐，他們的語言與女招待的閩南話不能溝通，最後竟然還是通過日語達到了交流的目的。可見民眾對於日本文化的熟悉，要遠遠超過對於祖國文化的瞭解。因此，豐子愷有針對性地選擇從中日及中西藝術對比的角度，來對臺灣聽眾闡述、弘揚祖國藝術文化的偉大和優越，雖然只是短短十五分鐘的講演，卻具有良苦的用心和深刻的含義。

他們還到了臺中、嘉義等地，遊覽了阿里山和日月潭。豐子愷作了一些以阿里山風景為題材的畫，並題詩云：「莫言千頃白雲好，下有人間萬斛愁。」

朋友們紛紛邀請豐子愷在臺灣定居，豐子

與一吟在阿里山頂觀雲海（1948年）

愷笑稱臺灣雖好，卻沒有可口的紹酒，因此不能久居。這既是實情，也有託詞的成分。

離開臺灣後，豐子愷帶著一吟來到了廈門。

廈門是弘一法師的圓寂地。一九三二年十一月底，弘一法師第三次來到廈門，從此一直在閩南地區訪學弘法，直至去世。弘一法師在廈門南普陀寺住過很久，一九三六年二月，他主持創辦了一所培養青年佛學人才的教育機構——佛教養正院，聘請瑞今法師為院主任、廣洽法師為監學、高文顯居士為講師。早在一九三一年，弘一法師就介紹廣洽法師與豐子愷通信相識，一九三七年，豐子愷曾有意南下訪問兩位法師，但因故未成。此次來廈，就是為了瞻仰法師故居，寄託哀思，以盡弟子之禮。

也是有緣千里來相會。豐子愷一到廈門，就碰上了恰好由新加坡回廈門南普陀寺參加傳戒大會的廣洽法師。廣洽法師於一九三七年因蘆溝橋事變而至新加坡弘法，因此兩人雖相識已久，卻還從未見過面。於是廣洽法師陪著豐子愷參謁了南普陀寺弘一法師居住過的阿蘭若處、法師手植的柳樹和佛教養正院等

與廣洽法師在廈門南普陀寺（1948年）

處。豐子愷在柳樹旁沉吟良久，感慨係之：「今日我來師已去，摩挲楊柳立多時。」

此後又先後到安海、泉州等地。在泉州，他們拜謁了弘一法師講經的大開元寺、最後講經處的紀念碑、骨灰塔、「晚晴室」。在恩師圓寂的床上，豐子愷正襟端坐，攝影留念。

十一月二十八日，應廈門佛學會之請，豐子愷以「我與弘一法師」為題作了演講，道出了自己在經過長久的深思之後，對恩師一生的理解和評價：

我以為人的生活，可以分作三層：一是物質生活，二是精神生活，三是靈魂生活。物質生活就是衣食。精神生活就是學術文藝。靈魂生活就是宗教。「人生」就是這樣的一個三層樓。懶得（或無力）走樓梯的，就住在第一層，即把物質生活弄得很好，錦衣玉食，尊榮富貴，孝子慈孫，這樣就滿足了。這也是一種人生觀。抱這樣的人生觀的人，在世間佔大多數。其次，高興（或有力）走樓梯的，就爬上二層樓去玩玩，或者久居在裏頭。這就是專心學術文藝的人。他們把全力貢獻於學問的研究，把全心寄託於文藝的創作和欣賞。這樣的人，在世間也很多，即所謂「知識分子」、「學者」、「藝術家」。還有一種人，「人生欲」很強，腳力很大，對二層樓還不滿足，就再走樓梯，爬上三層樓去。這就是宗教徒了。他們做人很認真，滿足了「物質欲」還不夠，滿足了「精神欲」還不夠，必須探求人生的究竟。他們以為財產子孫都是身外之物，學術文藝都是暫時的美景，連自己的身體都是虛幻的存在。他們不肯做本能的奴隸，必須追究靈魂的來源、宇宙的根本，這才能滿足他們的「人生欲」。這就是宗教徒。世間就不過這三種人。我雖用三層樓為比喻，但並非必須從第一層到第二層，然後得到第三層。有很多人，從第一層直上第三層，並不需要在第二層勾留。還有許多人連第一層也不住，一口氣跑上三層樓。不過我們的弘一法師，是一層一層的走上去的。弘一法師的「人生欲」非常之強！他的做人，一定要做得徹底。他早年對母盡孝，對妻子盡愛，安住在第一層樓中。中年專心研究藝術，發揮多方面的天才，便是遷居在二層樓了。強大的「人生欲」不能使他滿足於二層樓，於是爬上三層樓去，做和尚，修淨土，研戒律，這是當然的事，毫不足怪的。（〈我與弘一法師〉）

一九四八年的豐子愷十分清楚地把不同的「人生」分成了三個層次，芸芸眾生的生命價值也隨之有了三個不同境界的界定。這個思想的形成和成熟，在豐子愷，有一個相當長的過程，也是經過了深思熟慮的。距此較為久遠的一九二八年時的那一段迷惘、憤激的心路，我們已經比較清楚，此處可以不必再述。就是在一九三八年時，雖然豐子愷對於自己的人生以及命運，已經有了達觀的認識，心態也是日趨平和，但是對人對事，往往還會有以己達人的做法。

在桂林師範時，有一次與傅彬然至桂林辦事。歸途中，趁候車之餘暇，便往附近的山中漫步而去。兩人邊走邊聊，談及了當世科學的發達與戰爭的慘烈。豐子愷仰天長歎，說：「造物者作此世界，不知究竟用意何在？是真惡作劇而已。我每次一想到這些，就覺得世間一切政治的紛爭和主義的擾攘都不足道，只有宗教中有人生最後的歸宿，與世間無上的真理。」

傅彬然對此絲毫不加附和，反而神情嚴肅地告誡他說：「非也！對於那些困頓於凍惡之中的窮人來說，整日裏憂心於衣食，又哪裏有空來治宗教之學？」

豐子愷聽了，不禁愕然。

與他的導師李叔同一樣，豐子愷也是一個常常沉溺於個人的精神世界中，對人生、對命運、對宗教、對藝術作純粹個人色彩的學理推究的人，他絕對能夠細緻精深地體味和參透其中的玄機和妙理，卻不太容易看得到自己生活圈子以外的形形色色的人的真實的人生情狀，體察他們完全不同於自己的人生理想和感受。因此，傅彬然的話，在他當時聽來，自是愕然不解。最後，他將之歸結為是兩人人生觀不同的緣故，尚未意識到要檢討一下自己的觀念是否過於偏執和狹窄了。

抗戰時期的豐子愷（1939 年春，桂林兩江）。右起：賈祖璋、豐子愷、傅彬然、傅彬然之子。

到了現在的一九四八年，在這個「三層樓」的說法裏，我們已經可以看到一些更為客觀、從而也就更為豐富的內涵了。每個人都有自己的人生，不管這人生來自於命運還是自己的選擇，都有它的意義和價值。由此可見，此時的豐子愷，視野更為開闊了，心態更為寬容了，思想也更為成熟了。

此外，他又應廈門大學邀請，發表了題為「藝術的精神」的講話。在明倫堂文化界歡迎會上，發表了題為「人生的三個境界」的演說，在泉州大光明戲院，發表了題為「廣義的藝術」的演說。

豐子愷所到之處，均舉行演講和畫展，受到熱烈歡迎。廈門給他留下了美好的印象，於是便給杭州家中去信，決定在此定居。徐力民自是二話不說，安排好杭州的事宜，就帶著元草、新枚於一九四九年一月遷來廈門了。當時，華瞻已赴美國留學，林先早已成家，寧馨奉母居住杭州，因此都未能來廈門共居。陳寶則早於年底前即來到廈門，在雙十中學任教。

弟子黃黎丁在古城西路四十三號找到了一幢三開間的樓房，與豐家一同遷入。豐家在上，黃家在下。

定居廈門後，豐子愷開始靜下心來，從事《護生畫集》第三冊的繪製。在杭州時，集齊素材後，已經開始繪製，但因生計所迫，忙於作畫賣畫，因而時斷時續，一直未能完成。

終於，第三集的七十幅畫稿完成了。但請誰題詞，又是一個問題。前兩集都是弘一法師親筆題的詞，現在法師已逝，就要另外請人了。章錫琛知道後，建議他到香港去找葉恭綽題詞。

葉恭綽（一八八一—一九六八）在中國近代美術史上，是一位元老級的美術前輩和大家，也是一位造詣深厚的詞學家。號遐庵、矩園，廣東番禺（今廣州）人。出身於京師大學堂仕學館，留學日本。曾任北洋政府交通總長，應孫中山召任財政部長。抗戰時，仗義避居香港，以賣字為生。他詩書畫印皆善，書法由顏真卿、趙孟頫入手而取百家之長，自闢蹊徑。書風峭拔剛勁，磊落多姿，跌宕有韻。因此，豐子愷覺得章錫琛的提議甚是，便立即寫信聯繫。

不久，便得到葉恭綽的覆信，慷慨允諾。但說自己年事已高，又加體弱，因此只能書寫文字，題詞的內容，還須豐子愷預先加以準備。葉恭綽此時已近七十高齡，豐子愷也覺得如此相煩，「實甚不該」，因此七十幅畫的文字，本就是由自己做的，老先生只需抄寫即可。這樣，事情就算是辦妥了。

葉恭綽的信函，都是書法珍品，豐子愷寫信給杭州的朋友舒國華時，隨信附送了葉老的手筆，囑他保藏。至於他自己，自從緣緣堂被毀以後，就不喜收藏了。

一九四九年四月初，豐子愷前往香港。抵達香港後，葉恭綽很快就把七十幅字寫好了。同時，在葉恭綽、黃般若、《星島日報》總編輯沈頌芳等人的幫助下，豐子愷還在香港的花園道聖約翰禮拜堂、思豪酒店、九龍培正中學舉行了三次畫展。在培正中學，他還為青年們做了一次「青年對於藝術修養」的講演。

四

豐子愷自一九四八至一九四九年的南國之行，也是在為他今後的生活道路作選擇。初到臺灣時，豐子愷曾有擇居臺島之意。他想看看臺灣的情況，如果滿意，就把家眷接來。但臺灣同樣不可能是世外桃源，更兼沒有可口的紹酒，豐子愷對此不能接受。於是便又到了廈門，並決意定居於此。

但廈門的情況也並不見得好到哪裏去。因當時南遷廈門居住的人很多，致使物價飛漲，比杭州要高出近一倍。例如，從豐子愷居住的古城西路到南普陀寺這一段路程的人力車費，他們初居時的一九四九年一月，不到百元；二月時，是一百元；但到三月，即已漲到二千元，漲幅高達數十倍。面對如此現實，豐子愷深歎「來日生活，不堪設想」，廈門「不能久居」。

亂世之中的豐子愷，居無定所。他就像是一隻離群的孤雁，頻頻地起飛，頻頻地降落，卻總也找不到適宜的生存之地。從重慶到上海，從上海到杭州，從杭州到臺灣，從臺灣到廈門。現在，從廈門又能再到何方呢？

豐子愷的老友葉聖陶早在重慶時期，即與共產黨高層人士有所接觸。一九四六年四月，曾命三兒葉至誠作為代表，赴蘇北解放區參觀，認為「彼處確有生氣」。遂於一九四九年一月七日離開上海赴香港，又於二月二十七日與徐鑄成、宋雲彬、傅彬然、鄭振鐸、曹禺、陳叔通、馬寅初、柳亞子等共二十七位文化名人一起乘舟同赴北平。三月十八日抵達，受到葉劍英市長的熱情迎接，從此開始了迎接新中國、籌備文代會的繁忙事務。

繁忙的工作並沒有消弭他對老友的關切之情。就在此時，他給千里之外的豐子愷寫信，勸他趁早北返江南。豐子愷感懷老友的殷切之情，又懷念江南故鄉的詩情畫意，遂決意重返江南。除了請葉恭綽題詞外，他此番香港之行的另一目的，就是想藉畫展籌措一筆經費，為去上海安家作準備。

四月二十三日，豐子愷順利地完成了去香港的兩大心願，乘飛機返回了上海，他的家屬已比他早些時候從廈門直接回滬了。

第十一章　融入火紅的新時代

新的社會，新的生活——跟上時代——報答知遇之恩——上海中國畫院——佛教藝術

一

豐子愷領著全家在南方轉了一大圈，最後還是回到了上海。畢竟，還是離不開生他養他的江南，離不開上海這座凝聚了他大半生事業成就的文化大都市。何況現在的上海，已經不是那個使他恐懼和討厭的上海了。

政治的清明，客觀社會環境的徹底改善，新型的人與人之間互助互愛的關係，使豐子愷對執政的中國共產黨、對新生的中華人民共和國，都有了切實的瞭解，並由此迸發出發自內心的熱愛和擁護之情。對身邊的這個社會，他再也沒有了社會險惡、人心叵測的疑懼，再也不必人為地到鄉間築起一所避世閒居的「緣緣堂」，因為他所身處的這個外部世界，已是可以與他身心

交融的人間佳境了。

他給夏宗禹寫信說：

你說我解放後動起來了，我自己也覺得如此。我覺得現在參加人群，比以前自由得多，放心得多。以前社會上那些人鬼鬼祟祟，裝腔作勢，趨奉富貴，欺凌貧賤……那些醜態我看不慣，受不了，所以閉門不參加一切團體。（你記得麼？南充開畫展時，那姓奚的資本家，……我真厭惡！）現在出門，大家老老實實，坦白率真，衣服穿得破些也無妨。（以前我最討厭此事，因為我不愛穿好衣，而社會上：「只問衣衫不問人」。）說話講得率直些也無妨，實在比從前合理得多，放心得多。所以我的私生活也已「解放」了。

中華人民共和國成立之初，豐子愷的經濟情況是比較拮据的，他的身體也不太好。香港畫展帶回來的錢早已用完。以當時上海的形勢不可能再開畫展賣畫籌款，同時由於經濟能力所限，求畫者也日益減少，這使豐子愷的經濟收入大打折扣。

其實不僅豐子愷如此，當時上海的畫家生活都很艱難。因為書畫市場本來就很蕭條，現在全國戰爭還沒有結束，新成立的政府還無暇顧及這些賣畫為生的畫家，他們便都失業了。有的畫家便因此去了香港，唐雲便是在這個時候去香港開了畫展，取得了頗為可觀的收入。好在不久之後，人民政府撥專款救濟畫家們度過生活難關。當時上海的畫家如鄧散木、來楚生、陳大羽、關良、錢瘦鐵等，都曾靠救濟款維持生活。

拮据的狀況到一九五三年，開始有了好轉。這年四月，豐子愷擔任了上海市文史研究館館務委員，每月薪酬人民幣一百元。這筆固定的收入使家庭經濟大為改觀。與此同時，雖然過去的許多著作用新的要求來衡量，「觀點不對」，已被停刊，但也有幾種如屠格涅夫小說、魯迅小說漫畫、音樂入門、子愷漫畫選等可以出版，就有了稿費和版稅的收入。一九六〇年，上海市文化局又請豐子愷出任上海畫院院長，月薪人民幣二百二十元，這在當時是很高的薪水待遇了。

與王個簃、張聿光、王傳燾等在上海文史館作畫。

家裏的大孩子們也都有了工作，他肩上負了多年的生活重擔，終於基本得到解脫。陳寶、林先都已工作，各自成了家，有了孩子。寧馨大學畢業後，一直奉母居住在杭州。長子華瞻因在美國選修了俄文，引起當局注目，要停止他的供給，因此已回國就職於復旦大學。次子元草在北平交通大學讀書，後來參了軍，在瀋陽人民解放軍三七三部隊擔任宣傳工作，隨軍參加了抗美援朝。與豐子愷夫婦一起居住的是幼女一吟和幼子新枚，一吟也已工作，從事的是俄文翻譯。

豐家初到上海時，借住在學生張逸心家中，此後又幾經遷居。一九五四年夏秋之間，隨著生活狀況的改善，豐子愷起了遷居之心。他是一個不喜聚財、享受生活的人，用他自己的話說，是口袋裏錢一多，就要叫，頗有祖母及時行樂之遺風。幾番比較，他看中了陝西南路三十九弄九十三號的一幢西班牙式小洋房，便把它租了下來。這幢房子前後兩樓兩底，一個亭子間，還有前房客搭建的一個可以住人的三層閣樓。二樓有一個用玻璃窗封閉的外突的室內陽臺，上面還有天窗。坐在裏面，可以觀日賞月，豐子愷便據此為寓所起名「日月樓」，並吟出「日月樓中日月長」的下聯，時任浙江省文史研究館館長的馬一浮，為此配了一句「星河界裏星河轉」以作上聯，並用篆書寫了這幅對聯，送給他掛在日月樓中。

日月樓雖然沒有緣緣堂那樣獨立寬敞，卻是質地、樣式均極考究的西式洋房，是豐子愷以前從未住過的好房子，也是他生前的最後一處家居，他在這裏一直住到逝世的一九七五年。豐子愷此前一直遷徙不定，居無定所，即使住得最久的緣緣堂，實際時間也不到五年。因此日月樓中安定悠長的歲月，更令豐子愷感激新的社會、新的生活。

此外，豐子愷在政治待遇和社會地位上都得到了執政的中國共產黨和人民政府的重視，個人價值獲得了充分的肯定。除了一

在上海日月樓中。

九六〇年擔任的上海中國畫院院長外，早在一九五〇年七月，他已出席上海市首次文學藝術工作者代表大會，列席華東軍政委員會第二次會議。一九五四年，任中國美術家協會常務理事、上海美術家協會副主席。一九五六年十二月，當選為上海市人民代表。一九五八年，任第三屆全國政協委員，並於不同年間數次赴京出席政協會議，受到當時中國國務院總理周恩來的接見和關懷。一九六〇年七月，任中國對外文化協會上海分會副會長。至一九六二年五月，又當選為上海市美術家協會主席、文聯副主席。他是第三、第四屆全國政協委員，上海市第一至五屆人大代表，上海市第一至四屆政協委員。這些職務和隨之而來的活動，使以往那個居家閒居的豐子愷走出了家門，與時代、與社會緊緊地聯繫在一起，而這一切，都是他心甘情願的、全身投入的作為。黨和政府的信任、重託和榮譽，激發出豐子愷從未有過的熱情，使他真誠地、真心地投入到當時那個激昂、沸騰的時代和社會之中。

從此時開始，到一九六六年的劫難發生之前，長長的十幾年，是豐子愷塵世生活中最為積極、明朗的一段光陰。在他這一時期的隨筆、漫畫乃至友人間的通信中，那個執著於宇宙究竟、人生根本的豐子愷，那個歎詠著人生如夢、世態無常的豐子愷，那個感懷著社會險惡、人心叵測的豐子愷，那個熱衷於

1960 年 4 月，在全國政協大會上周恩來接見豐子愷　（豐子愷旁立者為王個簃）。

居家閒居、獨善其身的豐子愷，消遁了。即使是對恩師的憶念，也從對弘一法師的心靈感悟和思想追尋，變成了對李叔同先生俗世生活和積極有為行動的紀念。

新的生活帶給豐子愷太多的新鮮和激動。這位恬靜、清雅、和淡的老人，在這個不同尋常的火紅的年代裏，多次流下了感動的熱淚：當他與家人談到周恩來總理的接見和親切話語時；當他觀看電影《黨的女兒》、《江姐》時；當他去車站迎接四川省革命殘廢軍人教養院課餘演出隊時；當他觀看這些英雄們的演出時，都有禁不住的熱淚奪眶而出：「這不是平常的眼淚，這是慚愧、感激、欽佩、崇仰的結晶。我平生沒有淌過這樣高貴的眼淚。所以我不肯揩拭……」（《勝讀十年書》）

一九五八年清明，豐子愷寫下了〈一剪梅〉「清明」一詞：

佳節清明綠畫城，草色青青，樹色青青。室中也有綠成蔭：窗上花盆，案上花盆。

日麗風和駘蕩春，天意和平，人意和平。人生難得兩清明：時節清明，政治清明。

二

新中國的文藝政策，讓豐子愷頗有英雄所見略同的感受。豐子愷的文藝思想受李叔同的教誨，終身如一，那就是「士之致遠者，當先器識而後文藝」。他堅持「曲好和眾」的藝術觀點，始終把藝術的「美育」功能放在第一位，強調好的藝術必須是能為廣大民眾所接受的作品。然而，這樣的藝術理想，在以往的歲月裏，雖有志同道合者的勉力實踐，但個人的力量總是有限的，他們竭盡全力的努力，在社會這個汪洋的大海中，波瀾不興。

現在，在這個新興的共和國裏，黨所倡導的「政治第一、藝術第二」「文藝為工農兵服務」的文藝政策，與他一貫的主張頗有吻合之處。他對廣洽法師說：

國內文藝，思想第一，技術第二。此理甚正確。憶昔弘一大師教人「先器識而後文藝」，器識即思想，即道德也。

但是，道理雖然相通，李叔同、豐子愷所謂的「器識」，與當時黨所要求於藝術家的「政治思想」，豐子愷心目中的那些「好曲」，與新時代所要求的為生產服務、為工農兵服務的音樂美術作品，畢竟都不是一回事。豐子愷要適應這個以工農聯盟為基礎的無產階級政權的意識形態和文化觀念，絕非易事。滿腔的熱情和美好的願望，都不能替代一個舊知識分子在新形勢下所必須經歷的客觀磨礪和自我調適。

早在一九四九年的下半年，豐子愷就遭遇了他在新時代裏的挫折。

有一次，是在建國之初。他看見一幅畫畫著一個人拉著大大小小一群羊往前走，便批評作者缺乏生活常識和體念，說其實只要拉一頭羊，別的羊就會跟著走。誰知立即遭到批判，說他是在暗示「不要黨的領導」。據當時在場的畫家俞雲階說：「豐先生當時一聲不吭，臉色煞白，拂袖而去。」

還有一次，上海的畫家和解放區來的畫家在上海中華學誼會集會，豐子愷應邀到場。會上主要由解放區的畫家介紹從事革命美術工作的情況。介紹完畢，會議主持人請豐子愷講話，他就發了言。他首先表示一定要好好學習解放區同志的經驗，今後努力為工農兵服務。大家所講的他講不出，因為他沒有這方面的實踐，只能講點感想。他認為中國傳統繪畫中的梅蘭竹菊四君子，今後還是要畫的。因為工人農民勞累了一天，看看花卉，多少可以消除疲勞。說到這裏，他指著桌上的一瓶花說：就像今天開會，也擺上一瓶花。這好比一個拳頭，反映工農兵是前面四個手指，是主要的。梅蘭竹菊好比小指，也是需要的。馬上有人站出來發言，對他進行猛烈的批評。豐子愷沒有料到會有這樣的結果，他好比被人澆了一盆冷水，頓時悶不作聲。

事後，他反覆思量，認為自己以往那種風格的漫畫和隨筆，似乎都已不合時宜了，它們並不是眼下急需的為工農兵服務、為火熱的鬥爭生活服務的革命文藝。於是，在這一時期，他的繪畫隨筆創作，都停止了。他在給廣洽法師和夏宗禹等人的信中，都稱自己對畫失卻了興味，對文學也少有興味。

當時，《人民日報》兩次約他的畫稿，都被他謝絕了。一九五一年三月五日，《人民日報》發表了批評他漫畫的文章，文章中用了他以前的漫畫，報社為此致稿酬十六萬元。當時經濟頗為拮据的豐子愷，卻把這錢拿去送給了志願軍。因為他心裏猜想，報社的這個做法，也許是想引誘他投畫稿的興味。「但我堅決不畫」，他在五月三日給夏宗禹的信中說。可見其態度之決絕。

美協開會邀他參加，他也總是不去，自謂幾年不畫，已經與美術絕交了。同是漫畫家的華君武來看他，希望他重新從事美術工作。豐子愷對他說，自己的手足眼都不如往昔了，手指因風痛而僵硬，腳不能多走與多站，眼則老花三百五十度，怎麼還可能作畫呢？更何況現在作畫，必須出門寫生，是不能在房間裏想出來的。因此，再要作畫，「看來不可能了！」

他那時常做的，就是在家裏或到文史館去與文史老人們聚談。而在自己的事業上，則開拓了一個新的領域，那就是俄文翻譯。

繪畫、寫作都停止了，卻並不意味著他放棄了自己的事業而安於養尊處優了。豐子愷反覆思量，自己能為新社會做些什麼呢？他從身邊的現實中看到，社會主義老大哥蘇聯的一切，都是新中國學習和遵從的榜樣，因此俄文翻譯必是急需的時務。於是豐子愷決定學習俄文。

說幹就幹。

豐子愷對外文有特殊的愛好和學習的天賦。在〈我的苦學經驗〉一文裏，他曾詳細介紹過自己學習英文、日文的經驗和取得的快速進步。現在又是一次苦學的實踐了。學習語言，豐子愷的要求就是：快。在他看來，語言文字不過是求學問的一種工具，不是學問的本身。如果把時間都花費在工具的學習上，那一輩子都不可能研究多少學問了。更何況現在的形勢更是時不我待。他的方法就是不守成規，只取實效。他學俄文，只拿了一本小小的《俄語一月通》，以不到一月的時間學完之後，就直接拿起俄文文學原著來死讀硬啃了。因為他的目的，是要做俄文文學藝術著作的翻譯，所以就取了這條艱辛的「捷徑」來走。先是讀高爾基短篇小說的中俄文對照本，繼而讀托爾斯泰的《戰爭與和平》，九個月時間讀畢。不久又讀完了屠格涅夫的《獵人筆記》，而且居然花五個月零五天的時間，譯出了三十一萬字的中文本，由文化生活出版社於一九五三年出版。一九五五年，又被人民文學出版社列入「外國古典文學名著叢書」，重新出版。

豐子愷俄文翻譯最多、也是最為直接地服務於時代、社會之需的，是蘇聯美術、音樂藝術教育方面的作品。當時，中華人民共和國剛剛成立，藝術教學應該怎樣開展，誰都不清楚。以美術教學來說，學校的圖畫課是一律配合政治、教學生畫政治漫畫或宣傳畫，還是仍舊注重基礎教學、從寫生畫教起？學校教師都心中無數，無從教起。葉聖陶當時擔任人民教育出版社的社長，他就鼓勵豐子愷翻譯蘇聯藝術教育方面的書。這些書出版後，對當時的中小學藝術教學產生了很大的影響。本來教學生畫蘋果、花瓶，是要挨批評的，現在讀了蘇聯的書，方才明確地認識到，還是應該教寫生畫。不少教師寫信給豐子愷說：原來蘇聯教師教圖畫，也是從靜物寫生開始的。讀了你的譯書後，我們再也不必硬找初學圖畫的兒童所不會畫的政治漫畫來做教材了！

這樣的日子到了一九五六年，發生了變化。

一九五六年一月，中共中央召開知識分子會議。國務院總理周恩來代表黨中央作了著名的〈關於知識分子的報告〉，明確宣佈我國知識分子的絕大部分「已經是工人階級的一部分」，並指出，黨內在知識分子問題上的主要問題是低估了知識分子在政治上業務上的巨大進步，低估了他們在社會主義事業中的重大作用，因此，必須改善對於知識分子的使用和安排，給予他們應有的信任和支持，給予必要的工作條件和生活待遇、政治待遇。四月，毛澤東提出了中國繁榮文學藝術、發展科學的「百花齊放、百家爭鳴」方針。

根據中央的精神，上海市委很快制定了上海市一九五六到一九五七年知識分子工作綱要。在市政協等單位召開的一系列關於「百花齊放、百家爭鳴」方針的座談會上，許多民主人士暢所欲言，由衷地表示擁護這一方針，並對過去不符合這個方針的某些現象提出了坦誠的批評。文學藝術的創作，終於迎來了花繁滿樹的春天。

豐子愷的創作熱情得到大大的激發，他又拿起了手中的筆，創作漫畫與隨筆，既有歌頌時代變化的「老年工人的今昔」、「互防變為互助」，也有抨擊現實中不良現象以示警醒的「城中好高髻」、「元旦小感」、「代畫」等，其他談文論藝、抒發情懷和暢談旅遊觀感的文與畫，均時有所見。在《文匯報》、《光明日報》、《解放日報》、《北京晚報》、《人民中國》、香港《大公報》等各大報刊上，讀者又可以見到往日那個勤奮多產的豐子愷了。

三

就在這一年，周恩來在最高國務會議上提出，要在北京和上海兩地各建一所中國畫院，並提議上海的中國畫院可由華東地區的著名中國畫家組成。經過一番籌措，北京中國畫院先行成立，由著名的書畫界元老葉恭綽先生擔任畫院院長。而上海中國畫院，卻經歷了一番頗為曲折的籌建過程。

鴉片戰爭之後，上海成為中國最大的商埠，來上海討生活的畫家日益增多，繪畫團體應運而生。隨著一百多年來的發展演進，海派畫家自成氣候，上海成為具有全國影響的繪畫中心，而在南方地區，更是可稱翹楚。

一九四九年新中國成立以後，上海眾多的美術家都積極地加入到了新的創作活動中，取得了頗具實力的成就。以中國畫界的情形而言，一九五〇年六月，有十幅國畫新作參加全國美展。同年十月，旨在改造舊國畫、創造新國畫、探索運用國畫藝術

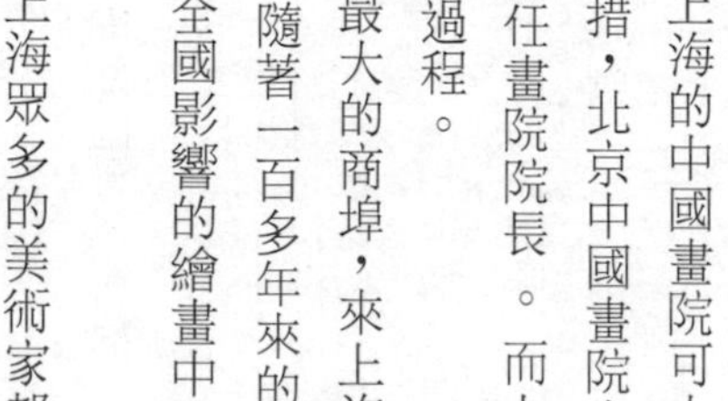

「城中好高髻」

表現新中國的上海「新國畫研究會」成立，有會員一百三十九人。一九五〇、一九五一、一九五二年連續舉行了三屆新國畫研究會作品展覽，作品以人物畫為主，大多為新中國的新人物。唐雲的「曬新穀」、應野平的「接到志願軍的來信」、來楚生的「菜籽豐收」等新國畫作品都受到了人們的讚許。新國畫作品的不斷產生，也促成了上海畫家開始以新國畫作品參與國際藝術交流活動。一九五七年，關良訪問德意志民主共和國，舉辦了彩墨戲曲畫展覽。一九五八年，上海有十三件新國畫作品參加了在莫斯科舉行的「社會主義國家造型藝術展覽會」，王個簃的「勤儉持家」、朱屺瞻的「建設山區」、李秋君的「定海漁船待發」、陸抑非的「春到農村」等等，都是參展作品。

上海國畫界傳統國畫藝術的深厚底蘊和當代新國畫的成功嘗試，在全國產生重大影響，因此在上海成立一所由國家創立的、以中國畫為主、兼顧書法篆刻創作和研究的機構，既有天時、地利、人和的優勢，又有推動傳統書畫藝術發展的必要和意義，上海中國畫院的成立可謂是應運而生。

八月三日，「上海中國畫院籌備委員會」成立。籌委會主任由賴少其擔任，他是來自解放區的版畫家，當時在上海負責美協的工作。唐雲、潘天壽、王個簃、謝稚柳、劉海粟、伍蠡甫、吳湖帆、傅抱石、賀天健、陳秋草等均為委員。為紀念籌備委員會的成立，吳湖帆、潘天壽、王個簃、賀天健、賴少其、劉海粟、程十發、陳秋草、唐雲、謝稚柳、白蕉等人精心合作了〈開天闕地〉山水冊頁，陳毅市長親筆題寫「上海中國畫院」。

據當時的「上海中國畫院實施方案」，第一批聘請入院的畫師有專職和兼職兩種，共六十九人：

商笙伯、姚虞琴、李健、張紅薇、吳東邁、熊松泉、王福庵、鄭集賓、張叔通、楊清磬、朱文侯、鄧懷農、樊少雲、沈邁士、張聿光、王個簃、白蕉、伍蠡甫、江寒汀、李秋君、吳湖帆、唐雲、張石園、張大壯、錢瘦鐵、賀天健、傅抱石、潘天壽、劉海粟、謝稚柳、陸儼少、程十發、汪東、馬公愚、陳秋草、陳之佛、朱屺瞻、周煉霞、胡若思、孫雪泥、袁松年、陸抑非、董天野、胡伯翔、俞子才、鄭慕康、朱梅邨、沈尹默、吳青霞、陳佩秋、陳小翠、謝之光、侯碧漪、陸小曼、戈湘嵐、張雪父、張守成、沈子丞、湯義方、陳巨來、潘志雲、孫祖勃、葉露園、黃幻吾、來楚生、應野平、龐左玉、張炎夫、劉旦宅，基本薈萃了當時華東地區最具影響的書畫家。

畫院院長的人選成為關注的焦點。當時曾把張大千從巴西請回來當院長，但他到香港後，又回到巴西去了。

張大千不願回來當院長，上海的畫家中就有兩個人選，一位是吳湖帆，另一位是賀天健。兩位均是書畫詩詞無所不精的大家，且自成一派，學生眾多，但卻積怨已久，隔閡頗深。直到一九五七年春天，在賴少其的調解勸說下，二人方始握手言歡，當時的報紙都以顯著版面刊登了這一消息。於是，吳湖帆為院長，賴少其、傅抱石、賀天健、潘天壽為副院長的提名，得到了有關上級和畫院畫師們的一致認同。

然而，就在畫院即將正式成立之際，有人以吳湖帆是大官僚、大地主出身，上海中國畫院用人不當為理由，對畫院的組閣和籌建工作提出了非議，很快引起了有關上級領導的高度重視。與此同時，一九五七年的「反右」政治風暴，已經逼近。與籌備中的畫院關係密切的「檀香扇事件」，成為上海美術界「反右鬥爭」的重大事件。

所謂「檀香扇事件」，大概的情況是：解放後直到籌建成立上海中國畫院之際，上海地區只有極少一些畫家能夠從事專業美術工作，有相當數量的畫家只能靠出售檀香扇的低廉收入維持生活。在「反右」初期的「鳴放」階段，這些畫家對這種境遇作了不同程度的反映。他們大部分是上海著名中國畫家的學生，因此尚未正式成立的畫院便成為上海美術界「右派」的核心和腹地，籌建工作也因而受到影響。

這樣一直拖延下來，直到一九六〇年六月，上海中國畫院才正式宣告成立。至於院長的人選，負責此事的上海文化局想到了豐子愷。

當時的上海文化局負責人徐平羽，是一位頗有功力的書畫鑑賞家，解放前即在滬上著名收藏家宣古愚的家中負責管理書畫，以此掩護他地下黨負責人的真實身分，因此對上海書畫界的情況十分瞭解。文化局認為豐子愷德高望尊，學貫中西，畫風既近似於中國畫，而又不是中國畫，因此請他擔任中國畫高手如雲的畫院院長，最為合適。

不料他們的安排，卻遭到豐子愷的堅辭。豐子愷一向喜歡且習慣於在家賦閒，加之當時那麼複雜的政治背景和人事關係，更令他不願涉足。但是文化局方面鍥而不舍，多次上門盛情相邀。豐子愷實在是盛情難卻，也不能再卻，只得同意出任院長，同時提出兩個條件：不坐班，只參加重要的會議；不受薪水。

文化局同意他不必坐班，但薪水不能不受，並定月薪二百二十元，按月派人送來。頭二個月的薪水都被豐子愷退回了。到第三個月，實在推卻不了，只得拿了薪水。

與中國畫院的畫師們一起鑑賞、研究古畫。右起：張充仁、林風眠、豐子愷、賀天健、顏文樑、張樂平。

豐子愷在上海開始他的藝術生涯，上海更是他為發展中國美術事業盡心竭力的主要舞臺。現在上海成立中國畫院，他當然感到由衷的高興。為賀畫院成立，他特意填詞一首：

滿庭芳

彩筆生花，丹青競秀，藝園自古輝煌。優良傳統，源遠潮流長。人物曹衣吳帶，山水誇北李南王。三千年古為今用，進步永無疆。　無雙。新中國申江畫院，展幕堂皇。看紅旗影裏，滿目琳琅。圖寫河山錦繡，為人民祖國爭光。爭進取，百花齊放，歲歲滿庭芳。

畫院成立後，在繼承祖國的繪畫傳統、培養新一代畫家、創作新國畫作品等方面，都做了大量的工作，取得了豐富的成果。比如畫院結合古代著名畫家的作品展覽，組織了多次「讀畫會」，研讀四高僧、明四家、徐青藤及歷代人物畫等等作品。此外，還組織畫師們編寫了成套的「畫家叢書」。為了更好地將當時在世的老畫家的創作經驗、藝術見解和鑑賞能力保護和繼承下來，畫院採用「師父帶徒弟」的方式，選調了一批具有繪畫才能的青年，拜老畫家為師，成了他們的入室子弟。學生們跟著畫師從學識修養的基本功學起，頌讀古詩文，臨摹古畫，練習古箏古琴，努力補上文學藝術的基礎課。畫院還撥款為畫師們深入生活創造必要的條件，當時幾年間，近至蘇州、無錫、南京、杭州、雁蕩山、富春江、黃山，遠到潮州、汕頭、廣州、湛江、新會等地，都留下了畫院畫家的足跡。他們暢遊在祖國的大好河山裏，畫出了許多功力深厚、又富時代氣息的佳作。

新國畫的創作取得了成就，但受當時客觀社會環境的影響，也產生了一些有違藝術規律的現象。比如過分強調美術作品為政治服務的現實作用，忽視它所具有的審美和娛樂功能。在山水畫作品中生硬地畫入紅旗、高壓電線架、工廠煙囪等，以體現時代氣息；在花鳥畫中畫幾朵紅花和幾塊磚頭，以表達「又紅又專」的政治主題。

經過一九五七年開始的「大躍進」、「共產風」之後，全國的社會經濟陷入了建國後前所未有的困難之中。為了克服這嚴重的困難，根據中央提出的「調整、鞏固、充實、提高」的八字方針，上海從一九六一年開始進行國民經濟的調整。同時根據中央的有關精神，上海市委對政治關係也進行了適當的調整。大部分「右派分子」在這一時期被摘除了帽子，未摘帽的也被適當改善了生活待遇。

文藝界的情況也得到了相應的改變。根據一段時間來新國畫的創作實踐，上海美協多次組織畫家和美術理論家進行「山水花鳥畫與自然美」的學術研討會，確立了山水花鳥畫與生俱來的審美功能在當代創作表現中應有的地位，肯定了給人美的享受、陶冶美的情操，也是這個時代的需求。

這些討論澄清了人們的思想意識和畫家的創作觀念，促進了山水花鳥畫的健康發展。上海畫家們從此各盡所能，充分發揮自己的藝術特長，創作了一大批各具風格的佳作。一九六一年五月，上海美協主辦了一次「上海花鳥畫展覽」，分別在上海、北京、香港展出，因時代特色鮮明、藝術風格多樣而廣受好評。豐子愷在為《上海花鳥畫選集》所作的序言中，以精緻的筆墨描寫了這種盛況：

> 我滬江南佳麗，海上繁華；風光煜煜，人物濟濟。花鳥畫家，得天獨厚。或工致以綺麗，亦簡勁而清新；既穠豔以燦爛，又淡雅而蕭疏。燕瘦環肥，皆有可取；濃妝淡抹，各得其宜。

畫壇如此百花齊放的興旺景象，十分難得。當時和諧寬鬆的政治氛圍，更令藝術家們歡欣鼓舞，暢所欲言。一九六二年毛澤東「在延安文藝座談會上的講話」發表二十週年，上海市舉行了第二次文代會。豐子愷與會，並作大會發言，他開篇即云：

> 記得一九五〇年開市第一次文代大會時，我的鬍鬚是灰色的。現在開市第二次文代大會，我的鬍鬚已經白了，但我的人卻紅了。因為我已是勞動人民的知識分子了，這豈不是紅了嗎？「朱顏白髮」正是一幅好畫。
>
> ……
>
> 百花齊放已經號召了多年，並且確已放了許多花。但過去所放的，大都是大花、名花，大多含有意義。例如梅花象徵純潔，蘭花是王者之香，竹有君子之節，菊花凌霜耐寒。還有許多小花、無名花，卻沒有好好地放。「花不知名分外嬌」，在小花、無名花中，也有很香很美麗的，也都應該放，這才是真正的「百花齊放」……種冬青作籬笆，本來是

很好的。株株冬青，或高或矮，原是它們的自然姿態，很好看的。但有人用一把大剪刀，把冬青剪齊，彷彿砍頭，弄得株株冬青一樣高低，千篇一律，有什麼好看呢？倘使這些花和冬青會說話，會暢所欲言，我想它們一定會提出抗議。

解放初期，豐子愷為提倡梅蘭竹菊的創作而受到批評，現在不僅可以理直氣壯地發表自己的意見，而且，他的這個發言還受到了與會者的贊同，獲得了熱烈的掌聲。

這一時期裏，豐子愷在佛教繪畫藝術方面，也創作了大量的作品，主要是通過廣洽法師等海外佛教界人士，為新加坡、香港等地的寺院、學校、僧人、居士繪製的佛教經籍封面、佛像、肖像，書寫的偈語、寺額、對聯、題簽等等，以弘法結緣。他的這些佛教藝術活動，豐富了上海地區的佛教文化，對上海佛教界和學術界產生了巨大的影響，在上海現代佛教發展史上佔有極為重要的地位。

在廈門作《護生畫三集》時，豐子愷曾對廣洽法師說：十年後當再作第四集八十幅。但他深恐人生無常，世事多磨，便隨時選材，預先作畫，陸

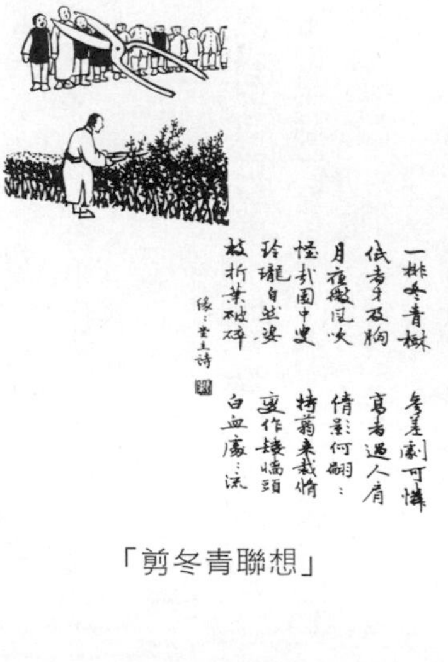

「剪冬青聯想」

續寄往新加坡，請廣洽法師代為保存，並加督促。一九六〇年九月，《護生畫四集》在新加坡廣洽法師的精舍薝蔔院出版。詩文由朱幼蘭書寫，他當時是上海市第十五中學的總務主任，虔誠的佛教居士，後來任上海佛教協會副主席。

一九六五年，豐子愷檢閱畫稿題材，已近《護生畫五集》所需的九十幅，廣洽法師也來信勸他提早編繪。於是豐子愷據各方提供的素材加以潤飾，又經自己的補充，繪成了九十幅畫稿。這次他請了已在北京工作的虞愚居士書寫，然後將書畫寄交廣洽法師集資刊印，於一九六五年九月出版。

豐子愷還與廣洽法師合作，為紀念弘一法師做了很多事。弘一法師生西

弘一法師生西二十周年祭塔紀念（1962 年重陽）。左起：賀梅韻（田錫安夫人）、田錫安、豐子愷、豐一吟、鄭曉滄、鄭夫人、朱幼蘭、寶雲法師、吳夢非、吳中望之子、王元振（吳夢非夫人）、吳中望、黃鳴祥、黃鳴祥之子。

後，一部分骨灰從福建泉州送到杭州虎跑寺後山埋葬。一九五三年，豐子愷到杭州祭奠法師，得知當時虎跑寺方丈寬願法師無力為法師建紀念碑，就決心自己出資立碑。為此，他捐出了〈李叔同歌曲集〉一書的全部編輯費。後來，錢君匋、章錫琛、葉聖陶及浙一師同學黃鳴祥、廈門友人蔡吉堂等人得知後，也自願出資，於是便合資在骨灰瘞埋處建造了一座紀念石塔，並於次年一月落成。廣洽法師聞訊後，又於一九五七年集淨財捐贈，在石塔周圍增築了圍牆、欄杆，便於祭掃。

一九五八年，他們又商議在杭州建一座「弘一法師紀念館」。豐子愷負責在國內向政府申請、選址及組織實施等事宜，廣洽法師則在海外負責籌款。後因故未成。

一九六五年，廣洽法師回國觀光，豐子愷陪他到了杭州，在紀念塔前祭掃了弘一法師。此外，又在上海、蘇州等地遊歷，歷時三週。

數年之中，廣洽法師在海外出版了《弘一大師紀念冊》（一九五七年）、《護生畫集》多冊，並集資協助豐子愷出版了《弘一大師遺墨》（一九六二年）和《弘一大師遺墨續集》（一九六四年）。

陪同廣洽法師遊蘇州。

四

在繪畫、寫文和各種社會活動外，豐子愷的翻譯工作並未停止。此時，日文翻譯替代俄文成為主要內容。尤其不容易的是，他在一九六一年六十四歲的高齡時，接受人民文學出版社的約請，承擔了日本古典文學巨著《源氏物語》的翻譯。

早在一九二一年遊學東京時，他就在圖書館裏看到過《源氏物語》的古文本原著，但是深奧的古日文他看不懂。後來買到一本日本女詩人與謝野晶子的現代日語譯本，通讀之下，感覺它就是一部日本的《紅樓夢》，十分喜愛，當時就有心要把它譯成中文，為此他還學起了日本古文。但畢竟工程浩大，沒有相當的客觀條件支持，難以做到。現在有機會翻譯此書，豐子愷覺得真是一件接續前緣的可喜可慶之事。

《源氏物語》是世界上最早的長篇小說，約完成於一〇〇六年左右。作者為當時宮廷裏的一名女官紫式部，她生性聰穎，幼時父親教長兄讀《史記》，她在旁聽講，即能頌讀。又擅長彈奏琴箏，精通佛典。長大後入宮為皇后講解白居易的詩文。二十二歲時嫁於藤原宣孝，生一女名賢子，後宣孝早逝。紫式部寡居時，寫了這部《源氏物語》。

此書描寫西元九至十二世紀時，日本平安朝初期王朝貴族社會的生活。皇家藤原氏勢力強大，以血緣與裙帶關係佔據仕途。只要有一個女兒或姐妹入宮或嫁於貴人，便可升官發財。因此當時的一切活動，皆以女性為中心。凡是女子，都要學和歌、通漢學、擅琴箏，以獲取侍奉貴人的機會。而貴族女子則雇用許多富有才藝的侍女，輔助自己修文習藝。小說敘事歷時七十餘年，人物眾多，僅登場人物就有四百四十多名。作者出生貴族，又久居宮廷，故書中內容豐富，情節曲折，描寫細膩，文字古雅，真實地反映了當時的王朝貴族生活和他們日益衰敗的歷史趨勢。

《源氏物語》在日本被尊為古典文學的泰斗，也被西方世界所接受和重視，英、德、法等國都早有譯本。日本的現代日語譯本則較多，有谷崎潤一郎與野謝晶子、佐成謙太郎等。豐子愷在書中常常看到作者引用白居易的詩句，又看到日本古代女子能讀我國的《史記》、《漢書》和「五經」，心情就與翻譯俄文時大不相同，覺得十分親切，彷彿就在翻譯我國自己的古書一樣。

在翻譯中，他綜合參考了各家的譯注，又根據中文的實際情況，加以靈活處理，形成了自己的譯文特色。比如此書的文字風格簡樸古雅，類似於中國的先秦散文，因此他認為不宜完全譯成現代白話文。在翻譯書中的短歌時，為了表達出原作的神韻，他也常常不拘泥於逐字逐句對應的直譯，而以意譯之。有的在表述上直譯、意譯都實在困難的，就只好用注解處理了。在日文中，「花」與「鼻」都稱為「hana」，書中一個女子的鼻尖上有一點紅色，源氏公子便稱她為「末摘花」，又用詠花的詩句幽默地調侃她的鼻子。但這種幽默的意趣在中文中，都無法表現，所以只好用注解說明了。豐子愷對此很是不滿，覺得十分遺憾，稱之為「殺風景」，但也無可奈何了。

此書的翻譯歷時較長，據他自己的記錄，一九六一年八月一日開始通讀全書，一九六二年十二月十二日上午十一時開筆，一九六五年九月二十九日譯畢，共用了四年一個月另二十九天，翻譯書稿約九十萬字。可惜不久就趕上了「文化大革命」，未能出版。直到一九八〇年才分三冊陸續出版。

從事翻譯工作，不僅是因為時代和工作需要的緣故，也有豐子愷自己的愛好和天賦在裏頭，特別不同於常人的，還有他家中濃郁的外語氛圍。幾個孩子中，似乎都與外語的學習和工作有緣。在他們往昔的學習成長經歷中，外語一直是豐子愷重視和牢牢把握的功課，流亡途中也不例外。現在辛勤的澆灌結出了豐碩的果實：在上海的陳寶、林先、華瞻、一吟，從事的都是英語或俄語的教學或翻譯工作。他們既受父親的影響，也給了父親很大的幫助。在他翻譯的俄文音樂美術書中，有些就是與大女婿楊民望、華瞻和一吟等人合作的。

新枚因為年紀小，沒有參與父親的翻譯工作，但外語學習也是抓得很緊的，程度也很好。一九五九年，他考上天津大學，於八月間離開上海赴京讀書。新枚作為家中的老小，自是「最小偏憐」，一貫受到父母兄姐的寵愛。他從未離開過家，此次遠赴外地讀書，只有寒暑假才回來，大家都很不放心，於是父親、母親、哥哥、姐姐紛紛給他寫信。豐子愷、華瞻與新枚的通信中，有不少是用日文寫成的，也有一些英文和俄文的信。豐子愷的目的，就是練習新枚的外文水平，常常在信中糾正或指導他的錯誤。後來新枚分配到河北石家莊工作後，全篇外文的通信少了，但遇到與外文有關的有趣之事、重要或不宜明寫的內容，仍舊還用外文表達。父子三人有時就在信中研討日文的字詞語法，互相學習。有一次，新枚寫信回來，日文、英文、俄文合成一信，徐力民不懂外文，根本不知所云。

除了日文、英文、俄文外，幾個孩子還學習過法文和德文。就是在「文化大革命」期間，他們也沒有停止過自習。努力的結果是一技在手，為他們帶來了別人沒有的工作機會。一九七〇年，按照當時「造反派」的規定，學校出版社等單位的知識分子都要下鄉參加勞動，改造思想。而華瞻因為參加英文教科書的編寫，陳寶因為參加法文字典的編寫，得以免去下鄉，在那個非常時期十分難得地有了從事專業工作的機會。一吟在下鄉勞動期間，堅持翻譯俄文小說，連豐子愷都不明白，她到現在還弄這些被造反派視為「毒草」的東西，又有何用？後來到了一九七一年，一些文化工作開始恢復，翻譯出版方面，有一個翻譯世界各國史的任務，有數十國的歷史，需

日月樓前的「合家歡」。

要多種文字的翻譯，一吟就被選中參加俄文方面的國史翻譯。她帶了任務下鄉，只需翻譯，不必參加勞動改造了。豐子愷也很高興，他寫信告訴新枚說：「別人都羨慕，有一技之長者，不須勞動。」

至一九六六年的十七年間，據不完全統計，豐子愷創作熱情旺盛、成果豐碩，除俄文譯著和《源氏物語》外，尚有：

繪畫方面，有《繪畫魯迅小說》（一至四冊）、《子愷漫畫選》、《豐子愷兒童漫畫》（有英、德、波蘭文版）、《聽我唱歌難上難》、《子愷兒童漫畫》、《豐子愷畫集》和《護生畫四集》。書法有《童年與故鄉》、《筆順習字帖》。文學有《緣緣堂隨筆》。藝術理論著作有《雪舟的生涯與藝術》。音樂著作有《音樂知識十八講》、《近世西洋十大音樂家故事》。譯著有《世界大作曲家畫像》、《管樂器及打擊樂器演奏法》、《蒙古短篇小說集》、《朝鮮民間故事》、《夏目漱石選集》（第二卷）、《石川啄木小說集》、《日本的音樂》。同時還編選了《李叔同歌曲集》、《陳之佛畫集》、《弘一大師遺墨》及《續集》（非賣品）。

第十二章　暮年悲歌

浩劫臨頭——錯在何處？——為自由付出健康——淡然面對——溫馨的詩意——生命在厄運中逝去

一

所有的跡象都在表明，豐子愷的晚年，是一幅「夕陽無限好」的美景。

進入一九六六年，他雖已是一位年近七十的老人，但事業成就蒸蒸日上，寫文、吟詩、作畫、譯著，再加書法、篆刻，各有所成；社會地位與名望也是與日俱增，歷任上海市美術家協會主席、文聯副主席、中國對外文化協會上海分會副會長，第三、第四屆全國政協委員，上海市第一至五屆人大代表，上海市第一至四屆政協委員。

家中的光景，也是一天勝似一天。子女們都長大了，除寧馨奉母居杭、元草定居北京外，陳寶、林先、華瞻、一吟都在上海的大學、出版社或中學工作，新枚一九六四年在天津大學畢業後，也回到上海，在上海科技大學外語進修部進修英語，將於一九六六年暑期畢業。

隨著子女們的長大，家中的第三代也降臨了，他們帶給豐子愷無限的樂趣。往昔那個關愛子女的慈父，也隨之升級為一個慈祥的爺爺和外公了。含飴弄孫之樂，與昔日含辛茹苦的養家糊口相比自是不同。但人生的感受，卻總是不變。

華瞻的女兒南穎，剛滿一歲時，曾在豐子愷處住了五個多月，豐子愷也就觀察了她五個多月，在後來寫成的《南穎訪問記》中，他寫道：

由於接近南穎，我獲得了重溫遠昔舊夢的機會，瞥見了我的人生本來面目。有時我屏絕思慮，注視著她那天真爛漫的臉，心情就會迅速地退回到六十多年前的兒時，嘗到人生的本來滋味。這是最深切的一種幸福，現在只有南穎可以給我。三個多月以來我一直照管她，她也最親近我。雖然為她相當勞瘁，但是她給我的幸福足可以抵償。

有南穎在身邊的日子裏，豐子愷重新體悟了兒童的情懷，展現了他心靈深處永不泯滅的童心，我們也藉此重新見到了那個執著於人生根本問題的豐子愷。在這長長的十幾年的日子裏，這樣的一個豐子愷，原本就像是消遁了一樣。

林先的長子菲君，是孫輩中的老大，聰明伶俐。豐子愷很喜歡他，對他的成長也很關心。

小學裏是沒有古典詩詞的功課的，但豐子愷對菲君就有這個要求，親自給他輔導，要求他理解之外，還要背誦。有一次，豐子愷與一吟要到桐鄉去，正好與菲君來還課的日子衝突了。於是，豐子愷就在走之前，給他寫了封信：

……你們這星期日倘來此，我不在，〈古詩十九首〉不能讀。最好再下星期日來，把「十九首」背給我聽，我再替你上新詩。「十九首」中有許多字難讀，難解說。現在我寫一張給你，可參考。

菲君還在課餘學畫，又跟著外公學做舊體詩，豐子愷經過一番悉心教導之後，覺得他的詩只要稍做修改，就能做得「有些像樣」了。於是就教導他說：「做舊詩是好的，但我們只能學古人的文體『格式』，不可學古人的『思想』。（例如隱居、縱酒、頹廢、多愁、悲觀等，都不可學。）」

在這樣的家庭背景和嚴格教育下，菲君自然比學校裏的同學成績好，尤其是見多識廣，多才多藝，自然就有些神氣。於是，有一個學期的品行評語上，就得了四分。豐子愷聽林先說了此事，立即給菲君寫了一信，教導他一番。豐子愷教育孩子的準則是：「一個人，行為第一，學問第二。倘使行為不好，學問好殺也沒有用。反之，行為好，即使學問差些，也仍是個好人。」

他對外孫說：

我想，大約你在學校裏最聰明，知識最多，見識最廣，因此你看不起教得不好的先生和呆笨的同學，因此他們評你四分。這的確是不好的品性。一個人越是聰明，應該越是謙虛，越是守規則。

……

我喜歡快樂，所以有時到杭州，有時到蘇州，有時星期天去遊玩，吃東西。但同時又喜歡做個守規則的好人，在社會中不犯法，熱心公眾事業；在學校裏不犯校規，熱心團體事業。這樣，遊玩的時候更加開心。你常常跟我去遊玩，同時也要常常做守規則的好孩子。不然，別人看來，外公教壞了你。

晚年的豐子愷，身體也是越來越好，用他自己的話說，是「越老越清健」，所以就更喜歡出門旅遊了。有人說旅遊已成了他的業餘愛好，他也承認。他認為旅遊確有可愛之處，既可以改變環境，令耳目一新，又可以增加知識見聞，為自己寫文、作畫提供素材。

抗戰流亡以前，他只是在石門與上海、杭州間來往。現在條件好了，興致濃了，他也就走得遠了。除了杭州幾乎每年要去外，南京、揚州、蘇州、黃山、廬山、寧波、普陀都有他的足跡。到北京參加全國政協會議期間，則把北京城遊了個遍。他還隨著上海政協參觀團去了江西，訪問了南昌、吉安、井岡山、贛州、瑞金、興國、撫州、景德鎮等地。

身體健康，生活穩定，事業順達，心境舒暢。豐子愷回想自己六十多年來的生活，現在的感受就像是東晉畫家顧愷之吃甘蔗，已由梢頭吃到了根上，越吃越甜：「漸入佳境」。

一九六六年三月，豐子愷夫婦帶著孫女南穎，遊覽了紹興、嘉興、湖州、南潯、菱湖，心情愉快地回到了上海。五月，一場聲勢浩大的政治運動「文化大革命」就開始了。許多著名文化人士受到審查，作為上海文化界的「頭面人物」，豐子愷自是在劫難逃。

一夜之間，生活的場景發生了翻天覆地的巨大改變，命運的悲歌，唱響在人生的暮年。

六月的一天，畫院裏來人請豐子愷，說畫院裏有人貼了他的大字報，請他去看一看，一吟就代父親去了。

大字報署名「一群工人」，內容針對他的一篇隨筆〈阿咪〉，說此文中的「貓伯伯」影射「毛伯伯」，攻擊的正是偉大領袖毛主席。

〈阿咪〉於一九六二年八月發表在《上海文學》第三十五期，寫家中所養小貓阿咪的趣事。豐子愷喜歡貓，是他的稟性，更是遺傳。他的父親豐璜就很愛貓，每當晚酌時，豐鐄的愛貓總是端坐在酒壺旁，與他分享豆腐乾。豐子愷養過很多貓，也多次為貓寫文繪畫拍照，樂此不疲。解放以來，他自知這種情趣文章與新形勢不相合，也就作罷不寫了。然而「直到最近，友人送了我這阿咪，此念復萌，不可遏止。率爾命筆，也顧不得世道人心了」。這一個「顧不得」，讓我們看見了豐子愷的本性流露；〈阿咪〉這篇隨筆，同樣讓我們重睹了豐子愷過去的文采和風韻。

且看文中的這一段：

寫到這裏，我回想起已故的黃貓來了。這貓名叫「貓伯伯」。在我們故鄉，伯伯不一定是尊稱。我們稱鬼為「鬼伯伯」，稱賊為「賊伯伯」。故貓也不妨稱為「貓伯伯」。大約對於特殊而引人注目的人物，都可譏諷地稱之為伯伯。這貓的確是特殊而引人注目的。我的女兒最喜歡牠。有時她正在寫稿，忽然貓伯伯跳上書桌來，面對著她，端端正正地坐在稿紙上了。她不忍驅逐，就放下了筆，和牠玩耍一會。有時牠竟盤攏身體，就在稿紙上睡覺了，身體彷彿一堆牛糞，正好裝滿了一張稿紙。有一天，來了一位難得光臨的貴客。我正襟危坐，專心應對。「久仰久仰」，「豈敢豈敢」，有似演劇。忽然貓伯伯跳上矮桌來，嗅嗅貴客的衣袖。我覺得太唐突，想趕走牠。貴客卻撫牠的背，極口稱讚：「這貓真好！」話頭轉向了貓，緊張的演劇就變成了和樂的閒談。後來我把貓伯伯抱開，放在地上，希望牠去了，好讓我們演完這一幕。豈知過得不久，忽然貓伯伯跳到沙發背後，迅速地爬上貴客的背脊，端端正正地坐在他的後頸上了！這貴客身體魁梧奇偉，背脊頗有些駝，

> 坐著喝茶時，貓伯伯看來是個小山坡，爬上去很不吃力。此時我但見貴客的天官賜福的面孔上方，露出一個威風凜凜的貓頭，畫出來真好看呢！我以主人口氣呵斥貓伯伯的無禮，一面起身捉貓。但貴客搖手阻止，把頭低下，使山坡平坦些，讓貓伯伯坐得舒服。如此甚好，我也何必做殺風景的主人呢？於是主客關係親密起來，交情深入了一步。

豐子愷哪裏料得到，他這種口無遮攔、閒談賞玩的文人風韻，卻是犯了政治上的大忌，不僅是因為措詞的隨意和風趣，更以「貓伯伯」的描述而被人指為具有含沙射影的險惡用心。〈阿咪〉是豐子愷在這場「文化大革命」中首當其衝的「罪狀」。此後，隨著「運動」的發展，「群眾覺悟」的「提高」，批判的日趨「深入」，豐子愷的罪名也就越挖越多，越批越深。一九五六年發表的「城中好高髻」一畫，被指責為惡毒諷刺、攻擊黨的領導和黨的各項方針政策。〈代畫〉一文是醜化新社會，攻擊無產階級專政。一九六二年文代會發言中提到的那把剪冬青的大剪刀，是明目昭彰地抵制毛主席的革命文藝路線。

一些風景畫成了毒草：「船裏看春景，春景像畫圖，臨水種桃花，一株當兩株」是描繪桃花水中倒影的春景圖，只因畫家為配合形勢，在畫中添上了「人民公社好」的標語，於是便成了惡毒污蔑攻擊人民公社如水中桃花般虛幻、反對「三面紅旗」（總路線、大躍進、人民公社）的毒草。

「大兒鋤豆溪東，中兒正織雞籠，最喜小兒無賴，溪頭看剝蓮蓬」寫辛稼軒的詞意。可是卻被批作鼓吹單幹、宣揚個人發家致富的小農經濟思想，反對走人民公社的集體道路。

《聽我唱歌難上難》一書原是中國少年兒童出版社約請豐子愷畫的一冊幼兒讀物，內容是幫助幼兒辨別正誤。例如正確的一頁上畫「東方出了個紅太陽，爸爸抱我去買糖」，錯誤的一頁上便畫「西方出了個綠太陽，我抱爸爸去買糖」。「文化大革命」時，把毛主席比作「紅太陽」。批判者單取「西方出了個綠太陽」一幅，也不標明是那一年所作，誣稱作者的意圖是和「紅太陽」唱反調。其實，此書出版於一九五七年，那時還沒有把毛主席比作「紅太陽」。

「昨日豆花棚下過，忽然迎面好風吹，獨自立多時」這幅寫古人詞意的畫，作於一九六二年，那時正是美國、蔣介石、蘇聯反共甚囂塵上的年頭。「忽然迎面好風吹」，這「好風」便被指責為是指美蔣反攻大陸的消息。

就連豐子愷去參觀江西革命根據地後所作的「有頭有尾」一畫，也成了「大毒草」。這原是借贛州名菜「魚頭魚尾羹」為題而頌揚革命的一幅畫。題詞中有詩句云：「有頭必有尾，有葉必有根。有始必有終，堅決不變心。革命須到底，有志事竟成。」但「魚頭魚尾羹」中間是打碎的蒸雞蛋，並無魚身。於是，這幅畫便被說成「影射革命虛假」，對革命懷有刻骨仇恨。

以往人們對他的尊敬沒有了，以往愉悅安寧的日子沒有了，以往繁忙熱鬧的社會活動沒有了。現在到他家來的，不是恭敬問候、虛心請教的上級領導、同事、朋友和讀者，而是對著他橫眉立目怒加斥責、翻箱倒櫃蠻橫抄家的「造反派」；現在他走出家門，不是去作報告、看畫展、開會或旅遊，而是掛著「資產階級反動學術權威」的牌子、頂著「反共老手」的帽子，不分白天黑夜地去接受一場接一場的批鬥、遊街，有時甚至還有皮帶棍棒的抽打。

一九六七至一九六九年間，豐子愷的身心備受摧殘。雖然在精神上，他尚且能以自己深厚的人生閱歷和涵養，冷眼觀世，淡定自守；然而身體上的摧殘，卻著實令這位年屆七十的老人不堪忍受。

運動之初，在畫院，挨批鬥，每日緊張奔波。一九六七年秋天，被關在上海美術學校內不許回家，達數十天之久。一九六八年三月，造反派組織「狂妄大隊」衝擊畫院。豐子愷作為重點批鬥對象，備受污辱。他們把他按倒在地，在他的背上澆了一桶熱漿糊，貼上大字報。跪得時間太久了，站不起來，無情的皮鞭就往他身上抽，逼著他爬到指定的批鬥位置。

文化大革命期間「打豐戰報」之封面。

一九六九年，改為到上海市博物館坐「牛棚」（接受審查）。他每天早上六時四十分離家，坐二十六路公交車去「上班」。每逢周一、三、四、六下午五時「下班」，星期二、五則要晚至八時「下班」。「牛棚」裏，除接受批鬥和學習外，勞動改造是重要的內容，有種豆、種菜、灌溉等等的農活，也有打掃廁所、掃地擦窗的衛生工作。

一九六九年起，陸陸續續有人得到了「解放」，亦即所謂的「政治問題」按照當時的政策作出定性、有了結論，可以脫離「牛棚」管制，獲得自由。因而盼「解放」，成了豐子愷這一時期的重大心願。

八月，中央發出「八二八」命令及「清隊復查深挖階級敵人」的號召，本來盼著「解放」的豐子愷，隨著形勢的忽然緊張，不但「解放」無望，而且反被留在鄉下搞「鬥、批、改」，每月只放假四天，可回上海，其餘日子都在田間勞動，任務是採棉花。

在豐子愷給新枚的信中，他對這段生活的描述是：「我倒覺得此種生活很好。每月回家四天，勞逸結合。」「我身體很好，勞動是採棉花，並不吃力。飲食還算好，我自帶醬瓜腐乳。」「鄉間安全，稻草床很舒服，睡眠九小時，只是吃對我不大相宜，大都是肉。我幸而自帶醬瓜腐乳，故亦不成問題，每餐吃飯三兩。」

然而這其實都是慰人之語。嚴冬將至的一天，一吟帶著女兒去給父親送寒衣，親眼看到了實情。

一九六九年深秋的一個朔風凜冽的早晨，一吟帶著一個包裹，領著不滿五歲的女兒小明，搭上駛往南郊的公共汽車，給父親去送寒衣。

她背著孩子，東尋西找，總不見父親。將近晌午時，才在一塊棉花地邊，找到了父親。但見他白髮蒼蒼，臉色憔悴，神態萎靡，動作遲緩，兩眼淚汪汪的，胸前腹部掛著一只襤褸的棉花袋，低著頭正在摘棉花，一副老態龍鍾的樣子。

「爸爸，我來看你了！」一吟喊了一聲，不覺鼻子裏一陣酸。

豐子愷用手擦了擦他那迎風流淚的雙眼，仔細地看了一下，方才認出：

「咦，一吟，你來做什麼呀！」從他說話時的神情可以看出：一方面，他意想不到女兒會突然出現；另一方面，他似乎不願意讓女兒看到自己的這副可憐相。

「天冷了，我給你送寒衣來。」

豐子愷用雙手把棉花枝條往左右撥開，磕磕絆絆地走過來，當他發現站在路上原先被棉花枝葉遮住的小明時，臉上突然掠過一個複雜的表情：從驚訝到高興，既而又從高興轉為悲哀。

「囡囡，你怎麼也來了啊！」

「來看公公，公公，你躲在這裏做什麼？怎麼不回家呀？我想公公。」

一吟怕孩子的話傷了爸爸的心，趕快攔住她，接過話頭，把自己這次下鄉的情由一五一十地講明了。

一吟關心爸爸在鄉下的飲食起居，問這問那，但他照例不肯多講，總是說「很好」「很好」，叫她們不要為他擔心：

「別人過得慣的，我也過得慣。」接著他輕聲說：「我們抗日戰爭期間逃難的生活也過來了，現在就當它逃難嘛！」

吃完粗劣的中飯，一吟來到了父親的住處。那是一座低矮的農舍，一進門就是地鋪，潮濕的泥地上鋪著些稻草，並排著一副副被褥蚊帳。屋子到處透風，在雨雪交加的冬季，雨雪皆可漏進屋中。門口的河濱，就是他們洗臉的地方。一吟真是擔心：天寒地凍的時候，老人家怎麼下河去打水呢？

豐子愷似乎看出了她的心事，立刻打趣地說：「地當床，天當被，還有一河濱的洗臉水，取之無禁，用之不竭，是造物者之無盡藏也……快回去吧，不要為我擔心，這裏還是有不少好人照顧我的。」

在這種非人的折磨之下，豐子愷終於病倒了。

豐子愷因在鄉下屢受風寒，得了重感冒。至一九七〇年二月，因患中毒性肺炎住進上海淮海醫院，當時病情十分危險。但豐子愷卻似乎甘願如此，他不斷地詢問一吟：

「一吟，我有了病，今後是不是可以留在家裏了？」

一吟擔心的是父親的身體，她憂心忡忡地說：

「如果轉為肺結核，醫生給一次病假是三個月。」

豈料豐子愷聞聽此言，竟像聽到了喜訊般地激動，他十分肯定地對一吟說：

「我以前有過肺結核病史，這次一定會復發的！」

雖因搶救及時，脫離了危險，卻果然引起了肺結核病灶的復發，醫生給他開了三個月的病假。這樣，豐子愷就不用下鄉，不用上班，完全在家休養了。

豐子愷真是高興極了。更讓他高興的是，只要肺病不好，就可以一直續假，長休在家，永不上班了。當時的那種「上班」，在豐子愷就是一種折磨。雖然他平時沒有對任何人說過，但在病中昏迷時的胡話裏，卻徹底流露出老人的恐懼，他反覆地叫著：

「啊呀，公共汽車又來了……不去了，再也不去了……雪花落在稻草上，落在我的棉被上，好冷啊……」

所以，當醫生宣佈他肺結核復發時，在一吟的眼裏看起來，父親就好像囚犯被宣佈釋放回家時那麼高興。

二

家庭成了豐子愷的避風港。

豐子愷一生中，經歷過軍閥混戰的兵火、抗日戰爭的離亂和解放戰爭的硝煙，他曾經長時期地生活於動蕩的社會之中，甚至扶老攜幼地去流亡。但是所有的那一切，都不能和現在的處境相比。在這個政治風暴狂飆突起的時代裏，他的角色從原先芸芸眾生中的一介草民，變成了千夫所指的眾矢之的，從與中華民族共同經歷國仇家恨的一個普通人，變成了被「革命群眾」批鬥的「反動分子」。巨大的反差，叫豐子愷不僅經受著肉體的折磨，更經受著精神的煎熬。

對於這場平地而起的政治風暴，豐子愷當然不可能在它的初期就看到問題的實質。同時，豐子愷更是一個認真、執著、律己甚嚴的人，對於「革命群眾」指斥他的種種「罪行」和批判，他在緊張惶惑的接受之外，必定還有深刻的內心反思：我確實反黨、反社會主義、反毛主席了嗎？我的作品確實有毒嗎？多年來一直以「將心交與人民，努力改造自己」為宗旨的豐子愷，緊張而認真地反思著自己的思想、作品和言行，誠惶誠恐地接受著「革命群眾」的批判。

此時，他站在真誠檢討自己的立場上。

然而隨著運動的發展、批鬥的升級，事態越來越清楚地呈現出它殘酷和荒誕的本質。豐子愷不僅看穿人生，他更通曉歷史。歷史是一面明鏡，照得出世態萬象。「莫須有」的罪名、「文字獄」的冤案，都是中國歷史上屢見不鮮的慣常把戲。今天，歷史又一次重演，而自己正好趕上，成了這幕人間雜耍中的角色。於是，他幡然明瞭：罪不在己，一切均起因於外界。這個世界已被玩弄於強權者的掌心，他們正在肆意揮灑著「欲加之罪，何患無辭」的隨心所欲。作為弱者的個人，一切努力終是徒勞。手握重兵的岳飛尚且逃不脫秦檜的魔爪，更何況一介老邁的書生！決定命運的主動權既然不在自己的手裏，那麼事情就反而簡單了：癲狂且由他人去，我自守住心靈。

紛繁的世事到了豐子愷這裏，往往會有相似的解決之道。抗戰時期備受風霜之苦的流離，在豐子愷看來，是「萍鄉以後皆旅行，非逃難矣」；為了躲避日機的轟炸，在宜山郊外的大樹下暫歇，幾經顛簸的老老少少分吃幾個冷粽子權當午餐，他卻叫大家把這看成是「在西湖上picnic（野餐）」：「我們這下午真是幸福！從兩歲的到七十歲的，全家動員，出門遊春，還邀了幾位朋友參加。真是何等的豪爽之舉，風雅之事！」

其實豐子愷哪裏就是這樣的不諳世事，只不過是他有自己的處世之道罷了。他在事後曾有感歎：「人生在世，有時原只得作如是觀。」在繁複多變的世事前，個人終究是渺小的，並不是所有的磨難，都可以用抗爭的方法去解決。在很多的時候，寬宏忍讓、自求解脫更不失為心靈救濟的法門。「外道天魔冷眼看」、「禽鳥聲中聞自性」，佛門的智慧，使他能夠隨時隨地地將人事萬物置於佛法的普照之下，冷眼觀世，苦中作樂。

對眼前的這場劫難，豐子愷適時地調整了自己，淡然應對：「我近來相信一條真理：退一步海闊天空。退一步想，對現在就滿足，而心情愉快。」

因此，被掛著黑牌遊了街，他卻笑稱只不過是在街上兜圈圈。被造反派野蠻地剪去為紀念母親而蓄留了數十年的長鬚，他說：「野火燒不盡，春風吹又生。」堅定、幽默而又不失尊嚴。被帶到浦東去接受批鬥，夜晚坐船過黃浦江時，卻幽默地稱之為「浦江夜遊」。

現在因病而得家居，在他看來，就更是「因禍得福」了。他給新枚寫信說：「家居的日子，用不滿足的心來說，是岑寂無聊，用滿足的心來說，是平安無事。我是知足的，故能自得其樂。」

家居的「福」與「樂」，在於親人之間患難與共、相濡以沫的深情。

老妻徐力民的賢惠、關愛與休戚與共自不待言，兒孫繞膝的天倫之樂更非以往的家居可比。新枚去石家莊後，家中只有一吟與父母親同住了。隨著運動的發展，一吟也要下鄉參加「五七幹校」的各種學習和勞動，經常不能回家，女兒小明就送到幼兒園全托，到星期日時可以回家。於是華瞻夫婦就帶著三個孩子南穎、意青和菊文回來與父母同住，以便互相有個照應。後來新枚的兒子小羽送回上海外婆家撫養，也時常來看望爺爺奶奶。這樣家裏雖然免不了有幼兒的吵鬧聲，但熱鬧總歸還是熱鬧的，他們給豐子愷帶來了無窮的慰藉和愉悅。豐子愷還發揮特長，做起了孫兒孫女們的文學藝術教師，常常是一邊喝酒，一邊給孩子們講《水滸》等書中的故事，或者畫些如「小羽畫像」之類的小畫，大家樂在其中。

當時豐子愷的月薪從二百二十元減到六十元，銀行存款被凍結。不但如此，就連住在一起的一吟的存款，也一樣被凍結了。家裏的經濟變得拮据起來，日月樓也被人佔據了底層。好在兒女們都十分關心老父母：一吟人雖下了鄉，卻照舊操心著裏裏外外的家事；陳寶常常與一吟在離家很遠的地方悄悄見面，把錢交給一吟帶回家去給父母用……

豐子愷對這樣的生活滿足了，他為此寫詩一首，名曰〈病中口占〉：

風風雨雨憶前塵，七十年來剩此生。滿眼兒孫皆俊秀，未須寂寞養殘生。

遺憾的是，新枚此時已離開上海，被分配到了河北石家莊的華北製藥廠工作。本來他在上海科技大學進修完英語後，是留在上海工作的。豈料畢業之時，正逢「文革」，受到豐子愷的牽連，便被迫離開了上海。他的未婚妻沈綸，在天津工作。為了能夠爭取儘快地調動到一起，雖然形勢險惡，兩家還是決定在新枚離滬前完婚。於是就在一九六七年十一月的一天，在日月樓的三樓臨時佈置了新房，舉辦婚禮。就在這一天，豐子愷被揪到虹口區接受批判。新郎新娘到弄堂口去等父親，一直等到晚上九點多鐘，才接到冒雨而歸的豐子愷。

新枚出生於一九三八年，豐子愷時年四十一歲。中年得子，自是備加寵愛。現在卻要離他而去，又不知何時才能回來，豐子愷心中十分難過，總是不停地自責：「是我連累了新枚。」

現在新枚要結婚了，老父親雖然處在濁浪滔天的逆境之中，自身難保，卻絕對不會忽略對自己兒子的一片愛心。他吃力地走上三樓的新房，從懷裏摸出一對小鏡子，珍重地分送給新枚、沈綸，作為他們的紀念禮物。這是他在去接受批鬥的路上買的，整個批鬥過程中，一直小心地揣在懷裏。

然後，他親手點燃了一對紅燭，即席賦賀詩一首：

喜氣滿新房，新人福慧雙。山盟銘肺腑，海誓刻肝腸。月黑燈彌皎，風狂草自香。向平今願了，美酒進千觴。

婚後不久，新枚就走了。直到豐子愷去世，新枚都沒能調回上海。

豐子愷家居中的自得其樂，還有來自父子間事業與愛好上的相得之樂。

豐子愷這一代的中國文人，是自幼吸吮著中國古典詩詞的瓊漿玉液而成長的。父親的薰陶和李叔同的身教，更使他對傳統文化有著濃厚的興趣和愛好，全身心地浸潤在古典詩詞的經典意境之中。一九三〇年，他臥病嘉興時，偶然間翻到父親早年所用的一本《隨園詩話》，從此上了癮，詩話、詞話成了他手頭不可或離的必備之書。他的漫畫、隨筆、書法和歌詞創作，無不從中受到啟發和影響，自己也創作了不少詩詞佳作。

豐子愷的詩詞愛好和修養，不僅表現在創作中，還點點滴滴地滲透在日常生活中，成為他藝術地生活的一個重要內容，也因此深深地影響到了他的兒女們。

在家裏，他有一個習慣，就是把自己喜愛的詩句、詞句用毛筆抄在宣紙上，然後貼在牆上，時時更換，時時欣賞，他將之稱為「零珠碎玉」。據華瞻的回憶，從他記事起，直到父親的晚年，家中牆上一直貼有這樣的「零珠碎玉」。至於家中的匾額、對聯以至所用的紙扇，都由父親寫上了詩詞。

在遵義的家庭「和諧會」上，教授詩詞是一項重要內容。方法極其有趣，完全是「寓教於樂」。一般是先由豐子愷講解一段詩話，然後由孩子們各出詩謎讓大家猜，有時以謎語猜詩句，有時以詩句猜字詞。猜謎之外，還有一項湊詩句的玩法，有時是以一個字為題，要求想出七句詩來，其中第一句詩的第一個字、第二句詩的第二個字、第三句詩的第三個字……第七句詩的第七個字，都必須是這個字；有時則要求分別以一、二、三……十為句首字，湊十句詩。同時，豐子愷還在孩子間組織了一個詩社，由於當時正在逃難途中，就從《詩經》中取「鶺鴒在原，兄弟急難」之句，起名「鴒原詩社」。豐子愷每週給他們出題一次，教大家作詩、對對子。

到了過年時，除了按照家鄉的風俗，守歲守到深夜十二時外，豐家年年都有一個特殊的節目，就是在守歲結束時，大家每人一句，合寫幾首古詩，作為守歲的紀念。寫的往往都是惜時自勉的詩：「百川東到海，何時復西歸？少壯不努力，老大徒傷悲。」「盛年不再來，一日難再晨，及時當勉勵，歲月不待人。」寫畢，守歲便告結束。

華瞻結婚時，父親贈他一幅對聯補壁，上聯是：「深院莫愁家，頻來雙燕影；」下聯是：「綠窗京洛語，蓋抹早鶯聲。」華瞻的妻子戚志蓉是北京人，講一口北京話，聲音又清脆響亮，所以豐子愷就從一本詩話中摘取了下聯，自己補了上聯，送給了華瞻。華瞻在北京結婚後，先行回到了上海，妻子在北京工作，尚未調來。豐子愷就在華瞻的房間裏玩起了「零珠碎玉」的慣常遊戲，貼上一句：「樓上花枝笑獨眠。」半年後，志蓉調到了上海，小夫妻團聚，豐子愷十分高興，就換上一句：「江上小堂巢翡翠。」

自幼生活在這樣一個詩意濃郁的家庭環境裏，豐家的孩子都有很好的詩詞修養。尤其是華瞻與新枚，經常與父親以古詩詞句唱和，著實功力不凡。

新枚的遠行，使年邁的豐子愷傷心不已，但也無力改變，只好以通信表達自己的關切與牽掛了。在父子間的通信中，談詩論詞佔有很大的篇幅，一吟、華瞻也時有參與，自是樂在其中。

有一次，豐子愷起興做詩詞聯句消閒。他以「寥」字起首，以每一句詩的首尾字相連，做成了以下的規模：

寥落古行宮花寂寞紅豆生南國破山河在山泉水清泉石上流光不待人閑桂花落月滿屋梁上
有雙燕燕爾勿悲風過洞庭中有奇樹下即門前年過代北風吹白雲深不知處處湘雲合歡尚知
時時誤拂弦上黃鶯語罷暮天鐘聲雲外飄飄何所似聽萬壑松月夜窗虛名復何益見釣臺高臺
多悲風雨送歸舟載人別離人心上秋風吹不盡日欄干頭上何所有弟皆分散步詠涼天意憐幽
草色洞庭南北別離情人怨遙夜久語聲絕域陽關道路阻且長顰知有恨別鳥驚心遠地自偏驚
物候新人不如故國夢重歸來報明主稱會面難得有情郎騎竹馬來者日以親朋無一字字苦參
商略黃昏雨後卻斜陽春二三月是故鄉明月出天山中方七日日人空老至居人下山逢故夫婿
輕薄兒女共沾襟

至此，發生了困難，怎麼也回不到開首的「寥」字上去，只好給新枚寫信：「我接不下去了，看你有何辦法。須注意：不可重複。且襟字太難。我本想使之首尾相接，只有用『龍宮附寂寥』，才可與第一個『寥』字相接，但龍字不易接，就此作罷。」

新枚到底年輕，又是高手，很快就解決了父親的難題。他從「下」字重新做起，不消幾句就回到了「寥」字：

下窺指高鳥道高原去也不教知是落誰家住水東西北是長安禪制毒龍宮附寂寥

把父親從「歧途」上「救」了回來。

對兒子的深厚功力，豐子愷很是佩服，於是就集了一首「藏頭詩」寄去：

新豐老翁八十八，兒童相見不相識，愛閒能有幾人來，古來征戰幾人回，詩家清興在新春，能以精誠致魂魄，記抜玉釵燈影畔，幾人相憶在江樓，千家山郭盡朝暉，首陽山上訪夷齊。

意謂：新兒（注：指新枚）愛古詩，能記幾千首。

新枚當然一猜就中，他也給老爸寄來了暗藏禪機的集句，請他破譯。豐子愷居然被他難倒，還好有一吟幫他，破解了出來。

又有一次，新枚集了七十多句「一」字開頭的詩句，寄給父親，要求添加。豐子愷沒補上，正好華瞻來了，頗為欣賞新枚的集句，就給他加了幾句。「一」字句沒補上，豐子愷就集了一些「三」字句寄給新枚：三山半落青天外、三春三日憶三巴、三晉雲山皆北向、三月三日天氣新、三年謫宦此棲遲、三邊曙色動危津、三千寵愛在一身、三月殘花落更開、三春白雪歸青塚、三分春色二分愁、三杯不記主人誰。還對新枚說，「三」字句很少的。意即這是很不容易集到的，可比集「一」字句要難呢。

豐子愷在鄉下勞動時，也不忘給新枚寫信，除了家裏家外大大小小的事物外，經常給他講一些詩話上的故事。

沈綸很長時間裏，都沒能調到石家莊與新枚團圓。新枚獨在異鄉，獨自打發著寂寞的日子。一吟開玩笑地說他是最幸福的人了，遠離上海這個「戰場」，自己燒點菜吃吃，集集詩句，真是自得其樂。

其實一吟知道，父親怕新枚苦寂難耐，不斷地給他寫信，而新枚又何嘗不是在為老父分憂、在為老父寬懷呢？他和哥哥、姐姐一樣，都是在用自己的方式，竭盡所能地慰藉著劫難之中的父親。

豐子愷憑著自己的一顆慈父之心，在兒女的成長中不求回報地灑進了滴滴心血汗水、片片摯愛深情，如今，他卻收穫到了兒女們真誠的報答。而且，他的收穫還遠遠不止這些。在他過世之後，兒女們的懷念從未停止。他們為父親編輯了《文集》，出版了傳記，撰寫了回憶文章，為豐子愷研究構築了寶貴的資料庫。他們建起了「豐子愷藝林」，秉承父親的藝術主張，以親筆複製父親作品的特長和特色，為高雅藝術的大眾化、普及化而努力。

外面的世界很精彩，外面的世界也很無奈。外面的世界常常會令我們很受傷，如果此時回轉身來，有一個溫馨的家庭接受你，有一份純真的親情撫慰你，那就是一種真正的幸福了，尤其當你已在白髮蒼蒼的暮年。但是，在這個世界上，有太多的人是享受不到這種真正的幸福的。因為他們沒有過曾經的付出，自然也就不會有此時的收穫。這，應該也是一種生活的藝術吧？

三

塵世生活的歡愉終究只是短暫的，惟有心靈的自由與充實、心境的自我調適和滿足，才是人生最為可靠的生存方式。豐子愷一生注重內心生活，深諳生活的藝術，故而一直能在不同的境遇中，找到並實現藝術地生活的途徑。與以前一樣，豐子愷的家居，並非悠閒地度日，儘管年事已高又疾病纏身，儘管門外正有批判的浪潮高漲，他仍舊是筆耕不輟，忘我地沈浸在藝術創作的辛勤勞作之中。

其實，早在這次生病之前，豐子愷已經拿起了手中那支一生從未停止過的筆。在他那間由陽臺改成的「臥室」裏，他每日淩晨四時即起，點亮一盞四瓦的小檯燈，吟詩作畫，著述翻譯。等到早上出門去「牛棚」「上班」時，他早已完成了二三個小時的筆耕。

對惜時如金，將勞作與奉獻作為精神支柱的人來說，一日的懈怠和虛度，會帶來一日的不安和痛苦。豐子愷可以冷心冷眼看這瘋狂的世界，可以「退一步海闊天空」地對待自身的磨難，然而他卻不能坐視與容忍時間的虛擲。「文革」以來，已經有太多的時間蹉跎與流逝，在給新枚的信中，他發出了痛心與無奈的歎息：「韶華之賤，無過於今日了。」

每天這二、三個小時的寫作，給豐子愷帶來的是充實和愉悅，讓他心滿意足地過足了自己內心精神生活的「癮」，足以氣定神閒地出門去應對那些無趣的濁世遊戲。批鬥也好，遊街也罷，那都只是軀殼承受的無奈，心靈已自有充實的空間可以自由地飛升翱翔。

因病家居以後，豐子愷從事著手不釋筆的耕耘：寫文、作畫、賦詩、書法、翻譯。

翻譯是此時豐子愷用力頗勤的一項工作。他在病中一連譯出了《竹取物語》、《伊勢物語》、《落洼物語》三部日本著名古典故事。此外，又把五十年代時譯過的夏目漱石的《旅宿》重譯了一遍。因為夏目漱石和《旅宿》，都是豐子愷十分喜愛和推崇的作家作品。

《大乘起信論》是一部重要的佛學著作，原為印度經書，日本人湯次了榮為之詳加注釋而成《大乘起信論新釋》。豐子愷當年信奉佛教，就與讀此書大有淵源。此書原存緣緣堂，一九三七年堂被毀前幾天，蔣茂春曾去搶出一網籃書籍，《大乘起信論新釋》就在其中。一九六九年抄家時，此書亦幸未被抄走。

豐子愷認為此書兩次歷經虎口，卻都能脫險而生，彷彿有神佛保佑，而有意要留給他翻譯的。因此認定此事「極有意義」，便於一九七一年開始翻譯，同年全稿譯畢。一九七二年年底，新加坡作家周穎南來訪，豐子愷便託他帶交廣洽法師，在新加坡匿名出版。

在每日凌晨微弱的燈光下，高齡而日漸衰弱的豐子愷，以堅定的信念、堅韌的毅力和辛勤的勞作，奉獻出為數眾多的新作；同時，他也在回首平生，了結前塵。

《護生畫集》第六冊本應在一九八〇年弘一法師百歲誕辰時出版，深感人生無常的豐子愷，逢此亂世，更有一種時不我待的緊迫感。因此在一九七三年，就完成了這部畫冊一百幅畫的繪製。前五冊《護生畫集》作為豐子愷的重要罪狀，讓他飽嘗屈辱，吃盡苦頭。現在又要作第六集，風險之大，不言而喻。但在豐子愷，為了完成恩師的囑託，實踐自己的諾言，「也就顧不得許多了！」當時與他往來頗勤、以弟子稱的朱幼蘭居士，既是一位虔誠的佛教徒，更為豐子愷至誠的人格所感動，自願加盟。他不僅代為收集資料，還不懼風險地擔任了為畫集題詞的重任。

此集完成後，《護生畫集》六冊完整問世。弘一法師的意願得以圓滿，豐子愷如釋重負。他的行為更是感動了很多人，廣洽法師在後來所作的《護生畫第六集・序言》中說：

蓋居士處此逆境突襲之期間，仍秉其剛毅之意志、真摯之感情，為報師恩，為踐宿約，默默的篝火中宵，雞鳴早起，孜孜不息選擇題材，悄悄繪就此百幅護生遺作的精品，以待機緣……

以回憶往事為主的《緣緣堂續筆》也寫於此時。此集初寫時，名為《往事瑣記》，寫的都是豐子愷兒時所見之故鄉舊事。「挑燈風雨夜，往事從頭說」，豐子愷寫得「頗有興味」。在他飽含深情的娓娓敘述中，癩六伯、五爹爹、王囡囡、阿慶、樂生、還有後河邊那四位老太婆，過年、清明、吃酒、算命、還有父親榮耀一方的中舉人，一個個鮮活活的鄉人，一件件熱鬧鬧的鄉事：這些在豐子愷心中珍藏了一生的鄉憶，現在終於化作了文字，永遠地留給了讀者。這些文字除了它的文學性外，還有更讓我們感動，更值得我們細細品味的價值，那就是：

在「長夜彌天」的高壓和恐怖中，這些隨筆如吉光片羽，依然保持著「童心」的率真、自然和純淨，依然保持著從容和恬靜的筆致，顯示了高壓下人性的高貴。（陳伯海主編：《上海文化史》）

一九七一年秋天，豐子愷回憶漫畫舊作，選擇部分重繪，集為數套《敝帚自珍》，分別留贈新枚、胡治均等他所親近的「愛我者」。《敝帚自珍》的首頁，是他作的一篇序言：

> 予少壯時喜為諷刺漫畫，寫目睹之現狀，揭人間之醜相。然亦作古詩新畫，以今日之形相，寫古詩之情景。今老矣。回思少作，深悔諷刺之徒增口業，而竊喜古詩之美妙天真，可以陶情適性，排遣世慮也。然舊作都已散失。因追憶畫題，重新繪製，得七十餘幀。雖甚草率，而筆力反勝故昔。因名之曰敝帚自珍，交愛我者藏之。今生畫緣盡於此矣！
>
> 辛亥新秋子愷識。

簡短的文字中，有豐富的內涵。對於諷刺漫畫，早年間馬一浮已表示過不甚贊同的意見，當時豐子愷雖「明知諷刺乃小道」，作此也覺「愧恨」，但卻認為「生不逢辰，處此末劫」，「未能自拔」，故仍舊執著於此。一心以諷刺之道「揭人間之醜相」，以期改正現實之惡，而達理想之美的豐子愷，不僅美好理想成了泡影，而且遭到現實生活的沉重打擊。如今老來回思，終於「深悔諷刺之徒增口業」，而最終回到他傳統文人「陶情適性，排遣世慮」的古典意境中去了。豐子愷最後說：「今生畫緣盡於此矣。」

一九七二年十二月三十日，豐子愷終於獲得了「解放」。畫院來人告知他已於上週五「解放」，審查結論是「不戴反動學術權威帽子，酌情發給生活費」。抄家物資如電視機、書畫、書物等等，不久盡都歸還。只是存款及扣發的工資尚未歸還，豐子愷給新枚寫信說：「他們解放我，使我精神愉快，親朋都為我祝賀，此精神上的收穫，已屬可貴。『皇恩浩蕩』，應該『感激涕零』。少收回些錢，終是小事。」「有也好，沒有也好，我不計較了。」

「解放」了的豐子愷不再需要靠那三個月一期的病假條，在小小的陽臺裏營築身心的自由，他又可以真正自由地出門旅遊了。

七十六歲高齡的豐子愷心中懷著八年的渴望，在一九七三年清明節前後，由弟子胡治均陪同前往杭州探望姐姐豐滿，為時一週。豐滿此時已是八十三歲的高齡，由女兒軟軟和女婿王維賢侍奉，身體健康，胃口也好。豐子愷對此十分滿意，稱她可以長命百歲。但對八年未到、一直懸念不斷的杭州，卻沒有什麼好的印象：「杭州供應極差：館子無好菜（西湖醋魚吃不到），交通工具難覓。不可久留。」

西湖醋魚吃不到，並不是主要的原因。

虎跑寺後山上的弘一法師紀念塔，是豐子愷與葉聖陶、章錫琛、錢君陶、廣洽法師等人合力出資、虔心敬造的。「文革」前，豐子愷幾乎每年都要赴杭祭掃，

1973 年 4 月，與弟子胡治均遊杭州靈隱寺。

同時又必到蔣莊訪問馬一浮。

馬一浮抗戰後回杭，一直住在西湖蘇堤的蔣莊，這是他一位學生的一所私宅。一九四九年中華人民共和國建立之初，黨和政府選賢任能，馬一浮自然受到禮遇和器重。一九五二年四月，上海市長陳毅來到他的寓所，邀請他出來工作。和豐子愷以及許多的老知識分子一樣，馬一浮感奮於新中國的新氣象，寄望於祖國美好的未來，慨然允諾接受公職，先後被聘為上海文物保管委員會委員、浙江省文史館館長等職。並多次受到毛澤東和周恩來的接見，受到無微不至的關懷。「文革」起時被趕出蔣莊，遷居城中安吉路，不久即因病去世。

豐子愷此番來杭，虎跑的石塔已被拆毀，而西湖，也早已是沒有馬先生的西湖了。知交零落，意興闌珊，雖有芳草連天，卻已夕陽山外。豐子愷帶著初春的寒意，作別了這個第二故鄉的長堤斷橋、垂柳塔影，永遠地離去了。

四

豐子愷並不知道，他雖已有行動的自由，卻仍然是在監控之中的。一九七三年夏，葉聖陶已獲「解放」，可以外出走走，看看朋友，便與胡愈之等去上海，想看望一下巴金、豐子愷和周予同，得到當時上海當局的回答是：「周予同可以去看，至於巴金和豐子愷，文藝界的情況太複雜，還是不去看為好。」

到了一九七四年，「四人幫」借批大儒為名，炮製所謂「黑畫展」時，豐子愷又一次成為批鬥對象。

當時，為外貿出口和賓館裝飾需要，在周總理的過問下，北京、上海兩地組織畫家畫了一批國畫。當時上海的做法，是組織一批名畫家在錦江飯店作畫，並予以優厚的招待。

為了反對周總理，「四人幫」及其在上海的黨羽便把這批畫定為「黑畫」，稱之為是「資產階級思想的回潮」、「美術界的復辟逆流」，必須予以「反擊」。他們在《人民日報》、《光明日報》、《文匯報》、《解放日報》上，連篇累牘地推出了批判所謂「黑畫」的文章，將在錦江飯店作畫誣稱為是向黨進攻。

豐子愷並沒有參加錦江飯店的活動，因此他十分慶幸地對弟子胡治均說：

「這回我可挨不到了。」

誰料未出三天，又被拉去批鬥了。

原來豐子愷是畫院院長，又是美協主席，缺了這麼個大人物，批鬥會就不夠分量了。自然不能放過他。

豐子愷被誣為「黑畫」的作品「罪名」如下：

「滿山紅葉女郎樵」

「滿山紅葉女郎樵」畫了三片從樹上落下來的紅葉，於是被批判為「影射三面紅旗落地」。

「晨雞」見於《護生畫集》第二集，畫上題了弘一法師所書的一首古詩「買得雄雞共雞語，常時不用等閒啼。深山月黑風雨夜，欲近曉天啼一聲。」於是「曉天」即被批為想變天，是一幅道道地地的反黨之作。

「賣花人去路還香」中的「賣花人」即「賣畫人」，是豐子愷的「自我寫照」。「賣花人去」是指「反動畫家被打倒了」，「路還香」是指「經過文化大革命的批鬥」，他們「還很香」，這是豐子愷一夥「反攻倒算」、「復辟回潮」的反革命鐵證。

「賣花人去路還香」

本來，豐子愷沒有參與錦江飯店作畫，也就沒有作品可以供這些造反派們找把柄。但是在這些人的煞費苦心之下，居然讓他們找到了一本冊頁，內中畫的，就是這張「賣花人去路還香」。這樣，豐子愷也就難逃厄運了。

說起這本冊頁和這張畫，中間還有一段令人感慨的插曲。

豐子愷的學生錢君匋有一個老朋友，喜好國畫，買了一本冊頁，請錢君匋和其他畫家作畫。錢君匋請豐子愷畫了一張「賣花人去路還香」後，又請另外一位著名畫家×先生畫。×先生答應了，要他過了春節來取。

過了春節，錢君匋找到×先生，不料他卻只是推託搪塞。錢君匋以為他是不願意畫了，就請他還回那本冊頁。×先生卻說冊頁已經找不到了。

此時，就到了批「黑畫」的時候了。錢君匋又一次被「隔離審查」。造反派在很多次的「提審」中，要他交代和所謂「反共老手」豐子愷的關係。問他豐子愷有沒有給他畫過一張「賣花人去路還香」的畫。

錢君匋吃了一驚，立即想到是×先生吃不住批黑畫的壓力，把畫交了出去，難怪他支支吾吾說把冊頁弄丟了。

豐子愷為此再遭批鬥，錢君匋極為痛苦，他決意要找一個合適的時機，向自己的先生解釋一切。然而，還未等到時機，先生就與世長辭了。

一直到一九七九年六月二十八日，上海市文化局、上海市文聯和上海畫院在龍華公墓大廳，為豐子愷舉行了隆重的骨灰安放儀式。豐子愷的子女和學生胡治均專程前往邀請錢君匋參加，錢君匋激動地向他們訴說了有關「賣花人去路還香」一畫的前前後後，終於卸下了沈重的包袱。

歷經磨難的老父剛剛喘了一口氣，又因好心贈畫而被出賣，重遭厄運，兒女們痛惜父親的遭遇，更為他不平。父親看著晚輩們的茁壯成長，有「滿目兒孫皆俊秀」的欣喜；在兒女的眼中，父親卻是在養育子女的艱辛中耗盡了青春的生動、體魄的健壯，年華老去，體衰多病。如今，又在一個亂世裏任人宰割。子女，這吸吮著他的血汗與淚水而得長成的人，咀嚼著他的關愛與辛勞而得幸福的人，又怎麼可能無動於衷？又怎麼可以袖手旁觀！他們都紛紛來勸父親以後不要再畫了。

豐子愷對兒女的關懷十分感動，但終究有著自己的信念，他對孩子們說：

文革中我已承認我的畫都是毒草。如今再畫，便是否定文化大革命輝煌成果，罪莫大也。然而世間自有一種人視毒草為香花，什襲珍藏，對此種人，我還是樂願畫給他們珍藏。古人云：「文章千古事，得失寸心知。」畫亦如此。

雖然時運是如此的多蹇，豐子愷仍然保持著盎然的生活情趣。一九七五年二月十六日，他給新枚寫信說：「現在是『雨水』節，二十四番花信，是菜花、李花、杏花。上海看不見花，想想而已。」

然而不久，他就得以親見鮮花了。這一年，石門鎮革命委員會來公函，請豐子愷寫「石門鎮人民大會堂」八個一公尺見方的大字，並歡迎他「回來參觀」。於是豐子愷決定回鄉。

一九七五年四月十二日，豐子愷由弟子胡治均陪同，次女林先等隨行，來到了妹妹豐雪珍住的南沈浜。

這次回鄉的盛況，在南沈浜、在豐子愷，都是空前的：

我到鄉下十天，他們招待周到，我很開心。只是來訪的親友甚多，應酬也很吃力。送土產的很多。滿載而歸。

……

我寫了許多張字去送人，是賀知章詩：少小離家老大回，鄉音無改鬢毛衰，兒童相見不相識，笑問客從何處來。

我每次入市，看者人山人海，行步都困難。有人說我上海不要住了，正在鄉間造屋，養老。如此也好，可惜做不到。

我在鄉，吃杜酒，是阿七自己做的，比黃酒有味。鄉下黃酒也有，與上海的差不多。鄉下香煙緊張，我帶了許多（前門牌）去送人，約有十條（一百包）。送完了，皆大歡喜。來客中有三四十年不見的人，昔日朱顏綠鬢，盡成白髮蒼顏。昔日小囊，今成老嫗了。

鄉間，有開闊的田野、濕潤的空氣、清的風、新的綠，最純的是那永遠的質樸和熱情。作別故鄉的豐子愷回到上海，心境明淨如洗。他在夏日的窗前，淡定從容：

時入孟夏，窗外樹色青青。我端居靜坐，飲酒看書，自得其樂。

豐子愷在濁世的苦海中創造並享受著屬於他自己的歡樂人生，然而這苦中作樂的日子也難長久。苦海之舟的風帆，已在徐徐降落。他的人生旅途，已然走到了盡頭。

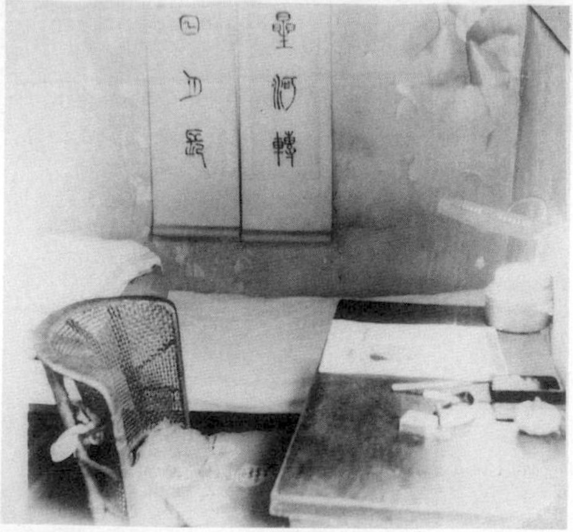

上圖即豐子愷當時所用之小床， 現存豐子愷故居。下圖為文革期間豐子愷的「臥室」兼「書房」，此時已人去樓空。

結語——紅塵間的藝術人生

問余何適，廓爾忘言。華枝春滿，天心月圓。——弘一法師

一九四二年農曆九月初四日，弘一法師圓寂。臨終前從容平靜地安排自己的身後事，寫下「悲欣交集」四字，又作偈語云：「君子之交，其淡如水。執象而求，咫尺千里，問余何適，廓爾忘言。華枝春滿，天心月圓。」

一九七五年九月十五日，豐子愷因患肺癌，醫治無效，與世長辭。我們現在回觀豐子愷生命最後幾年中的諸般行事，似乎都已有種種生命將盡的預感，在在都是了結塵緣的安排。

同樣是超脫了苦海深淵的濁世，同樣是脫離了形骸而獲徹底自由的魂魄，法師生前是佛門虔誠的信徒，他在人間執著一世，此刻即使已在西方極樂世界，必定仍是懷著拯救眾苦的宏願執著負重而行的靈魂。

豐子愷終其一生，都與佛法結緣。佛門的智慧助佑他跳出紅塵，冷眼觀世，以超然物外的心態靜觀人間萬象，清醒地面對自己的生命：「數千萬光年中的七尺之軀，與無窮的浩劫中的

數十年，叫做『人生』。自有生以來，這『人生』已被反覆了數千萬遍，都像曇花泡影地倏現倏滅，現在輪到我在反覆了。」他在佛門中找到了無常人生中的心靈慰藉，找到了廣大慈悲、護愛群生的至善，更找到了「眾生渡盡，方證菩提；地獄未空，誓不成佛」的入世與無畏，找到了「以出世的精神做入世的事情」的處世之道。

然而佛門並不是他人生探究的止境，在佛門的智慧中，豐子愷更找到了他度過一生的現實道路。

一九四八年，豐子愷在應廈門佛教會所作的《我與弘一法師》的講演中說：

廣義法師要我為養正院書聯，我就集唐人詩句：「須知諸相皆非相，能使無情皆有情」，寫了一幅，這對聯掛在弘一法師所創辦的佛教養正院裏，我覺得很適當。因為上聯說佛經，下聯說藝術，很可表明弘一法師由藝術昇華到宗教的意義。藝術家看見花笑，聽見鳥語，舉杯邀明月，開門迎白雲，能把自然當作人看，能化無情為有情，這便是「物我一體」的境界。更進一步，便是「萬法從心」、「諸相非相」的佛教真諦了。故藝術的最高點與宗教相通。最高的藝術家有言：「無聲之詩無一字，無形之畫無一筆。」可知吟詩描畫，平平仄仄，紅紅綠綠，原不過是雕蟲小技，藝術的皮毛而已。藝術的精神，正是宗教的。古人云：「文章一小技，於道未為尊。」又曰：「太上立德，其次立言。」

弘一法師教人，亦常引用儒家語：「士先器識而後文藝。」所謂「文章」、「言」、「文藝」，便是藝術；所謂「道」、「德」、「器識」，正是宗教的修養。

李叔同雖然最終成了弘一法師，但他藝術家的天性卻是永遠不會泯滅的。對此，豐子愷有著最為深切的理解：

大師絕筆「悲欣交集」，足下以為悲是「慈悲」之悲，欣是「載欣載奔」之欣，自是一種看法。弟之所見，則略有不同：弟以為此四字義甚簡明。與娑婆世界離別是悲，往生西方是欣。山川草木，宮室樓臺，尊榮富貴，乃至親朋骨肉，在佛教徒視之，如曇花一現，皆幻象也；皆夢境也。夢中離別，也有悲情。然若明知是夢（即拙著《緣緣堂隨筆》中之〈晨夢〉），則雖有悲情，乃是假悲，非真悲也。「假悲」二字，易被淺見者誤解為不道德，則宜改稱「幻悲」，「虛空的悲」。蓋與極短暫之幻象別離，本不足悲也。欣則是真欣。涅槃入寂，往生西方，成就正覺，豈非最可欣之事？故弟以為悲欣交集四字，最簡且明。佛子往生時說此四字，實最為適當，最為得體。自古以來，高僧大德，未有能在往生時道出此四字者。於此足證弘一大師之無上智慧。法師本是藝術家，做和尚後仍是藝術家，故其一切生活，不但至真、至善，又且至美。……

至於四句偈中「華枝春滿，天心月圓」二語，來示所論，以宇宙間最美的境界來象徵其圓寂，弟甚贊善。此乃借幻象中之花與月來比喻真實。此又足證弘一大師始終至真至善而又至美，始終是一大藝術家。（〈一九四八年致班侯信〉）

豐子愷自己又何嘗不是如此呢？

人的一生，就如白駒過隙，轉瞬即逝。生命的短暫和脆弱，在光陰的眼中，甚至是比一粒宇宙塵埃都微不足道的存在。因而，生無所謂喜，死亦不足懼。馬一浮臨終前，曾寫下〈擬告別親友詩〉二首，其中有言云：

乘化吾安適，虛空任所之。形神隨聚散，視聽總希夷。

漚滅全歸海，花開正滿枝。臨崖揮手罷，落日下崦嵫。

從弘一法師的「華枝春滿」，到此處的「花開正滿枝」，智者正視生命歸去的安詳和達觀，都是那樣的相似。

然而，生命畢竟是真實的，不論是生的偶然、死的必然，還是生死之間那一段叫做「人生」

的過程，無一不在展示著生命的美麗和寶貴，匯聚成雜色斑斕的大千世界。

豐子愷深深地眷戀著這個活生生、活潑潑的有情人間。究其一生，雖然他的思緒時時翱翔在高妙的佛的境界裏，他的雙腳卻始終都站在堅實的現實大地上，藝術則成為溝通兩者的橋梁。他一生以藝術結緣紅塵，用藝術創作的美，實踐著護生慧業的善，實現著自己「到紅塵間來高歌人生的悲歡，使藝術與人生的關係愈加密切」（〈讀中國畫〉）的人生理想。

豐子愷與弘一法師的路雖不同，卻殊途同歸：他們傾其一生，執著認真，積極精進，在世間走出了一條既善且美的藝術人生軌跡。生命的燦爛，恰如那滿樹的花開。

現在，生命結束了，藝術卻不會消亡。他們一生的創造和價值，都已如清涼的甘泉，點點滴滴地融進了萬丈紅塵，滋潤著人們的心田。生命的完滿，正如那天心的月圓。

豐子愷生平大事年表❶

一八九八年（清光緒二十四年，戊戌）

十一月九日（農曆九月二十六日）出生於浙江省石門鎮（今屬桐鄉市）。父親豐鐄，母親鍾雲芳。乳名慈玉。

一九〇二年（壬寅）五歲

秋，父親中舉。

一九〇三年（癸卯）六歲

就讀於父親所設之私塾。學名豐潤。

一九〇六年（丙午）九歲

秋，父親去世。

一九一〇—一九一四年（庚戌至甲寅）十三—十七歲

就學於溪西兩等小學堂。為適應當時因選舉而減省姓名筆劃之風，改名豐仁。

一九一四年（甲寅）十七歲

❶ 此年表參引自豐陳寶、豐一吟所編《豐子愷大事年表》，見《豐子愷漫畫全集》第一卷，京華出版社二〇〇一年四月出版。

春，小學畢業。秋，考入浙江省立第一師範學校。

一九一五—一九一七年（乙卯至丁巳）一八—二十歲

國文老師單不厂（音「庵」）為豐仁取號「子顗」，後改為子愷。

一九一八年（戊午）二十一歲

李叔同出家為僧，法號弘一法師。

一九一九年（己未）二十二歲

與徐力民結婚。同年畢業。與吳夢非、劉質平創辦上海專科師範學校。與周湘、劉海粟等人發起成立中華美育會。

一九二一年（辛酉）二十四歲

赴日本遊學，十個月後回國。

一九二二—一九二三年（壬戌至癸亥）二十四—二十五歲

赴上虞白馬湖春暉中學任教圖畫、音樂，開始創作漫畫。一九二三年在春暉校刊發表「經子淵先生的演講」、「女來賓」二畫。

一九二五年（乙丑）二十八歲

赴上海與匡互生等創辦立達中學（後改名為立達學園）。初次出版譯作《苦悶的象徵》。在《文學周報》發表「子愷漫畫」。十二月，首冊漫畫集《子愷漫畫》及首冊音樂理論著作《音樂的常識》問世。

一九二七年（丁卯）三十歲

弘一法師為豐宅命名「緣緣堂」。從弘一法師皈依佛門，法名嬰行。

一九三〇（庚午）三十三歲

母去世，服喪期間開始蓄鬚。居嘉興，辭去教職。

一九三一年（辛未）三十四歲

初識廣洽法師。《緣緣堂隨筆》問世。

一九三三年（癸酉）三十六歲

春，石門緣緣堂落成，址設梅紗弄八號。

一九三五年（乙亥）三十八歲

三月，陳望道等二百人及十五個文化機關共同發表「推行手頭字緣起」，豐子愷為發起人之一。

一九三六年（丙子）三十九歲

開明書店創刊《新少年》雜誌，豐子愷任編輯。六月，加入中國文藝家協會。與巴金、王統照、夏丏尊、葉聖陶、魯迅、林語堂、茅盾、冰心等二十一人發表「文藝界同仁為團結禦侮與言論自由宣言」。

一九三七年（丁丑）四十歲

十一月六日，石門遭日機空襲。率眷逃難，經桐廬、蘭溪、衢州、常山，入江西省。

一九三八年（戊寅）四十一歲

三月至長沙。二十七日，中華全國文藝界抗敵協會在武漢成立。四月，被推為協會會刊《抗戰文藝》

三十三位編輯委員之一。六月，遷桂林。

一九三九年（己卯）四十二歲

應浙江大學之聘，任講師。四月遷廣西宜山，執教藝術教育和藝術欣賞等課。

一九四一年（辛巳）四十四歲

秋，在浙江大學升為副教授，增授新文學課。重繪舊作，成《子愷漫畫全集》，計六冊，四百二十幅。

一九四二年（壬午）四十五歲

十一月，應國立藝術專科學校之聘，赴重慶沙坪壩任教授。在重慶第一次舉行個人畫展，畫風由黑白漫畫轉變為彩色人物風景畫。

一九四三年（癸未）四十六歲

春節後赴瀘州、自貢、五通橋、樂山舉行畫展。夏，自建「沙坪小屋」。辭去藝專教職，以寫文賣畫為生。

一九四五年（乙酉）四十八歲

八月，抗戰勝利，作「狂歡之夜」畫分贈親友。應陳望道之邀，赴北碚復旦大學講演。

一九四六年（丙戌）四十九歲

七月初，離重慶經寶雞、開封、鄭州、武漢、南京，於九月抵上海。十二月，第一本彩色畫冊《子愷漫畫選》在上海問世。

一九四七年（丁亥）五十歲

三月，舉家遷入杭州里西湖畔靜江路（今北山路）八十五號「湖畔小屋」，以寫文賣畫為生。

一九四八年（戊子）五十一歲

九月，遊臺灣。十一月，定居廈門。憑弔弘一法師圓寂地並各處遺跡。

一九四九年（乙丑）五十二歲

四月，赴香港。二十三日，回上海。七月，被選為「南方代表第二團」代表，列名「中華全國文學藝術工作者代表大會」，後因健康原因未到會。

一九五〇年（庚寅）五十三歲

居福州路。開始學俄文。七月，列席華東軍政委員會第二次會議；出席上海市首次文學藝術工作者代表大會。

一九五三年（癸巳）五十六歲

四月，被聘為上海市文史研究館館務委員。九月，與錢君匋、章雪琛、葉聖陶、黃鳴祥等籌款在杭州虎跑後山為弘一法師築舍利塔。

一九五四年（甲午）五十七歲

一月十日，弘一法師舍利塔建成。九月，遷上海陝西南路三十九弄九十三號「日月樓」。任中國美協常務理事，上海美術家協會副主席。

一九五六年（丙申）五十九歲

北京外文出版社以英、德、波蘭三種文字出版《豐子愷兒童漫畫》，此為豐子愷畫冊首次由中國出版外文版。七月，遊廬山。十一月，接待日中友好協會副會長內山完造。十二月，當選為上海市人民代表。

一九五七年（丁酉）六十歲

六月，遊鎮江、揚州。任上海市政協委員。

一九五八年（戊戌）六十一歲

七月，由新加坡廣洽法師在南洋募款、豐子愷主事，擬籌建弘一法師紀念館，後未果。任第三居全國政協委員。

一九五九年（己亥）六十二歲

四月，赴北京出席全國政協三居一次會議。夏，任中華書局新編本《辭海》編輯委員、藝術分冊主編。

一九六〇年（庚子）六十三歲

三月，赴北京出席全國政協三居二次會議。六月，就任上海中國畫院院長。七月，任中國對外文化協會上海分會副會長。

一九六一年（辛丑）六十四歲

四月，遊黃山。九月，隨上海政協參觀團赴江西參觀。

一九六二年（壬寅）六十五歲

三月，赴北京出席全國政協三居三次會議。五月，當選為上海美術家協會主席、上海市文學藝術界聯合會副主席。參加上海市第二次文代會，作題為「我作了四首詩」的發言。遊金華。秋，中央新聞紀錄電影製片廠攝製紀錄片「畫家豐子愷」。十月五日重陽節，赴杭州虎跑弘一法師紀念塔祭奠法師逝世二十週年。十二月，始譯日本古典文學名著《源氏物語》。

一九六三年（癸卯）六十六歲

三月，遊寧波、舟山、普陀。十月，再遊鎮江、揚州。十一月，赴北京出席全國政協三屆四次會議。

一九六五年（乙巳）六十八歲

十一月，陪同新加坡廣洽法師遊蘇州、杭州。《源氏物語》譯畢，寄交人民文學出版社。

一九六六年（丙午）六十九歲

三月，遊紹興、嘉興、南潯、湖州、菱湖。「文化大革命」開始。六月，上海中國畫院出現第一張批判豐子愷的大字報。

一九六七—一九七二年（丁未至壬子）七十—七十五歲

在「文化大革命」中備受摧殘。

一九七三年（癸丑）七十六歲

三月，赴杭州故地重遊，探望胞姐豐滿。

一九七四年（甲寅）七十七歲

作品在所謂「黑畫展」中陳列，再次遭到批判。

一九七五年（乙卯）七十八歲

四月，回故鄉。九月十五日因患肺癌去世。

參考引用書目

豐子愷漫畫全集　豐陳寶、豐一吟編　京華出版社　一九九九年十二月

豐子愷文集　一、二、三、四藝術卷　豐陳寶、豐一吟、豐元草編　浙江文藝出版社、浙江教育出版社一九九〇年九月；五、六、七文學卷　浙江文藝出版社、浙江教育出版社　一九九二年六月

周作人豐子愷兒童雜事詩圖箋釋　鍾叔河箋釋　中華書局　一九九九年一月

豐子愷研究資料　豐華瞻　殷琦編　寧夏人民出版社　一九八八年十一月

瀟灑風神——我的父親豐子愷　豐一吟著　華東師範大學出版社　一九九八年十月

豐子愷新傳——清空藝海　陳星著　北嶽文藝出版社　一九九八年一月

豐子愷年譜　陳星編著　西泠印社　二〇〇一年九月

寫意豐子愷　鍾桂松、葉瑜蓀編　浙江文藝出版社　一九九八年八月

紀念豐子愷誕辰一百周年專刊　桐鄉市文聯、市文化館編　《桐鄉文藝》總第七十三期　一九九八年十月

蟬燈夢影　李叔同著　東方出版社　一九九八年六月

弘一大師李叔同講演集　秦啟明編　中國廣播電視出版社　一九九三年五月

弘一法師年譜　林子青編著　宗教文化出版社　一九九五年八月

悲欣交集——弘一法師傳　金梅著　上海文藝出版社　一九九七年十月
漫憶李叔同　余涉編　浙江文藝出版社　一九九八年八月
馬一浮思想研究　滕復著　中華書局　二〇〇一年十月
傳統佛教與中國近代化——百年文化衝撞與交流　鄧子美著　華東師範大學出版社　一九九四年四月
中國佛門的大智慧　洪丕謨著　浙江人民出版社　一九九一年十月
佛教與中國文化　張曼濤主編　上海書店　一九七八年十月
佛教與中國文化　文史知識編輯部編　中華書局　一九八八年十月
上海一百年　朱華等著　上海人民出版社　一九九九年三月
上海文化史　陳伯海主編　上海文藝出版社　二〇〇一年十一月
中國近代史記（一八四〇—一九一九）　徐泰來著　湖南人民出版社　一九八九年八月
中國現代史　北京師範大學歷史系中國現代史教研室編　北京師範大學出版社　一九八三年九月
中國近現代音樂史　汪毓和著　人民音樂出版社　一九八四年二月
外國美術史　朱銘編著　山東教育出版社　一九八六年三月
中華民國美術史　阮榮春、胡光華著　四川美術出版社　一九九二年六月
近代中日繪畫交流史比較研究　陳振濂著　安徽美術出版社　二〇〇〇年十月
中國現代文學社團流派史　陳安湖主編　華中師範大學出版社　一九九七年十二月

中國當代文學史　陳其光主編　暨南大學出版社　一九九八年八月
經亨頤日記　浙江古籍出版社　一九八四年一月
匡互生與立達學園　北京師範大學校史資料室　北京師範大學出版社　一九八五年五月
朱自清全集　朱喬森編　江蘇教育出版社　一九九〇年十二月
朱自清傳　陳孝全著　北京十月文藝出版社　一九九一年三月
葉聖陶傳　劉增人著　江蘇文藝出版社　一九九五年六月
我與我的世界　曹聚仁著　北嶽文藝出版社　二〇〇一年二月
曹聚仁文選　紹衡編　中國廣播電視出版社　一九九五年二月
巴金　周溶泉著　江蘇文藝出版社　一九九九年五月
傅雷傳　金梅著　湖南文藝出版社　一九九三年六月
現代山水畫大師吳湖帆　戴小京著　上海教育出版社　二〇〇〇年五月
唐雲傳　鄭重著　東方出版中心　一九九九年十月
錢君匋傳　吳光華著　北京美術攝影出版社　二〇〇一年六月

後記

為撰寫本書，我閱讀、參考和引用了許多前輩時賢的大作。書中有些記敘內容，是從《豐子愷文集》、子女親朋的回憶和傳記以及其他一些書中得來。對此，除在書中直接加注、書後再列〈參考引用書目〉外，特此再作說明：

1. 直接引文，在文後加括號注明出處。
2. 背景及相似類型的引用，用注腳注明出處。
3. 具體情節和細節的描述，為避免繁瑣注釋影響行文和閱讀的連貫與流暢，沒有一一注明出處。在此特將數種參閱引用較多的書籍一併注明如下：

豐子愷文集　一、二、三、四藝術卷　豐陳寶、豐一吟、豐元草編　浙江文藝出版社、浙江教育出版社　一九九〇年九月；五、六、七文學卷　浙江文藝出版社、浙江教育出版社　一九九二年六月

瀟灑風神——我的父親豐子愷　豐一吟著　華東師範大學出版社　一九九八年十月

注：凡書中豐一吟的回憶記述，大都採自此書。

寫意豐子愷　鍾桂松、葉瑜蓀編　浙江文藝出版社　一九九八年八月

紀念豐子愷誕辰一百周年專刊　桐鄉市文聯、市文化館編　《桐鄉文藝》總第七十三期　一九九八

年十月
注：書中子女親朋的回憶記述，大都採自以上兩書。
匡互生與立達學園　北京師範大學校史資料室　北京師範大學出版社　一九八五年五月
注：書中有關匡互生的記述，大都採自此書。
上海文化史　陳伯海主編　上海文藝出版社　二〇〇一年十一月
現代山水畫大師吳湖帆　戴小京著　上海教育出版社　二〇〇〇年五月
唐雲傳　鄭重著　東方出版中心　一九九九年十月
錢君匋傳　吳光華著　北京美術攝影出版社　二〇〇一年六月
注：書中有關中國畫院及與這些人物有關的內容，大都採自以上幾本書。
馬一浮思想研究　滕復著　中華書局　二〇〇一年十月。
注：書中有關馬一浮生平思想的內容，大都採自此書。

三民叢刊精選好書

（另有「三民叢刊」之完整目錄，歡迎索取）

249 尋求飛翔的本質——關於藝術和藝術家的札記

孟昌明／著

作者試圖以平淡樸實的語言與讀者交流——「每日五分鐘，你可以記住一個藝術家或是一件優秀的藝術品」。且讓我們跟隨作者一起探聽藝術家的心聲，暢遊藝術的海洋，讓藝術文化鮮活的氣息，成為我們生活的依託和精神的食糧。

241 過門相呼

黃光男／著

以畫家之筆寫景記聞，黃光男熔寫景、敘事、議論、抒情於一爐，除側寫世界各地的風光景致、民俗風情之外，更將人文精神與藝術關懷投注在字裡行間，讓歷歷如繪的文境與意境喚發心靈的感觸；細細品味後，宛如可以在物景流動的塵世中駐足片刻，體驗那「過門更相呼，有酒斟酌之」的詩境。

217 莊因詩畫

莊　因／著

漫畫作品佐以俚語韻句，淺顯易解，內容為作者身在臺、美兩地不同環境之所見所感。莊因私學豐子愷，其作品則較豐子愷更豐富而有時代感。

143 **留著記憶・留著光** 陳其茂／著

以細膩的刻劃，留下記憶裡多采的光影，展現在一幅幅的版畫中。平實的字、畫，潛藏作者的家園之愛，洋溢著溫馨情感，記錄異國風情，且一起走進赤子之心刻劃的木刻世界。

125 **尋覓畫家步履** 陳其茂／著

從歐陸遊蹤、英倫掠影、美國散記、亞澳行腳到生活藝談，以世界各地博物館、美術館及藝術家之行誼為切入點，一窺文化國寶的內涵。

34 **形象與言語——西方現代藝術評論文集** 李明明／著

本書蒐集作者針對西歐近代藝術所作評論與分析。曾在法國從事藝術研究與教學，長期接觸西方藝術，作者在以不同角度解讀藝術之時，也詮釋了西方的當代文化。

25 **干儛集** 黃翰荻／著

身為藝術評論者，作者關注的不僅是藝術創作本身，且擴及藝術創作所在的環境。雖舉世滔滔，仍不改其堅持。「刑天舞干戚，猛志固常在」，書名出自於此，作者深意也由此可喻。

國家圖書館出版品預行編目資料

緣在紅塵:豐子愷的藝術世界／陳野著.－－初版一刷.－－臺北市：三民，2004
面；　公分－－(三民叢刊:279)
參考書目：面
ISBN 957-14-3941-X　(平裝)
1. 豐子愷－傳記 2. 豐子愷－學術思想－藝術

782.886　　93001757

網路書店位址　http : // www. sanmin. com. tw

 緣在紅塵
——豐子愷的藝術世界

著作人　陳　野
發行人　劉振強
著作財產權人　三民書局股份有限公司
臺北市復興北路386號
發行所　三民書局股份有限公司
地址／臺北市復興北路386號
電話／(02)25006600
郵撥／0009998-5
印刷所　三民書局股份有限公司
門市部　復北店／臺北市復興北路386號
重南店／臺北市重慶南路一段61號
初版一刷　2004年3月
編　號　S 781170
基本定價　伍元陸角
行政院新聞局登記證局版臺業字第〇二〇〇號

ISBN　957-14-3941-X　(平裝)